能源效率、技术创新
与区域经济发展

康继军 等 著

科学出版社

北京

内 容 简 介

本书聚焦中国经济转型过程中的区域失衡问题，借鉴区域经济学与新制度经济学理论，围绕"能源效率与区域经济发展""创新、知识产权保护与区域经济发展""经济集聚、新型城镇化与区域发展"三大主题，对中国经济转型进程中的能源效率、技术创新与区域经济发展问题进行系统研究，基于理论分析、实证研究和政策评估，提出治理应对措施，以期促进全国经济系统破壁垒、优配置、促转型，保障国家经济安全，为经济高质量发展提供持续动力。

本书可供区域与城市经济学、能源经济与政策、发展经济学相关专业领域的研究人员、教师、研究生，以及政府相关职能部门工作人员参考。

图书在版编目(CIP)数据

能源效率、技术创新与区域经济发展 / 康继军等著.
北京: 科学出版社, 2025. 6. -- ISBN 978-7-03-082013-6

Ⅰ. F127

中国国家版本馆 CIP 数据核字第 2025WW2531 号

责任编辑：刘 琳 / 责任校对：彭 映
责任印制：罗 科 / 封面设计：墨创文化

科 学 出 版 社 出版

北京东黄城根北街16号
邮政编码：100717
http://www.sciencep.com

成都锦瑞印刷有限责任公司 印刷
科学出版社发行 各地新华书店经销

*

2025 年 6 月第 一 版　　　开本：787×1092 1/16
2025 年 6 月第一次印刷　　　印张：14 1/2
字数：350 000

定价：148.00 元
(如有印装质量问题，我社负责调换)

本 书 作 者

康继军　　张宗益　　傅蕴英　　于晨阳

本 书 感 谢

（以下项目的研究资助）

　　重庆市社会科学规划英才计划包干制项目"能源价格、金融市场与宏观经济的风险传染与治理应对"（2021YC039）

　　重庆市发展和改革委员会重大决策咨询项目"基础设施投资对成渝地区双城经济圈集聚效应的影响研究"（H20241617）

　　中央高校基本科研业务费人文社科专项项目"数字能源平台与产业发展研究"（2024CDJSKPT13）

前　　言

经济发展离不开能源投入，虽然过往高投入、高能耗、高污染的粗放型发展模式带来了经济繁荣，但随着能源资源的不断消耗，能源对经济增长的影响逐渐凸显。提高能源效率是缓解能源不足的重要出路，我国已把提高能源效率作为当前及未来经济发展的重要目标之一。关于如何提高能源效率，国内外学者已进行深入的研究，已有的研究结果表明产业结构(industrial structure, IS)对能源效率具有重要影响。因此，从产业视角探究各产业能源效率的影响因素不失为一个有效的研究思路。与此同时，全球化浪潮使得经济的集聚趋势不可避免，无论在后金融危机的国际背景下，还是在扩大内需、促进区域经济协调发展的国内背景下，对我国区域经济发展新格局进行思考和研究，都有着非常重要的理论价值和实际意义。

本书主要分为三个部分：第一篇包括第 2～6 章，这一部分讨论的关键词是"能源效率"；第二篇包括第 7～11 章，主题是"知识产权保护与区域经济发展"，知识产权保护制度是发展中国家能否克服短期技术困境、促进经济长期增长的关键；第三篇包括第 12～15 章，聚焦于经济集聚、经济转型、城镇化的区域经济增长效应，并讨论了城乡收入差距问题。

本书从中国各地区市场化演化角度，通过测度各地区经济体制市场化程度，研究了以经济体制市场化水平及其变动衡量的经济转型对经济增长的水平效应、增长效应以及转型与增长之间的因果关系。实证结果支持经济转型对经济增长的水平效应；经济转型及其变动对经济增长的增长效应，特别是非国有经济的发展和对外开放加速了经济增长；经济转型及其变动和经济增长之间存在双向格兰杰因果关系。同时，中国经济体制的市场化转型会推动城镇化，而城镇化有可能释放巨大的消费潜力。基于此，本书利用联立方程模型对城镇化和区域经济增长进行分析，分析结果显示，城镇化对经济增长有显著的促进作用，经济增长对城镇化的影响呈现出一种倒 U 形的曲线关系，而并不是目前诸多文献认为的简单的正相关关系。

本书研究工作始于 2010 年，历时较长，是我们对经济体制改革、能源转型、区域协调发展的观察分析和系统研究，终稿是对团队 15 年来系列相关研究工作的总结，除主要作者外，昂小明、吴鹏、孙彩虹、卢江参与了相关内容的研究工作，随着相关研究的推进，团队对研究工作陆续进行了补充和完善，蒋春华、宋艳平、滕京、李茹玉、方青、胡泳青、李倩楠、孔明星、卢鑫杨、刘慧、高强、何林曦、魏雪瑞、安玲林、陈杰等参与了相关内容的补充完善工作，由卢鑫杨和夏晓清完成了本书的最终校对，在此一并感谢。此外特别感谢科学出版社的刘琳编辑为本书出版付出的辛勤劳动。

本书可作为相关专业本科生和研究生的参考用书。作者在写作过程中尝试增加这本书的可读性，使它可以作为能源和环境经济学爱好者的科普读物。由于作者水平有限，书中难免有不足之处，敬请读者批评指正。

目　　录

第一篇　能源效率与区域经济发展

第二篇 创新、知识产权保护与区域经济发展

第三篇 经济集聚、新型城镇化与区域发展

第1章 导　　言

1.1　本书研究背景

中国自 1978 年改革开放以来，在 20 世纪 80 年代初期形成了以"体制外优先"或"增量改革"为特征的战略，其中关于实行"地区推进"的内容是我国主要的区域经济发展战略——沿海地区优先发展。

同时改革开放初期我国采取经济改革优先于政治改革的策略，目的在于使改革能够在一个安定的政治环境中顺利进行。然而，片面追求效率优先下的经济快速增长具有不稳定性(Olson，1963)，经济快速增长带来的经济变革和社会秩序调整会促使收入分配格局发生巨大变化、贫富差距拉大、城乡和地区差异增加。

当前我国面临的现实难题主要有：增量改革战略的实施使得在经济增长率大幅提高的同时消费水平(内需)下降，通胀压力经常存在并不时爆发，存在利用公共权力敛财肥私的"寻租活动"，创新、教育发展和技术进步的速度相对滞后等。由于追求效率优先，城乡和区域经济出现"富者越富，穷者越穷"的非平衡格局(郭树清，2007；陈钊和陆铭，2009)。

近年来，经济转型过程中出现的区域失衡问题已较为明显地对中国的经济增长产生了不利影响，中国经济正面临着发展瓶颈，即如何从发展失衡向平衡发展靠近。这个过程能够随着经济发展水平的提高自动完成吗？"失衡"与"增长"能否在一定程度上共存？

对当代中国经济实践中"失衡"与"增长"长期共存的认识和现实的强烈反差，以及传统经济理论中"失衡"和"增长"的不相融合，使得对中国失衡增长的忧虑及未来区域经济发展战略的思考成为必然。人们期望发展和完善更适宜的经济理论成果以解释区域失衡的内生性，探讨区域失衡的利弊及其对公平和长期增长的影响，解决区域经济发展的失衡困局，对区域经济发展战略的调整提供指导。

通过对转型期中国经济增长背后的区域经济发展问题进行深入研究，可以发现中国经济转型(主要是经济体制的市场化转型)的特征使得中国的区域经济发展问题变得复杂起来。"转型"代表了"经济体制市场化"这一最主要的制度变革特征，区域经济的"发展"则彰显了城市化"集聚"特征，区域"失衡"表明中国经济的转型与发展存在巨大的区域差异。陈钊和陆铭(2009)指出，集转型、发展与大国问题于一身的，当今世界首推中国。

当前，全球化浪潮使得经济的集聚趋势不可避免，无论在后金融危机的国际背景下，还是在扩大内需、促进区域经济协调发展的国内背景下，对中国经济转型期的区域经济发展新格局进行科学思考和研究，都有着非常重要的理论价值和实际意义。

1.2 本书理论视角

《区域和城市经济学手册》指出区域经济学在三个主要领域的研究对经济学理论的建立与发展做出了贡献。这三个主要领域是：①区位（包括产业与居住区位）分析；②区域经济模型建立和空间相互作用分析；③区域经济发展情况和政策分析。本书对后面两个领域进行一系列研究。

经济发展离不开能源投入，虽然过往高投入、高能耗、高污染的粗放型发展模式带来了经济的繁荣，但随着能源资源不断被消耗，能源对经济增长的制约作用逐渐凸显。提高能源效率是缓解能源不足状况的重要出路，我国把提高能源效率作为当前及未来经济发展的重要目标之一。关于如何提高能源效率，国内外学者已进行了深入的研究，已有的研究结果表明产业结构对能源效率具有重要影响（史丹，2002；Fisher-Vanden et al.，2004；汪克亮等，2013）。因此，从产业角度研究影响各产业能源效率提高的因素不失为一个有效的研究思路。

随着 20 世纪 80 年代中期内生经济增长理论的兴起，经济学家逐渐放弃要素积累论和产业结构决定论，转而开始研究如何为经济持续增长创造必需的技术条件，以及建立促进技术进步的机制。知识产权保护制度作为重要的制度安排，已有研究将其引入内生增长模型，研究结果表明当一国的技术水平较高时，知识产权保护的制度安排应当偏向于鼓励本国自主创新，而当一国的技术水平较低时，偏向于鼓励模仿领先国技术的制度安排更有利于技术进步（易先忠等，2007）。大量研究证实知识产权保护与技术进步具有非线性关系，并提出"最优知识产权保护"的概念，唐保庆等（2018）从知识产权保护实际强度与最适强度偏离程度的视角解读了服务业增长区域失衡现象。各区域间自然资源、人力资本、市场环境存在很大差异，从区域视角探究知识产权保护和技术进步、经济增长的关系，有助于理解区域间发展不平衡的问题。

区域经济发展过程中，经济集聚现象与经济增长极易引起关注。世界银行在 2007 年的研究指出，积极的地区增长溢出效应的影响比消极的遮蔽效应大。现有研究聚焦于珠三角、长三角和京津冀经济区三大增长极经济发展的特点和原因及其外溢性影响。潘文卿和李子奈（2008）指出东部沿海三大增长极对内陆地区产生的溢出效应只有 10.9%，且主要集中在中部地区，对西部地区产生的溢出效应十分有限。西部大开发战略使得西部地区的经济增长速度从落后于中东部地区转变为高于中东部地区，在促进我国区域经济收敛方面发挥了至关重要的作用（刘生龙等，2009）。本书认为对于经济集聚和经济增长极，研究重点在于区域经济发展战略和重大经济政策的实施效用评估。

1.3　本书内容安排

根据理论视角，本书分为以下三个部分。

(1) 第一篇包括第 2～6 章，这一部分讨论的关键词是"能源效率"。2021 年 12 月 28 日，国务院印发《"十四五"节能减排综合工作方案》，其中明确指出，到 2025 年我国单位国内生产总值 (gross domestic product，GDP) 能源消耗比 2020 年下降 13.5%。已有的数据显示，2021 年单位国内生产总值能耗比 2020 年下降 2.7%，能源利用效率显著提高。然而，我国单位国内生产总值能耗仍约为经济合作与发展组织成员国的 3 倍、世界平均水平的 1.5 倍，下降空间仍然较大，且面临一定的困难和挑战。与此同时，节能减排工作会对经济结构相对单一、经济呈粗放式增长的地区的经济发展造成冲击。因此，本书将首先在第 2 章介绍经济增长与能源消费"脱钩"现象，并探讨中国经济转型背景下能源效率与区域经济发展的互动关系，以明确能源效率对于区域经济发展的重要性。接下来本书将从产业视角依次对第一产业、第二产业、制造业的能源效率相关问题进行讨论。其中，第 3 章主要分析农业机械化与第一产业的能源效率。本书综合已有的各类文献在谈及农业机械化时采用的指标，构建了中国农业机械化的两级评价指标体系，然后利用省级面板数据，实证分析了农业机械化对第一产业的能源效率的影响。第 4 章通过在新古典经济增长模型中加入人力资本和技术进步要素，构建收敛机制模型，探讨第二产业从沿海转移到内陆时，全国、沿海地区、内陆地区能源效率的收敛情况。制造业作为第二产业中的主要耗能产业，其能源效率的提高是重中之重。因此，第 5 章基于库兹涅茨曲线的理论模型，从行业外贸依存度和行业外资依存度两大角度衡量对外开放，研究制造业对外开放与能源效率的非线性关系。第 6 章则分析了研发人员 (research and development personnel，RDP)、国内技术转让 (domestic technology transfer，DTT)、国外技术引进 (foreign technolgy acquishion，FTA) 和外国直接投资 (foreign direct investment，FDI) 四个不同渠道下技术扩散 (technological diffusion，TD) 的空间溢出效应，并重点讨论了国内省际间技术溢出对全社会能源效率 (society-wide energy efficiency，SEE) 的影响。

(2) 第二篇包括第 7～11 章，主题是"创新、知识产权保护与区域经济发展"。其中，第 7 章从宏观层面针对我国知识产权保护制度对经济增长的影响机制进行了研究。首先通过构建知识产权保护指数，测算 2000～2018 年中国的知识产权保护程度。其次通过构建知识-生产两部门模型，分析知识产权对经济增长的影响机制。最后利用省级面板数据实证研究我国知识产权制度对经济增长的影响。第 8 章从比较创客模式与传统创新模式入手，研究如何用创新驱动经济增长的问题。其在梳理全球创客发展历史的基础上，利用第 7 章构建的模型，从理论角度测度创客模式由于知识高度共享而深度释放的经济增长效应。随后以上述理论模型为依据构造创客指数 (maker index，MI)，以衡量理想状态下各地区市场、经济发展状况及制度安排等的不同所带来的经济增长效应的相对差异，并讨论创客模式与产业结构转型的关系。第 9 章就知识产权的技术创新效应进行研究。本章构建了知识驱动型两部门模型，从理论角度阐述了知识产权保护对技术进步的作用机理，并提出知识产权保护与技术进步之间存在倒 U 形关系的假说。随后建立了动态面板模型，刻画了知识产权保护对区域技术进步的作用机理，并对假说进行实证检验。第 10 章基于非均衡发展视角，针对我国市场化发育程度对区域创新能力的影响进行研究。现有研究较为一致地认为知识产权保护强度对区域创新能力有重要影响，但对于创新对知识产权保护的影响则鲜有讨论。因此，第 11 章基于制度变迁是影响区域创新的重要因素这一视角，通过引入改进的多维市场化指数，考察中国经济体制市场化转型背景下知识产权保护与区域创新的互动关系。

（3）第三篇包括第 12～15 章，聚焦于经济集聚、经济转型、城镇化的区域经济增长效应，并讨论了城乡收入差距。其中，第 12 章对建立区域经济发展新格局进行重点研究，研究建立在区域经济失衡的理论基础上，并对经济转型背景下的经济集聚、多极增长与区域经济发展进行了理论分析和实证研究，重点在于区域经济发展战略和重大经济政策的实施效用评估。第 13 章在新古典经济增长理论框架下，研究以经济体制市场化水平及其变动衡量的经济转型对中国经济增长的水平效应、增长效应以及转型与增长之间的因果关系。第 14 章延续了第 12 章的研究，量化评估了基于统筹城乡的重大经济政策对缩小城乡收入差距的影响。第 15 章通过引入多维市场化指数作为衡量经济体制转型的制度变量，将市场化、城镇化与经济增长纳入一个系统进行研究，建立了一个包含市场化、城镇化与经济增长的联立方程模型，以研究经济转型背景下城镇化与经济增长的互动关系。

1.4 本书主要发现

1. 能源效率与区域经济发展的关系因区域能效水平不同而存在差异

随着中国改革的进一步深化，制度因素在能源效率提升和区域经济发展方面起到了很好的促进作用，以企业市场化和对外开放为代表的经济转型对能源效率改善和区域经济发展都起到了显著的推动作用。本书从经济转型视角研究能源效率与区域经济发展的互动关系，从全国范围来看，能源效率和区域经济发展之间存在相互促进的关系；分区域来看，能源效率在高能效区域和低能效区域与经济发展存在良性的双向促进关系，但在中等能效水平的区域，能源效率与区域经济发展却有着相互抑制的关系。这意味着在制定节能减排政策时，要杜绝"一刀切"，在提高能源效率的同时应考虑其给区域经济发展带来的冲击。

2. 根据产业采取措施能在总体上有效促进能源效率提高

中国是一个传统意义上的农业大国，近年来，中国传统农业在逐步地向现代农业转变。研究结果表明，尽快转变农业机械化发展方式，由数量增长型转向质量提升型，有助于我国农业的可持续发展。对于作为能源消耗主力的第二产业而言，在产业转移背景下，随着中国沿海发达地区与内陆欠发达地区第二产业劳均 GDP 差异的收敛，其第二产业的能源效率差异也在收敛，但收敛速度较慢。内陆与沿海地区第二产业能源效率差异的收敛有潜在的微观机制，第二产业内部科技经费投入及人力资本投入的差异缩小是造成收敛的主要原因。基于此，本书进一步研究了制造业对外开放与能源效率的非线性关系，发现目前我国制造业稳中有降的外贸依存度和稳中有升的外资依存度都对能源效率的提高起到了积极的促进作用。

3. 知识产权保护对区域经济增长、技术进步、创新能力的影响不可忽视

对于处于转型期的中国而言，知识产权保护水平的提升能够有效地促进区域经济的增长，并且这种正向的促进作用会在较长时间内存在。与此同时，知识产权保护制度也会影响国家对技术进步模式的选择，本书对区域技术知识的来源渠道加以细分，考察了在中国知识产权保护制度下，不同来源的知识存量对技术进步的影响。有研究发现，知识产权保护与区域技术进步之间存在倒 U 形关系，各地区应根据自身的资源禀赋合理调整知识产权保护强度，并制定科学的技术引进战略。而对中国经济体制市场化转型背景下知识产权保护与区域创新互动关系的研究结果表明，我国现阶段的知识产权保护强度与区域创新能力之间存在互动影响机制，知识产权保护与区域创新能力之间存在倒 U 形关系，区域创新能力的提升可"倒逼"知识产权保护水平提高。

4. 成渝经济区的区域经济增长存在空间集聚与溢出效应

东部沿海地区已经成为带动我国整个国家经济增长的引擎，我国已形成京津冀经济圈、长江三角洲经济区和珠江三角洲经济区（以下简称京津冀、长三角、珠三角）三大经济增长极。已有研究表明三大经济增长极对西部地区经济发展产生的溢出效应并不明显，因此，我国需要在西部欠发达地区打造一个区域经济增长极。本书以西部大开发战略中三个重点经济区之一的成渝经济区为研究对象，采用空间面板计量方法实证分析了区域经济增长及空间收敛情况，探讨了成渝经济区各区（县）之间的空间相关性，研究结果证实和长三角、珠三角一样，成渝经济区内部的经济增长存在空间相关性，表明西部地区确实存在经济集聚区域。

5. 统筹城乡政策可以缩小中国区域经济增长差距和城乡收入差距

2007 年 6 月，重庆市与成都市被设立为全国统筹城乡综合配套改革试验区，因此需要针对统筹城乡政策对成渝经济区宏观经济行为的影响进行科学评价。政策评估结果表明，统筹城乡政策显著地促进了成渝经济区经济的增长，有利于位于西部地区的成渝经济区的经济发展向位于东部地区的长三角经济区收敛，从而缩小我国区域发展的差距。进一步地，重庆地区的统筹城乡政策可以通过资本积累、基础设施建设、产业结构调整和城市化进程缩小城乡收入差距。

6. 经济转型和城镇化可以推动区域经济增长

尽管关于经济转型与经济增长关系的研究已非常丰富，但对于经济自由是否存在增长效应以及二者是否存在因果关系，学界仍存在分歧。本书从中国各地区市场化演化的角度，通过测度各地区经济体制市场化的相对程度，研究了以经济体制市场化水平及其变动衡量的中国经济转型对经济增长的水平效应、增长效应以及转型与增长之间的因果关系。实证

结果表明，经济转型对经济增长具有水平效应；经济转型及其变动对经济增长具有增长效应，特别是非国有经济的发展和对外开放可加速经济增长；经济转型及其变动和经济增长之间存在双向格兰杰因果关系。同时，中国经济体制的市场化转型会推动城镇化，而城镇化有助于释放巨大的消费潜力。基于此，本书对城镇化和区域经济增长进行了联立方程分析，分析结果显示，城镇化对经济增长有显著的促进作用，经济增长与城镇化之间存在倒U 形关系，而并不是目前诸多文献认为的简单的正相关关系。

第一篇
能源效率与区域经济发展

第2章 经济转型背景下的能源效率与区域经济发展

经济增长与能源消费逐渐脱钩，意味着能源消费对经济增长的贡献率逐步下降。近年来，中国经济增长与能源消费实现了弱脱钩，经济增长的要素贡献构成发生了明显的结构性变化，技术进步的贡献率不断上升，低能耗服务业在国内生产总值的占比不断上升。不同地区的能源生产和能源消费存在巨大的区域性差异，中国区域经济发展与能源效率间是否存在互动机制？能源效率提升导致的能源回弹效应是否会对该互动机制产生影响？此外，中国目前的经济转型是否会给能源效率和区域经济发展的趋势带来外部冲击效应？这些都是在经济转型和深化改革过程中亟须关注的问题。

为深入探究上述问题，本章从经济转型视角切入，利用中国省级面板数据，探究中国经济转型背景下能源效率与区域经济发展的互动关系；通过建立能源效率和区域经济发展的联立方程模型，构建能源效率与区域经济发展的"内生化"模型，在该模型中考虑能源回弹效应及其作用。进一步地，本章将使用联立方程模型对能源效率与区域经济发展的互动机制进行讨论，并针对简单按地理位置（或经济发展水平）划分的东、中、西部三大区域进行回归分析所得到的结果不理想的情况，按照能源消费地属性将全国划分为三大区域进行计量建模研究，较好地改善了模型的拟合效果。然后，通过变换联立方程的估计方法和制度变量的代理变量对计量结果进行稳健性检验，以保证结果的可靠性。

研究结果表明，以企业市场化和对外开放为代表的经济转型对能源效率改善及区域经济发展都起到了显著的推动作用，能源效率在高能效区域和低能效区域与经济发展存在良性的双向促进作用，但在中等能效水平的区域，能源效率与区域经济发展却有着相互抑制的关系。这意味着在制定节能减排政策时，要杜绝"一刀切"，在提高能源效率的同时应考虑其给区域经济发展带来的冲击效应。

2.1 经济增长与能源消费"脱钩"现象

改革开放以来，我国的经济发展取得了举世瞩目的成就，但在经济高速增长过程中出现了许多现有理论无法解释的现象，经济增长与能源消费"脱钩"现象就是其中之一。早期国外学者研究后认为，中国不可能在能源消费增速放缓的情况下实现经济的高速增长（Rawski，2001），即这种"脱钩"现象与经济增长的历史经验不符。针对这种质疑，史丹（2002）首次将能源效率的概念引入国内的能源经济学研究领域，认为这种"脱钩"现象是中国不断提升的能源利用效率导致的。图 2.1 展示了自 2001～2022 年我国 GDP 增速与能源消费增速变化情况，可以看出，这种"脱钩"现象长期存在。特别是 2006 年以后，能源消费增速一直保持在 10%以内且仍在快速波动式下降（2007 年后年均值为 4.07%），而经济增长速度仍然稳定保持在较高的水平（2007 年后 GDP 增速年均值为 7.73%），这表明能源效率的提升给中国经济保持高速增长提供了强劲的动力，能源效率逐渐成为国内外学者关注和研究的热点。但是，现有的针对能源效率的研究大多采用外生性假设，认为能源效率外生于经济系统。Arrow（1962）构建了将技术进步内生化的干中学（learning by doing）模型，认为技术进步并非外生于经济系统。一般认为，能源效率包含能源技术进步效率和能源经济效率两个部分（史丹，2002），从能源技术进步效率的视角来看，能源效率显然并不外生于经济系统。能源效率可以通过技术进步影响区域经济发展，而区域经济发展能否通过刺激能源消费提升能源效率，即能源效率是否内生于经济系统，这一问题还有许多待深入探讨的空间。

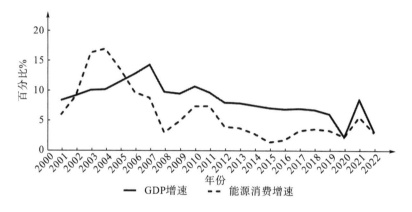

图 2.1   历年 GDP 增速与能源消费增速对比

    本书认为探讨能源效率与区域经济发展之间的互动关系，在中国"稳增长、调结构、促转型"的时代背景下具有深远的现实意义和较高的指导价值。需要说明的是，本章中的"经济转型"与"市场化"均指经济体制的市场化转型，二者属于同一范畴，其内涵不存在本质上的区别。另外，本章在实证研究中对重庆的历史数据进行了深度挖掘，计算了1952 年以来重庆和四川的资本存量，以避免出现长期以来此类研究中由于重庆历史数据缺失而需要进行近似估计所可能产生的误差。

2.2   能源效率与区域经济发展研究概述

    关于能源效率的定义，学术界尚未达成共识。能源效率包含能源技术进步效率和能源经济效率两部分（史丹，2002）。魏一鸣和廖华（2010）总结出七种能源效率，分别是能源宏观效率、能源实物效率、能源物理效率、能源要素利用效率、能源要素配置效率、能源价值效率和能源经济效率。Allcott 和 Greenstone(2012)认为能源效率可以从生产(技术进步)效率和消费(经济)效率的角度进行测度和分析。现有文献中关于能源效率测算的研究大多集中在能源技术进步效率测算方面，国内学者使用随机前沿分析(stochastic frontier analysis，SFA)或者数据包络分析(data envelopment analysis，DEA)方法对能源技术进步效率进行测算。事实上，这种基于全要素生产率的测算方式并不能很好地反映能源技术进步对产出的边际贡献(邵帅等，2013)，因为这样测算出来的效率实际也包含了其他要素的边际贡献。此外，现有研究中对能源技术进步效率的测算大多使用的是基于投入产出的生产函数，而通过这种方式测算出来的能源技术进步效率显然无法用来研究其对产出的影响。所以，本章将使用能源实物效率来衡量能源技术进步效率。考虑到指标数据的可获得性和代表性，本书选取单位发电煤耗作为能源效率的代理变量(魏一鸣和廖华，2010)，以衡量能源技术进步程度。

目前，对中国经济转型期能源效率的研究集中关注两个方面：①区域能源效率特征及差异；②能源效率的影响因素。

对于区域能源效率特征及差异，现有文献主要使用收敛分析法进行研究。师博和张良悦(2008)运用经典的收敛模型分析了中国的区域能源效率差异，其研究发现，中部地区的能源效率向东部地区水平收敛，具有 β 收敛的特征，而西部地区的能源效率则呈现出发散状态，本书认为西部地区需要进一步推进市场化进程，政府应减少对市场的干预以提高能源效率。冯蕾(2009)运用规模收益不变(constant returns to scale，CRS)模型测算了 2005～2007 年中国各地区的能源效率，但是并没有发现其间各地区的能源效率存在收敛迹象。李国璋和霍宗杰(2009)运用 Tobit 模型讨论了产业结构、国有经济比重、对外开放程度等七个因素对能源效率的影响，回归分析结果表明全国和东、中部地区的能源效率都呈现出稳定的收敛趋势。

对于能源效率的影响因素，学者们主要在测度能源效率的基础上进行探究。一般来说，影响能源效率的主要因素有产业结构、对外开放和经济体制改革(史丹，2002；2011)。Fisher-Vanden 等(2004)通过对中国 2500 家中等规模以上的高能耗企业的能源效率进行研究，发现能源价格、产业结构、研发支出和企业类型对微观层面的能源效率产生重要影响。也有研究发现，中国的市场化进程对能源效率的改善有明显的促进作用(Fan et al.，2007)。魏楚和沈满洪(2008)基于 DEA 方法测算了各地区的能源效率，指出第三产业比重、政府财政支出比重和进出口占比对能源效率会产生不同程度的影响。屈小娥(2009)运用 DEA 方法对 1990～2006 年全国 30 个省(自治区、直辖市)的全要素能源效率进行了测定，并通过 Tobit 模型检验发现经济转型、技术进步、市场化程度提高对能源效率的提高具有积极的促进作用。吴琦和武春友(2010)运用 DEA 方法对中国改革开放以来 30 年的能源效率进行了测定，并且实证检验了专利授权数、第三产业比重、天然气消费和水电消费比重对中国能源效率的影响。汪克亮等(2013)通过实证研究证实产业结构、能源消费结构(energy consumption structure，ECS)和外国直接投资(FDI)对能源经济效率有显著的影响。张德钢和陆远权(2017)使用省级面板数据，运用基于反事实框架的计量方法，考察了市场分割对能源效率的影响，研究结果表明产权结构改革、对外开放、产业结构升级促进了能源效率的提高。

在经济增长、经济发展与能源效率关系的研究方面，国外的研究主要聚焦于能源消费与经济增长的关系。Hannesson(2002)研究了1950～1997年世界各国能源消费与经济增长之间的关系,研究结果表明,第一次石油危机爆发以后,经济增长与能源消费之间的相关性逐渐减弱,而1986年之后,二者的相关性又逐渐增强。Lee(2005)运用1975～2001年18个发展中国家的面板数据实证检验了能源消费与经济增长之间的关系,认为能源消费与经济增长之间长期存在因果关系,节能可能会给经济增长带来负面影响,其他一些学者的研究也证实二者之间存在类似的因果关系。Markandya等(2006)根据经典的经济增长收敛模型,研究了欧盟扩张以后各成员国能源禀赋的差异对其经济发展的影响,研究结果表明,随着经济的发展,各新老成员国的能源效率趋于收敛。国内文献的主要研究思路与国外类似,随着我国反复强调要建立资源节约型、环境友好型社会,有关能源效率与经济增长或者经济发展水平关系的研究越来越受到重视。史丹(2002)指出,经济发展和经济结构、价格等其他一些因素共同影响着能源效率。齐绍洲和罗威(2007)、齐绍洲等(2009)使用滞后调整项的面板数据模型进行了实证分析,认为随着不同地区人均GDP差异的收敛,各地区能源效率的差异也会收敛,但是其收敛速度低于人均GDP的收敛速度。曾胜和黄登仕(2009)应用一个包含能源消费的经济增长模型,通过实证分析获得了能源消费对经济增长的贡献程度,同时应用DEA方法测算了中国历年的能源效率,并将其细分为纯技术效率和纯规模效率。李治和李国平(2012)通过研究1995～2008年的城市面板数据发现,中国内陆地区与沿海地区的城市能源消费强度差异呈收敛趋势,但收敛速度慢于人均GDP的收敛速度。

　　Yu(2012)使用1988～2007年的省级面板数据研究了中国区域能源强度的空间关系,发现人均GDP水平、交通基础设施、市场化水平等因素会显著影响能源强度。Liu和Xie(2013)使用非线性门限模型检验了能源强度和城镇化进程的动态关系。薛静静等(2013)运用ArcGIS空间分析技术和协调发展评价模型对中国的能源效率和区域经济发展进行了分析,认为区域经济发展水平越高,能源效率与区域经济发展的协调程度也越高。张建伟和杨志明(2013)利用1996～2009年的省级面板数据从增长效应和结构效应两方面研究了能源效率对经济增长率的贡献程度,认为增长效应对经济增长率的贡献正逐渐增加,而结构效应对经济增长率的贡献正逐步减少。汪克亮等(2013)基于非径向、非角度的SBM(slack based model,基于松弛变量的测度模型)测算了2000～2010年中国各地区的能源经济效率,研究表明,能源经济效率与经济增长之间存在U形或者倒U形关系。Voigt等(2014)运用40个经济体在1995～2007年的投入产出数据讨论了经济结构变动和技术进步对能源强度的影响,认为全球视野下能源效率的改善是由技术进步推动的。李方一和刘卫东(2014)利用投入产出模型分区域讨论了“十二五”期间能源强度指标对区域经济增长的影响,模拟结果表明,在能源强度指标的约束下,经济增长最快的是低能耗型区域,对于能源基地型区域和中等能耗型区域,经济增长放缓。何小钢和张宁(2015)从成本角度研究了中国经济转型的特征与经济增长的动力,重点考察了能源要素在低碳增长转型过程中的作用,他们在研究中使用了能刻画企业所有制结构变动和对外开放的变量,认为行业增长表现出了明显的转型特征。

　　在研究能源效率与经济发展的关系时,能源回弹效应不能忽略。能源回弹效应指的是能源效率的提高能够通过降低能源销售价格、增加能源消费量实现(Berkhout et al.,2000)。

现有的关于能源回弹效应的研究主要聚焦于两个方面：①能源回弹效应的作用机制（Saunders，2008；Wei，2007）；②能源回弹效应的测算（Hanley et al.，2009；Turner and Hanley，2011）。事实上，能源回弹效应除了会影响节能减排效果，也会在一定程度上影响经济的发展。现有研究普遍认为能源消费与经济发展间存在相互依赖的关系，由于存在能源回弹效应，能源效率的提升显然会引起能源消费的变动，进而影响经济的发展。

具体到中国的实际情况，制度因素对能源效率与经济发展的作用引起了部分学者的关注。史丹（2011）认为影响能源效率的主要因素有产业结构、对外开放和经济体制改革，在市场经济条件下，市场机制的调节作用不仅可以促进企业关注成本收益和技术创新问题，避免企业内部产生各种浪费，使得企业内部的能源利用效率提高，而且有助于打破资源在不同地区和产业间流动的壁垒，减少政府干预所产生的无效性，促进资源的流动和合理配置，从整体上改善能源利用效率，最终市场化程度的提升将会促进能源效率提高。在对外开放对能源效率的影响方面，史丹（2011）认为对外开放有助于能源效率的提高，通过商品和生产要素在国际间的流动可以调节国内资源要素禀赋状况和供求关系，调整国内生产水平和贸易结构，同时代表着先进的技术和管理经验的国外资本以 FDI 的形式进行投资，会对国内企业产生技术溢出效应，从而提高能源利用效率。

具体到制度变量的代理变量的选择，现有的研究方法主要有两种：①采用单一指标，如用政府对市场的干预程度、国有经济比例等指标作为制度变量的代理变量，由于指标单一，该方法并不能很好地概括市场化改革过程；②采用各种市场化综合指数作为制度因素的量化指标，其中最具代表性的是樊纲等（2003）构建的中国各地区市场化相对指数（简称"樊纲指数"）。樊纲指数是一个综合性指数，包括 5 个方面的指数、23 个基础指标，通过分析可以发现，在樊纲指数中并非每一个分指标所刻画的制度因素都会对能源效率产生影响。比如，樊纲指数包含的减轻农民的税费负担、减少政府对企业的干预、缩小政府规模、市场中介的发育、消费者权益保护等指标都属于经济体制市场化改革范畴，但是由于缺少针对其对能源效率影响机制的科学论证，因此将整个樊纲指数作为制度变量研究对能源效率影响的做法过于笼统，并不能反映制度变革中各个方面对能源效率产生的具体影响。本书认为，能否科学合理地界定制度对能源效率的作用，关键在于所使用的制度变量对能源效率的影响是否存在确定性的理论支撑。基于此，本章从作用机制分析入手，以樊纲指数为基础，选择企业市场化和对外开放这两个会对能源效率产生影响的重要制度变量，以更加准确地考察中国经济体制的市场化进程对能源效率及区域经济发展水平的影响。

根据对文献的梳理结果与总结，本书有如下发现。首先，在有关能源效率与区域经济发展关系的研究方面，现有文献多聚焦于单向传导机制研究，很少涉及能源效率与区域经济发展的互动作用机制，对于经济系统这样一个较为复杂的系统而言，只使用单一方程模型不能全面地进行描述。其次，现有文献在研究能源效率与经济发展的关系时较少考虑能源效率提升导致的能源回弹效应，本书认为能源回弹效应不仅会影响节能减排效果，还会对经济发展产生影响，所以在研究能源效率与经济发展的关系时应考虑能源回弹效应的作用。最后，关于中国能源效率与经济发展关系的研究，现有文献并未考虑经济转型的影响，而经济转型是影响中国经济发展的重要因素之一，因此将用于衡量中国经济转型的制度变量纳入能源效率对经济发展影响的研究非常必要。综上所述，在现有研究的基础上，本章将构建一个考虑能源回弹效应的有关能源效率与经济发展互动影响的理论框架,并在该理论框架中引入制度变量,然后构建联立方程模型进行实证分析。

2.3　能源效率与区域经济发展关系的模型构建

现有绝大多数文献未考虑能源效率所导致的内生性问题,以及未充分研究能源回弹效应对经济发展的影响,本书构建了一个能源效率与区域经济发展的联立方程模型。在该模型中,充分考虑了能源回弹效应的影响,以期更准确地分析能源效率与区域经济发展之间的关系。

在能源效率外生的假设下,Saunders(2008)使用八种生产函数研究了能源效率对能源消费的影响,并测算了能源回弹效应。在此基础上,邵帅等(2013)进一步放宽能源效率外生的假设,基于内生增长模型构建了一个能源回弹效应的内生化模型,但是其主要关注能源回弹效应的测算,并未进一步分析能源效率和能源回弹效应对区域经济发展的影响。此外,其所构建的理论模型并没有考虑能源使用量的内生性,现有研究表明能源消费会促进经济发展,而经济发展水平也会对能源消费量产生影响,即二者间存在双向因果关系。

本书在邵帅等(2013)的研究基础上进一步放宽假设,认为能源消费内生于经济发展水平,并构建相应的理论模型。虽然Saunders(2008)的研究表明,不同类型的能源回弹效应可以使用不同的生产函数进行测算,但是Cobb-Douglas(柯布-道格拉斯,C-D)生产函数仍然是目前使用得最为广泛的生产函数。同时,对能源回弹效应和能源效率的研究大都基于这种基础的生产函数(邵帅等,2013)。为了对能源效率与区域经济发展的互动影响机制进行进一步探索,本章将沿用Saunders(2008)和邵帅等(2013)设定的C-D生产函数。

$$Y=aK^{\alpha}L^{\beta}(\tau E)^{1-\alpha-\beta} \tag{2.1}$$

式中,Y、K、L和E分别为产出(区域经济发展)、资本存量、劳动供给和能源投入;τ为能源技术进步,即能源效率;α、β和$1-\alpha-\beta$分别为资本、劳动和能源的产出弹性;a为生产效率。

根据对新古典经济增长模型的分析,如果不存在外生的技术创新,那么资本积累带来的边际收益将会递减,从而使得产出增长长期停滞。学术界普遍认为技术创新能够在一定程度上抵消资本积累带来的边际收益递减,但是也有一些学者认为技术创新并非完全外生。Arrow(1962)和Romer(1986)将技术创新看作资本积累的副产品,构建了内生经济增长模型。这种将技术创新内生化的方式同样适用于能源投入,邵帅等(2013)认为可以此为基础,设定能源效率和能源消费之间存在如下关系:

$$\tau=GE^{\gamma} \tag{2.2}$$

式中,τ为能源技术进步,即能源效率;$\gamma>0$,为能源效率对能源使用量的弹性;E为能源消费,即能源的投入使用量;G为能效提高的效率。式(2.2)反映了能源使用过程中的"干中学"思想,即随着能源使用量逐渐提高,能源生产部门会通过增加研发投入等方式提高能源效率。

根据式(2.2),可知能源效率内生于能源消费。但事实上,能源消费并非完全外生,大量的研究表明能源消费与经济发展间存在双向的因果关系(曾胜和黄登仕,2009)。此外,由于存在能源回弹效应,能源效率也会对能源消费产生影响。根据唐滨源(1979)的研究,目前中国的能源按照基本形态和使用方式大致分为两种,即一次能源和二次能源,这两种能源的生产效率变化对能源消费的影响存在较大区别,所以本章将分别针对一次能源和二次能源对能源消费的影响进行论述。

　　一次能源指的是自然界以天然形式存在、未经加工或转换的能源,如煤炭、天然气等,它们在社会中的流动方向是自然界→生产商→各级消费者,自然界是供给方,而各大生产商则是最直接的消费者。因此,能源效率的提高对于供给方的供给函数并不产生影响,而对于作为消费者的能源生产商,能源效率的提高意味着生产过程中实际需要的能源减少,需求曲线左移,二者的均衡点会如图 2.2(a)所示变化,能源的市场价格和消费量都将降低。此外,能源价格的降低可能会导致消费者产生对能源的额外需求,造成需求曲线右移,二者的均衡点移动,而前后两次移动形成的距离 Q_2Q_3 可理解为预期节能量减少,即能源回弹效应。

　　由图 2.2 可知,能源回弹效应可存在以下五种情形:①$Q_3-Q_2>Q_1-Q_2$[图 2.2(b)],即逆反效应,实际节能量为负,表示能源效率的提高反而增加了能源消费;②$Q_3-Q_2=Q_1-Q_2$[图 2.2(c)],即完全回弹,实际节能量为零,表示能源效率的提高对能源消费无影响;③$0<Q_3-Q_2<Q_1-Q_2$[图 2.2(d)],即实际节能量小于预期节能量,表示能源效率的提高减少了能源消费,但由于存在能源回弹效应,只实现了部分节能效果;④$Q_3-Q_2=0$[图 2.2(e)],即无回弹,实际节能量等于预期节能量,表示预期节能效果完全实现;⑤$Q_3-Q_2<0$[图 2.2(f)],即超级节能,预期节能量大于实际节能量,节能任务超额完成,这是最理想的能效提高效果。

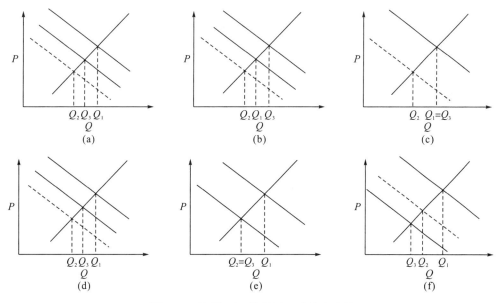

图 2.2　不同情形下的能源回弹效应分析

　　二次能源是指由一次能源直接或间接转换成的其他种类和形式的能源,如电力、蒸汽、煤气等。二次能源主要通过生产商向各级消费者流动，此时供给方为能源生产商，需求方则是各级消费者。如图2.2所示，当能源效率提升时，消费者的个人能源消费将下降，因此虚线代表能源效率提升之后对能源的需求下降。这表明在同等的一次能源消耗量条件下，生产商能提供更多的二次能源。由于存在能源回弹效应，能源成本和价格降低，消费者在心理上产生额外的能源消费需求，能源需求曲线右移，能源消费进一步增加。基于以上分析，本书认为考虑能源回弹效应和经济发展对能源消费的影响后，可以构建如式(2.3)所示的能源消费内生化模型。

$$E=c\tau^{\eta}Y^{\rho} \tag{2.3}$$

式中，E 和 Y 分别表示能源消费和区域经济发展水平；τ 为能源技术进步，即能源效率；η 为能源回弹效应；ρ 为经济发展对能源消费的影响；c 为估计系数。

由于本章的研究聚焦于能源效率与经济发展的互动影响，所以可以参考邵帅等(2013)的做法，将式(2.3)代入式(2.1)和式(2.2)中，得到以下模型：

$$Y=C_1 K^{\frac{\alpha}{1-\rho(1-\alpha-\beta)}} L^{\frac{\beta}{1-\rho(1-\alpha-\beta)}} \tau^{\frac{\eta(1-\alpha-\beta)}{1-\rho(1-\alpha-\beta)}} \tag{2.4}$$

$$\tau = C_2 Y^{\frac{\gamma\rho}{1-\eta\gamma}} \tag{2.5}$$

从式(2.4)和式(2.5)中可以看出，能源效率与区域经济发展水平间存在互动影响的关系，其中，$\frac{\eta(1-\alpha-\beta)}{1-\rho(1-\alpha-\beta)}$ 反映了能源效率对区域经济发展的影响程度，$\frac{\gamma\rho}{1-\eta\gamma}$ 反映了区域经济发展水平对能源效率的影响程度。C_1 和 C_2 为效率参数，其中 $C_1 = c^{\frac{1-\alpha-\beta}{1-\rho(1-\alpha-\beta)}} a^{\frac{1}{1-\rho(1-\alpha-\beta)}}$，$C_2 = (cG)^{\frac{1}{1-\eta\gamma}}$。

2.4　能源效率与区域经济发展关系的实证研究

2.4.1　联立方程模型构建

在能源效率的控制变量的选择方面，本书引入能源消费结构和经济结构变量。在能源消费结构方面，一般清洁能源是指水能、核能、风能等，这几类能源在中国存在分布不均和产销率较低(2016年仅为13.3%)的情况。天然气的燃烧产物为水和二氧化碳，是化石能源中较为清洁的优质能源，具有高效、低污染、低排放等优点，对能源效率的提升作用明显，提高天然气在中国能源消费结构中的比重有利于实现节能减排、缓解日益加剧的雾霾问题和改善环境，既是中国优化调整能源结构的现实选择，也是强化节能减排的迫切需要。据万得信息网统计，中国天然气消费占比从2000年的2.2%提高到2021年的8.9%，同期原油消费占比从22%下降到18.5%，原煤消费占比从68.5%下降到56%。因此，本书使用天然气消费占比作为能源消费结构变量。

在本章的研究中并没有控制技术进步和能源价格这两个因素，主要基于以下原因。首先，关于技术进步对能源效率的影响，国内外极少有相关的理论分析和实证研究。究其原因，存在能源回弹效应，Khazzoom（1980）指出技术进步有助于提高能源效率而节约能源，但技术进步在促进经济快速增长的同时又会导致对能源产生新的需求，消耗所节约的部分能源。能源回弹效应的存在使得衡量技术进步对能源效率的影响及对能源消费和经济增长的比值的影响变得复杂。其次，技术进步有广义和狭义之分，狭义的技术进步仅指科技创新，广义的技术进步除了包括科技创新外，还包括管理创新、制度创新等。国内学者对能源回弹效应、技术进步和能源效率的研究近年来有一些进展（樊茂清等，2012；何小钢和张耀辉，2012；Zeng et al.，2014；周五七，2016；潘雄锋等，2017），但是仍然有几个主要问题未能解决：①有关理论机制的讨论仍然欠缺，缺乏较为一致的结论；②研究方法基本上以工业行业的 Malmquist（马姆奎斯特）生产率分解方法为主，测算得到的各生产率指数是相对值，由于定义、全要素生产率测算方法等不同而有较大差异。此外，传统的影响因素研究文献大多以研发经费投入或者专利授权数衡量技术进步，没有考虑经济发展水平的提高会使研发经费投入或者专利授权数增加。

本书还考虑了经济体制市场化转型对能源效率和经济发展的影响。从本书选择的市场化指数的内涵来看，经济体制的市场化改革在一定程度上推动了企业创新和技术进步，加上区域间的技术进步较难找到合适的指标作为代理变量，故本书并未选取技术进步作为控制变量。能源价格作为调节能源供需的重要要素，影响着不同能源的需求量以及各种能源要素的使用比例，但是中国的能源价格大多处于管制状态，在调节市场供需方面所发挥的杠杆作用还有待提高。因此，本书也没有将能源价格纳入能源效率的控制变量。

在市场化对经济增长或区域经济发展的影响方面，制度经济学认为资本积累和技术进步都代表经济增长，而不是经济增长的原因，经济增长的真正原因是市场化，完整的经济增长理论应当将制度变量引入经济增长模型中。徐现祥（2005）、汪锋等（2006）、康继军等（2007a）、樊纲等（2011）的研究结论都支持市场化在经济增长过程中具有重要作用，而市场化在解释中国经济增长规律方面具有重要的理论价值和现实意义。

根据前面的讨论与分析，鉴于联立方程模型适合用于研究经济变量间的联立依存关系，符合本书的研究需要，所以本书建立了一个能源效率与区域经济发展的联立方程模型。模型[以下称模型 1，包括式（2.6）和式（2.7）]构建如下：

$$EF_{it} = \alpha_0 + \alpha_1 \ln Y_{it} + \alpha_2 WA_{it} + \alpha_3 WB_{it} + \alpha_4 ES_{it} + \alpha_5 IS_{it} + \mu_{it} \tag{2.6}$$

$$\ln Y_{it} = \beta_0 + \beta_1 EF_{it} + \beta_2 WA_{it} + \beta_3 WB_{it} + \beta_4 \ln K_{it} + \beta_5 \ln L_{it} + \varepsilon_{it} \tag{2.7}$$

式中，i、t 分别表示第 i 个地区和第 t 年；WA 代表企业市场化程度；WB 代表对外开放程度；ES 代表能源消费结构（天然气消费比重）；IS 代表产业结构（第二产业比重）；Y 表示用各地区 GDP 衡量的区域经济发展水平；K 表示资本存量；L 代表劳动力；μ 和 ε 为随机误差项；其余均为待估参数。按照经济增长模型中相关变量的常规处理方法，本书对 Y、K、L 取自然对数。

模型 1 虽然考虑了能源效率与区域经济发展水平的互动影响机制，但是对于经济转型在该机制中的作用需要进行进一步讨论。模型 1 假设经济转型会直接影响能源效率与区域经济发展水平，而经济转型也有可能作为调节变量对能源效率与区域经济发展水平的关系产生影响。因此，本章进一步通过构建模型 2～模型 4 来检验可能存在的调节效应，在模型 1 的基础上完善能源效率与区域经济发展水平之间的作用机制。需要特别说明的是，这三组模型中各变量交叉项的设置主要依据现有文献的讨论和经济学分析，可检验经济转型对资本、能源效率、能源消费结构的不同调节机制。事实上，本书进行了全部组合的调节效应检验，并未发现有"意外的"调节机制存在。

模型 2：

$$\mathrm{EF}_{it} = \alpha_0 + \alpha_1 \ln Y_{it} + \alpha_2 \mathrm{WA}_{it} + \alpha_3 \mathrm{WB}_{it} + \alpha_4 \mathrm{ES}_{it} + \alpha_5 \mathrm{IS}_{it} + \mu_{it} \tag{2.8}$$

$$\begin{aligned} \ln Y_{it} = &\ \beta_0 + \beta_1 \mathrm{EF}_{it} + \beta_2 \mathrm{WA}_{it} + \beta_3 \mathrm{WB}_{it} + \beta_4 \ln K_{it} \\ &+ \beta_5 \ln L_{it} + \beta_6 \ln K_{it} \times \mathrm{WA}_{it} + \beta_7 \ln K_{it} \times \mathrm{WB}_{it} \\ &+ \beta_8 \mathrm{EF}_{it} \times \mathrm{WA}_{it} + \beta_9 \mathrm{EF}_{it} \times \mathrm{WB}_{it} + \varepsilon_{it} \end{aligned} \tag{2.9}$$

模型 3：

$$\begin{aligned} \mathrm{EF}_{it} = &\ \alpha_0 + \alpha_1 \ln Y_{it} + \alpha_2 \mathrm{WA}_{it} + \alpha_3 \mathrm{WB}_{it} + \alpha_4 \mathrm{ES}_{it} + \alpha_5 \mathrm{IS}_{it} \\ &+ \alpha_6 \mathrm{ES}_{it} \times \mathrm{WA}_{it} + \alpha_7 \mathrm{ES}_{it} \times \mathrm{WB}_{it} + \mu_{it} \end{aligned} \tag{2.10}$$

$$\begin{aligned} \ln Y_{it} = &\ \beta_0 + \beta_1 \mathrm{EF}_{it} + \beta_2 \mathrm{WA}_{it} + \beta_3 \mathrm{WB}_{it} + \beta_4 \ln K_{it} \\ &+ \beta_5 \ln L_{it} + \beta_6 \ln K_{it} \times \mathrm{WA}_{it} + \beta_7 \ln K_{it} \times \mathrm{WB}_{it} \\ &+ \beta_8 \mathrm{EF}_{it} \times \mathrm{WA}_{it} + \beta_9 \mathrm{EF}_{it} \times \mathrm{WB}_{it} + \varepsilon_{it} \end{aligned} \tag{2.11}$$

模型 4：

$$\mathrm{EF}_{it} = \alpha_0 + \alpha_1 \ln Y_{it} + \alpha_2 \mathrm{WA}_{it} + \alpha_3 \mathrm{WB}_{it} + \alpha_4 \mathrm{ES}_{it} + \alpha_5 \mathrm{IS}_{it} + \mu_{it} \tag{2.12}$$

$$\begin{aligned} \ln Y_{it} = &\ \beta_0 + \beta_1 \mathrm{EF}_{it} + \beta_2 \mathrm{WA}_{it} + \beta_3 \mathrm{WB}_{it} + \beta_4 \ln K_{it} + \beta_5 \ln L_{it} \\ &+ \beta_6 \mathrm{EF}_{it} \times \mathrm{WA}_{it} + \beta_7 \mathrm{EF}_{it} \times \mathrm{WB}_{it} + \varepsilon_{it} \end{aligned} \tag{2.13}$$

在估计方法的选择上，根据现有的理论和文献研究，面板数据联立方程模型采用的估计方法主要为两阶段最小二乘法(two stage least squares，2SLS)和三阶段最小二乘法(three stage least squares，3SLS)，这两种方法都需要设置工具变量，设置的原则是将方程中所有先决变量(包括外生变量和内生滞后变量)都设置成工具变量，常数项也默认为工具变量(靳云汇，2011)。本章采用 3SLS，原因在于 3SLS 在 2SLS 的基础上，在第三阶段使用可行广义最小二乘法(feasible generalized least squares，FGLS)对模型进行估计，且 3SLS 是一种系统估计方法，在回归过程中考虑了方程的联立性，提高了估计结果的可靠性。

2.4.2　变量设定与数据处理

本章的代理变量选择与数据处理方法如下。

(1)区域经济发展水平：用地区实际 GDP(单位：亿元)来衡量。为消除物价因素的影响，本章以 1990 年为基期，根据各地区 GDP 指数计算得到 1995～2016 年各地区实际 GDP，数据来源于历年的《中国统计年鉴》。

(2)能源效率：用各地区发电标准煤耗来衡量，数据来源于历年的《中国电力年鉴》。标准煤耗越高，表示能源效率越低，反之则越高。

(3)衡量经济转型的制度变量：目前关于市场化进程的研究中最具代表性的是樊纲指数，樊纲指数的优势是用于刻画市场化进程的指标最为全面，不足之处在于部分指标多年未更新，并且该指数样本期较短，不能完全满足研究需要，不过这不妨碍用樊纲指数作为实证结果稳健性检验的替代变量。因此，本章以樊纲指数为基础，借鉴汪锋等(2006)的研究思路，选择企业市场化和对外开放这两个对能源效率产生影响的重要制度变量进行研究。其中，企业市场化包括四项分指标，分别是非国有经济在工业总产值中的比重、非国有经济在固定资产投资中的比重、非国有经济在消费品零售总额中的比重和非国有经济在就业人口中的比重。对外开放包括两项分指标，分别是进出口贸易额占 GDP 的比重和 FDI 占 GDP 的比重。这种处理方式的优势在于所有数据均来自年鉴和文献，指标构成相对精炼，并且样本期能够涵盖从 1978 年改革开放以来的整个转型过程。由于汪锋等(2006)所使用的指标中，非国有经济消费品零售总额的数据自 1999 年以后不再公布，所以本章在研究中舍弃了非国有经济在消费品零售总额中的比重这项分指标。此外，本书还对原有的数据进行了修订和完善，对于重庆早期部分缺失的数据，根据《重庆历史统计资料 1949 —1996》公布的数据进行了补充，这也是本书的创新工作之一。然后对补充完善后的各分指标重新进行标准化评分和主成分分析，最终得到 1978～2016 年各地区企业市场化和对外开放程度数据，根据研究需要，本章选取 1995～2016 年的数据。基础数据来源于《新中国六十年统计资料汇编》、历年的《中国统计年鉴》以及各地区统计年鉴、万得信息网等。

(4)能源消费结构：本书采用的是天然气消费量占能源消费总量的比重。首先，将各地区的天然气消费量(单位：亿 m^3)按照"折标准煤参考系数"换算成以"t 标准煤"为计量单位的消费数量，然后除以能源消费总量(单位：t 标准煤)得到天然气消费比重，天然气消费数据来自历年的《中国能源统计年鉴》和万得信息网。

(5)资本存量：目前学术界大都采用永续盘存法(perpetual inventory method，PIM)计算资本存量(K)，但折旧率和投资价格指数的确定仍然存在争议。现有文献大多直接使用张军等(2004)或单豪杰(2008)的估算结果。本书采用单豪杰(2008)的估算方法对各地区的资本存量进行补充。本书在研究中发现，张军等(2004)和单豪杰(2008)在对中国省级物质资本存量进行估算时均没有对重庆和四川的资本存量进行单独测算，这也是目前很多文献计算资本存量时普遍存在的问题。将重庆的资本存量并入四川进行计算，这一简化的处理方式不仅不能满足区域经济增长研究的需要，而且有可能导致其他某些问题的研究结果出现较大偏误。基于对重庆经济数据资料的深入分析，本书对此进行了专门的计算，具体说明如下。首先，关于重庆和四川固定资本形成总额(I)的确定，关键在于如何得到 1952 年至成为直辖市的年份重庆的固定资本形成总额，现有的文献大多采用估算的方法，缺乏准确性。本书通过数据分析，发现《中国国内生产总值核算历史资料 1952—1995》与 Hsueh 和 Li(1999)公布了一致的"老四川"(含重庆)固定资本形成总额数据，而《新中国六十年统计资料汇编》公布了"新四川"(不含重庆)固定资本形成总额数据，通过计算二者的差值可以得到 1952～1995 年重庆的固定资本形成总额。1995 年以后的重庆和四川固定资本形成总额在历年的《重庆统计年鉴》和《四川统计年鉴》中已公布，由此可以得到 1952～2016 年重庆和四川完整的投资时序数据。另外，1953～1957 年重庆和四川的投资平均增长率来源于《中国国内生产总值核算历史资料 1996—2002》，因此，按照单豪杰(2008)的方法，以 1952 年为基期的资本存量可以通过式(2.14)计算得到：

$$K_{1952} = I_{1953} / (10.96\% + 1953～1957年的投资平均增长率) \tag{2.14}$$

其次，关于投资价格指数，1994 年以前重庆的投资价格指数采用"老四川"的固定资本形成价格指数，1994 年以后采用历年的统计年鉴和万得信息网公布的固定资产投资价格指数。通过各年份的投资价格指数可以计算出以 1952 年为基期的投资价格平减指数(P)。最后，借鉴单豪杰(2008)的研究，本书采用 10.96%的固定折旧率(δ)，由此可以通过式 (2.15)对重庆和四川历年的资本存量进行单独测算。

$$K_{it} = I_{it} / P_{it} + (1 - \delta)K_{i,t-1} \tag{2.15}$$

(6)劳动力：采用各地区每年年底的就业人数(单位：万人)，数据来源于各地区历年的统计年鉴。对于个别缺失的数据，采用插值法补齐。鉴于西藏能源消费数据缺失，本章的研究对象为中国 30 个省(自治区、直辖市)，西藏和港澳台资料暂缺。

2.4.3　实证结果分析

在对联立方程进行系数估计之前，首先需要判断联立方程的可识别性，这是进行系数估计的前提，不能被识别的模型不能进行系数估计。根据联立方程的秩条件和阶条件，可以判断模型 1 中两个方程均是可识别的。其次，需要对方程进行联立性检验。检验方法采用 Hausman 等(1987)设定的误差检验方法，即检验一个内生解释变量是否与误差项相关。若它们之间是相关的，则存在联立性。本书的具体做法是，用模型 1 中式(2.6)的被解释变量 EF 对所有外生变量进行简单回归，得到残差 ε_{it}，然后用式(2.7)的被解释变量对 EF、WA、WB、ln$K$、ln$L$ 和 ε_{it} 进行简单回归，得到的结果见表 2.1。

表 2.1　方程联立性检验结果

变量	回归系数	t 值
ln$L$	0.538***	166.31
ln$K$	0.321***	121.66
EF	0.002***	9.07
WA	0.021***	91.69
WB	0.011***	53.91
ε_{it}	1.001***	118.32

注：*、**、***分别表示在 10%、5%、1%水平下显著，后同。

表 2.2 为能源效率与区域经济发展作用机制的检验结果。其中，模型 2 和模型 3 中资本与经济转型两个变量的交叉项和能源消费结构与经济转型的交叉项均没有通过 10%的显著性水平检验，这在一定程度上说明经济转型对资本与区域经济发展水平的关系和能源消费结构与能源效率的关系没有显著的调节效应。模型 4 的检验结果表明经济转型对能源效率与区域经济发展的关系具有显著的调节效应。

表 2.2　能源效率与区域经济发展作用机制的检验结果

指标	模型 1		模型 2		模型 3		模型 4	
	EF	$\ln Y$	EF	$\ln Y$	EF	$\ln Y$	EF	$\ln Y$
C	0.104*	2.157***	-0.196***	4.351***	-0.208***	4.324***	-0.205***	4.351***
	(0.054)	(0.160)	(0.053)	(0.200)	(0.055)	(0.198)	(0.054)	(0.200)
$\ln Y$	0.323***		0.115***		0.113***		0.117***	
	(0.011)		(0.011)		(0.011)		(0.011)	
EF		0.987***		0.226***		0.224***		0.225***
		(0.026)		(0.026)		(0.026)		(0.026)
WA	0.005**	0.033***	0.001**	0.369***	0.001**	0.369***	0.001**	0.369***
	(0.001)	(0.002)	(0.001)	(0.031)	(0.001)	(0.031)	(0.001)	(0.031)
WB	0.005***	-0.007***	0.004***	-0.023	0.004***	-0.024***	0.004***	-0.016***
	(0.000)	(0.002)	(0.000)	(0.026)	(0.000)	(0.026)	(0.000)	(0.025)
ES	0.003***		0.002***		0.002***		0.002***	
	(0.001)		(0.001)		(0.001)		(0.001)	
IS	-0.009***		-0.010***		-0.010***		-0.010***	
	(0.001)		(0.001)		(0.001)		(0.001)	
WA×EF				-0.011		-0.009*		0.032*
				(0.023)		(0.023)		(0.019)
WB×EF				-0.096***		-0.096**		-0.056**
				(0.026)		(0.027)		(0.024)
WA×$\ln K$				0.028		0.026		
				(0.197)		(0.020)		
WB×$\ln K$				0.075***		0.075		
				(0.024)		(0.024)		
WA×ES						-0.004		
						(0.006)		
WB×ES						0.016		
						(0.009)		
$\ln K$		0.453***		0.426***		0.427***		0.421***
		(0.023)		(0.020)		(0.020)		(0.021)
$\ln L$		0.038*		0.027		0.028		0.030
		(0.020)		(0.019)		(0.019)		(0.019)
R^2	0.673	0.792	0.649	0.832	0.653	0.832	0.645	0.826

注: 本章在使用交叉项对经济转型的调节效应进行检验时，参考温忠麟等(2005)的做法，将主变量和调节变量进行中心化处理。括号里的数值为标准误差，C 为截距，后同。

表 2.2 中模型 4 对全国样本的估计结果表明，区域经济发展对能源效率的影响系数为

0.117，表明 GDP 每增长 1%，可以使能源效率提高 0.117%单位标准煤（百元/t），区域经济发展对能源效率的提高有显著的促进作用，而企业市场化和对外开放两个用于衡量经济体制市场化转型程度的制度变量其值每提高 1%，能使能源效率分别提高 0.001%和 0.004%单位标准煤，表明改革开放制度因素对能源效率的提升起到了重要作用。能源消费结构和产业结构对能源效率的影响系数分别是 0.002 和−0.010，表明天然气消费比重每提高 1 个百分点，能源效率就会提高 0.002%单位标准煤，第二产业比重每上升 1 个百分点，能源效率就会降低 0.010%单位标准煤，说明国家提高清洁能源消费比重和转变经济结构非常必要。由联立方程模型的第二个方程的计算结果可知，能源效率对区域经济发展的影响系数为 0.225，表明能源效率每提升 1 单位标准煤，GDP 增长 0.225%，能源效率的提升有利于区域经济发展水平的提升，国家倡导的节能减排并没有给经济发展带来负面的影响，相反节能减排会促进绿色产业的发展，可以以更少的能源投入得到更大的经济产出。资本和劳动力仍然是影响区域经济发展水平的重要因素，其产出弹性分别是 0.421 和 0.030。需要说明的是，在 5%的显著性水平下，4 个模型中劳动力变量均不显著，考虑到劳动力变量是影响经济增长的关键变量，对此暂不勉强解读，仍然将其保留在模型中。本章考察的是经济转型背景下能源效率与区域经济发展的互动关系，在本章后续对区域样本的实证中，各模型所估计的劳动力变量都是显著的，不影响所得结论及相关分析的可靠性。

模型 4 中，企业市场化与能源效率的交叉项系数为正，表明企业市场化对能源效率与区域经济发展水平之间的关系具有正向的调节效应，即在市场化程度较高的地区，能源效率提升对区域经济发展水平提升的促进作用更大。与企业市场化不同，对外开放与能源效率的交叉项系数显著为负，说明中国经济转型对能源效率与区域经济发展水平之间关系的调节效应不是简单的单方面促进效应，随着中国对外开放程度的提升，低价进口能源的出现消减了企业提升能源效率的动力，即在对外开放程度较高的地区，能源效率的提升对区域经济发展水平提升的促进作用反而更低。上述结论进一步印证了企业市场化改革的重要作用，企业市场化改革带来的是越来越完善的市场竞争体制，而完善市场竞争机制是经济走向帕累托最优的必要条件。

2.4.4 分能效区回归分析

根据前面的实证检验结果，本书使用模型 4 对分区域的省级样本进行实证分析。针对样本组区域的划分以及基于研究目的，本书采用李方一和刘卫东（2014）在讨论能源强度与区域经济增长时使用的区域划分方法①，由于这种划分方法考虑了能源在生产、消费和利用方面的区域特征，因而在能源效率和能源经济政策研究方面具有一定的优势。本章的研究表明，该划分方法较传统的东、中、西部划分方法显著改进了模型的估计效果。考虑到联立方程中内生变量的对称性，本章也按传统的东、中、西部划分方法进行了系数估计，

---

① 该方法根据中国 30 个省（自治区、直辖市）的能源利用特征，将全国划分为 6 个区域。其中，都市消费型区域包括经济最为发达的三大直辖市，该区域能源效率较高，但人均能耗也较高。重型出口型区域位于中国北方沿海地区，产业偏重型化，出口对经济的拉动作用较大，能源效率在全国处于中等水平。能源基地型区域包括中国北方内陆地区，能源效率较低，依托丰富的能源发展高能耗产业。中等能耗型区域包括中国的东北和中西部地区，能源效率处于中等水平，但人均能耗较低。轻型出口型区域包括中国经济较为发达的沿海地区，能源效率较高，人均能耗较低，最终使用中隐含能源的 35%以上用于出口。低能耗型区域缺乏能源资源，经济还未经历重型化阶段，处于低能发展阶段。

并将其结果放在稳健性检验部分。

为了方便研究，对能源效率相近的区域进行合并处理，具体做法是：将都市消费型和轻型出口型区域合并为高能效区，包括北京、上海、天津、广东、浙江、江苏、福建 7 个省(市)，这些地区经济较为发达，能源效率相对较高；将重型出口型和低能耗型区域合并为中能效区，包括辽宁、山东、河南、云南、安徽、广西、江西、海南 8 个省(自治区)，这些地区的特征是人均能耗少，能源效率处于中等水平；将能源基地型和中等能耗型区域合并为低能效区，包括宁夏、青海、山西、贵州、新疆、内蒙古、甘肃、河北、黑龙江、吉林、重庆、湖北、湖南、四川、陕西 15 个省(自治区、直辖市)，这些地区大多是能源产地和能源输出地，能源效率相对较低。

表 2.3 给出了模型 4 分区域的回归结果。从区域视角来看，企业市场化对三大区域能源效率的改善均有显著的促进作用，说明中国的非国有经济体制改革卓有成效，有效地推动了能源效率的改善。对外开放对能源效率的改善也初见成效，尤其是对高能效区有较明显的促进作用。另外，企业市场化和对外开放对各区域的经济发展均有显著的推动作用，这与樊纲等(2012)以及其他学者的观点一致，说明市场化改革对于区域经济发展非常重要。

表 2.3　分区域样本联立方程估计结果

指标	高能效区		中能效区		低能效区	
	EF	$\ln Y$	EF	$\ln Y$	EF	$\ln Y$
C	-0.251*** (0.075)	2.301*** (0.129)	0.886*** (0.138)	2.653*** (0.274)	-0.206** (0.045)	2.956*** (0.224)
$\ln Y$	0.942*** (0.011)		-0.103*** (0.001)		0.092*** (0.008)	
EF		0.169*** (0.019)		-0.152*** (0.028)		0.389*** (0.026)
WA	0.004*** (0.001)	0.223*** (0.018)	0.011*** (0.001)	0.536*** (0.032)	0.001 (0.000)	0.084*** (0.030)
WB	0.001*** (0.000)	0.051*** (0.010)	0.001 (0.001)	0.187*** (0.022)	0.003 (0.002)	0.065*** (0.019)
ES	-0.004* (0.002)		-0.002 (0.001)		0.001 (0.001)	
IS	-0.005*** (0.001)		-0.008*** (0.002)		-0.005*** (0.001)	
WA×EF		0.023** (0.009)		0.386** (0.018)		-0.026 (0.019)
WB×EF		-0.026** (0.013)		-0.034 (0.021)		-0.025 (0.016)
$\ln K$		0.393*** (0.116)		0.065** (0.025)		0.567*** (0.025)
$\ln L$		0.362*** (0.019)		0.610*** (0.045)		0.039** (0.018)
R^2	0.785	0.985	0.577	0.949	0.582	0.904

在高能效区，企业市场化和对外开放对能源效率与区域经济发展水平有显著的调节效

应；在中能效区，只有企业市场化有显著的调节效应；在低能效区，企业市场化和对外开放均无显著的调节效应。这种差异进一步表明经济转型在不同能效区起到的调节作用不同，能效较低的地区拥有大量的低价能源资源，且会更多地使用这些低价能源而不是通过技术创新来提升能源效率，经济转型作为制度变量在调节能源效率对区域经济发展水平的影响方面会失效。关于区域经济发展水平与能源效率的互动关系，三大区域中高能效区和低能效区具有良好的双向促进作用，而中能效区的能源效率和区域经济发展水平的影响系数均为负数。这类区域大多处于中西部，经济发展处于中下等水平，经济结构相对单一，当地经济的发展面临转型期的"阵痛"，在能源效率改善的同时，会淘汰一些落后产能和进行产业结构的调整，形成短暂的冲击效应，这对区域经济发展产生了负面作用。

2.4.5　稳健性检验

为了验证实证结果的可靠性，本节对模型的估计结果进行稳健性检验。稳健性检验方法包括采用不同的代理变量和样本数据分组两种。

(1)采用不同的代理变量。由于樊纲指数中第二个和第四个方面的指数与本章中使用的制度变量具有相近的内涵，因此选用樊纲指数中近似的对应指标替代本章使用的企业市场化和对外开放指标进行稳健性检验。具体做法是：选用樊纲指数中第二个方面的指数(非国有经济发展程度)替代企业市场化指标，选用第四个方面的指数(要素市场的发展程度)替代对外开放指标，指数数据来源于《中国市场化指数：各地区市场化相对进程 2011 年报告》。建立的联立方程模型(以下称模型 5)如下：

$$\text{EF}_{it} = \alpha_0 + \alpha_1 \ln Y_{it} + \alpha_2 \text{FB}_{it} + \alpha_3 \text{FD}_{it} + \alpha_4 \text{ES}_{it} + \alpha_5 \text{IS}_{it} + \mu_{it} \tag{2.16}$$

$$\begin{aligned} \ln Y_{it} = {} & \beta_0 + \beta_1 \text{EF}_{it} + \beta_2 \text{FB}_{it} + \beta_3 \text{FD}_{it} + \beta_4 \ln K_{it} + \beta_5 \ln L_{it} \\ & + \beta_6 \text{EF} \times \text{FB}_{it} + \beta_7 \text{EF} \times \text{FD}_{it} + \varepsilon_{it} \end{aligned} \tag{2.17}$$

式中，FB 代表非国有经济发展程度；FD 代表要素市场的发展程度；其余变量的定义同前。

由于模型 4 中指数采用百分制，而樊纲指数采用十分制，因此将樊纲指数的分指标调整为百分制，使比较结果更加直观。检验结果如表 2.4 所示。通过使用樊纲指数两个方面的指数替换制度变量进行检验，可以发现与模型 4 相比，樊纲指数对能源效率和区域经济发展水平的影响系数均小于模型 4 中制度变量的影响系数，这与两种指数的具体构建方法有关，系数估计值的显著性和符号均一致，检验结果支持本章基本结论的稳健性。

(2)样本数据分组。根据不同的分组标准调整样本组的分类，检验结果是否依然显著。考虑到联立方程内生变量的对称性，本章按传统的东、中、西部划分方法进行系数估计，估计结果见表 2.4。

与表 2.3 中按能源效率划分区域分组回归所得到的结果相比较，表 2.4 展示的按东、中、西部三个区域分组的联立方程模型回归结果中，东部和西部区域各变量的系数符号及显著性水平与表 2.3 中的基本保持一致，系数估计值略有不同，但是数值未出现数量级上的差异。对于中部地区的系数估计结果，两个方程略有不同，能源效率方程中变量 $\ln Y$ 的系数估计值不显著，其他变量的系数估计值在数值大小、符号和显著性水平方面与表 2.3 中基本保持一致；区域经济发展方程中，除了能源效率变量(EF)之外，其他变量的系数估计结果与表 2.3 中的基本保持一致，EF 的系数估计值不显著。在表 2.3 中，中能效区的区域经济发展方程中 EF 的系数估计值虽然显著，但是符号为负，考虑到中部地区和中能效区包含的区域有所差别，对导致此结果的原因，需要对这些地区的具体情况进行深层次的探讨，本章不对此进行过多的讨论。总体而言，按能源效率划分区域回归的结果与按东、中、西部区域回归的结果基本一致。

表 2.4　稳健性检验结果

| 指标 | 采用不同的制度变量 | | 东、中、西部区域联立方程估计结果 | | | | | |
| | 模型 5（樊纲指数） | | 东部 | | 中部 | | 西部 | |
	EF	lnY	EF	lnY	EF	lnY	EF	lnY
C	0.106** (0.072)	0.507*** (0.192)	0.297*** (0.099)	1.777*** (0.189)	-0.168 (0.324)	3.462*** (0.496)	-0.258*** (0.066)	4.660*** (0.258)
lnY	0.796*** (0.010)		0.011 (0.018)		0.079 (0.059)		0.104*** (0.010)	
EF		-1.730*** (0.537)		-0.019 (0.017)		0.056** (0.028)		0.647*** (0.035)
WA(FD)	0.022*** (0.005)	0.007*** (0.002)	0.007*** (0.001)	0.320*** (0.022)	0.003*** (0.002)	0.296*** (0.036)	-0.000 (0.001)	0.127*** (0.043)
WB(FB)	0.010*** (0.004)	0.009*** (0.001)	0.004*** (0.001)	0.092*** (0.014)	0.018*** (0.003)	0.001 (0.029)	0.008*** (0.002)	-0.042 (0.030)
ES	0.001 (0.001)		0.001 (0.002)		0.014 (0.012)		-0.001 (0.001)	
IS	-0.010*** (0.001)		-0.011*** (0.001)		-0.009*** (0.001)		-0.005*** (0.001)	
WA×EF		0.006*** (0.002)		0.027** (0.013)		0.043** (0.020)		-0.079*** (0.025)
WB×EF		-0.001 (0.001)		-0.026 (0.018)		-0.076*** 0.022		-0.016 (0.022)
lnK		0.282*** (0.020)		0.349*** (0.015)		0.324*** (0.031)		0.330*** (0.029)
lnL		0.641*** (0.025)		0.480*** (0.024)		0.250*** (0.050)		0.022 (0.026)
R^2	0.575	0.915	0.563	0.964	0.622	0.876	0.536	0.802

2.5　本　章　小　结

在现有研究的基础上，本章更加关注经济体制市场化转型的不同方面在能源效率和区域经济发展方面起到的作用及其传导机制，相较于简单使用单个指标衡量的制度因素来讨论其对能源效率的影响而言更加合理。因此，本章构建了一个基于制度因素的有关能源效率与区域经济发展互动影响的联立方程模型，利用 1995～2016 年中国 30 个省（自治区、直辖市）的面板数据，研究了经济转型背景下能源效率与区域经济发展的互动关系，并通过引入经济转型与能源效率的交叉项来检验经济转型的调节效应。通过实证结果本书有以下发现。

(1)随着中国改革的进一步深化,制度因素在能源效率的改善和区域经济发展方面都起到了显著的推动作用,经济转型作为制度变量对能源效率与区域经济发展水平的关系有显著的调节效应。

(2)从全国范围来看,中国的区域经济发展和能源效率存在良性的互动作用,区域经济发展能够促进能源效率的提高,能源效率的提升也能促进区域经济发展。

(3)分区域来看,高能效区与低能效区与全国有着类似的结论,但在中能效区,区域经济发展水平在提高的同时却给能源效率带来了负面作用,能源效率的提升也在一定程度上抑制了区域经济的发展。

基于上述实证结果,可知由于区域间存在差异,在制定节能减排政策时,需要考虑不同区域间能源效率与区域经济发展的互动关系,对于高能效区和低能效区,需要考虑能源效率改善对区域经济发展具有促进作用,而在中能效区,需要考虑能源效率改善是否损害了当地的产业结构和支柱行业,以及是否会给区域经济发展带来一定的"抵减"效应。

根据研究结果,本书给出如下政策建议。

首先,市场作用需推向纵深。应适应党和国家事业发展新要求,落实党的十八大提出的全面深化改革开放的战略任务,进一步加强非国有经济的发展和提高对外开放的程度,加速建设社会主义市场经济体系,推动中国经济体制的市场化改革进程,改变原有的经济运行模式,更多地发挥市场的决定性作用。

其次,开展改革需因地制宜。应稳步推动产业结构升级,提高清洁能源的使用率,努力提高能源效率,但也需要考虑这个过程给经济带来的冲击,尤其是中等能效水平的区域,制定节能减排政策时不宜操之过急,需要因地制宜,考虑当地的产业结构和经济发展水平。

第3章 农业机械化与第一产业能源效率

中国是一个传统意义上的农业大国，早在 1959 年，毛泽东在《党内通信》中谈到中国农业发展问题时就精辟地指出农业的根本出路在于机械化。进入 21 世纪之后，中国开始全面建设小康社会，政府积极引导农业机械化的发展，出台了农机购置补贴等强农惠农政策，而 2004 年颁布实施的《中华人民共和国农业机械化促进法》首次明确了农业机械化在农业和农村经济发展中的法律地位，中国实现全面的农业机械化已是大势所趋。

近年来，随着工业化、城市化的加速推进，中国的传统农业逐步向现代农业转变。现代农业是以农机装备为基础的农业，建设现代农业需要加快农业机械化的发展，这既是解决农业生产方式落后、农业劳动生产率不高、农民收入低下问题的重要措施，也是缩小城乡差距、提高农村整体发展水平的重要保障。但为了全面实现农业现代化而大力发展农业机械化必然会导致消耗更多的能源，在此背景下需要思考和回答的问题是：如何设法提高农业的能源利用效率？农业机械化本身对于农业能源利用效率的提高具有促进作用还是阻碍作用？

本章的研究将尝试回答上述问题，探索中国已经发展的机械化农业是否是能源节约型和可持续发展型的机械化农业，如果不是，那么该如何改进。本章构建了中国农业机械化的两级评价指标体系，采用面板数据模型实证分析了中国农业机械化与农业能源利用效率的关系。研究结果表明，农机总动力(全称为农业机械总动力)和种植业机械化程度的提高都可以有效地提高能源利用效率。同时，农业劳均产值的提高以及农业从业人员受教育程度的提高对于提升农业能源利用效率都会产生积极作用。基于此，本书认为在农业机械化发展过程中，除了要注重提高发展质量与效率之外，还应注重提高农业从业人员的综合素质和农机利用效率，完善农机化基础设施，建立健全相关公共服务体系，满足农民日益增长的多样化需求，在第一产业现代化过程中贡献力量。

3.1 农业与第一产业能源消耗现状分析

3.1.1 农业能源消耗现状分析

在农村，消耗的能源分为生产用能和生活用能两部分。农业生产用能涉及田间作业、农业运输和农副产品加工三个方面，其来源主要是以商品形式供应的煤、石油和电。发达国家的农村地区以石油和电力为主，在发展中国家人力和畜力仍是主要的动力来源。农村生活用能主要用于煮饭、烧水、取暖、照明等。发达国家主要以电能作为日常生活用能，发展中国家则以生物质能为主，以煤和电能为辅。

随着中国农业机械化水平的不断提高，农业生产活动对各种能源的消耗大幅度地增长。中国在农业生产过程中消耗能源的方式可分为直接消耗和间接消耗两种，直接消耗主要是指农业机械消耗各种石油制品和电能，而间接消耗则主要是指使用化肥、农药、农膜等投入品，它们本身即是高能耗的产品，中国把间接消耗的农业能源归为第二产业消耗的能源。本章中的农业能源主要是指各种农业机械直接消耗的能源，根据《中国能源统计年鉴》，包括煤炭、石油和电能。2000～2021 年，中国农机(主要包括柴油机、汽油机和电动机)总动力以年均约 3.48%的速度增长，农业生产中各种石油制品和电力的消耗量则分别以年均 4.47%和年均 5.36%的速度增长。尤其值得关注的是农业的柴油消耗量 21 年来一直占全国柴油消耗量的 9.48%左右，而农业农村部的统计资料更是将该比例提高到 18%左右。随着农业机械化的持续推进，可以预见，农业的能源消耗量必将继续增长。

长期以来，农业的能源消耗问题并没有引起足够的重视，这是因为和能耗较高的第二产业相比，农业的能源消耗量占能源总消耗量的比例较低，近年来这一比例下降至 1.84%左右，并且呈现持续下降的趋势。但是也必须注意到，农业的能源绝对消耗量在逐年上升，并且伴随着农业生产对 GDP 的贡献率逐渐降低(图 3.1)，表明在农业生产中能源利用效率并不高。与其他产业相比，农业的能源强度并不高，相比其他国家，中国农业的能源利用效率偏低。

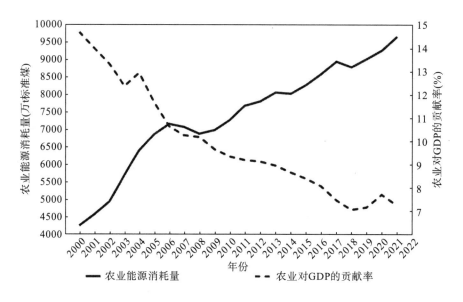

图 3.1　农业能耗与农业产值占比的历年走势对比

2020 年 9 月 22 日，中国政府在第七十五届联合国大会上提出"双碳"目标，而提高能源利用效率是节能降耗的重要手段，只有提高能源利用效率，才能真正实现各个产业及经济的可持续发展。因此，提高农业的能源利用效率，对于农业及经济的可持续发展具有重要的意义。

3.1.2 第一产业能源消费现状分析

农村生活能源按商品属性可以划分为商品能源(煤炭、电能、天然气、燃油)和非商品能源(薪柴、秸秆、沼气、太阳能等)。农民收入水平越高,其生活能源的商品化程度就越高。总体而言,目前中国农村地区生活能源中商品能源消费量逐渐增加,并且随着农业经济及城乡一体化建设的发展,商品能源消费量快速增长,其将会成为农村生活能源消费主体(图 3.2)。

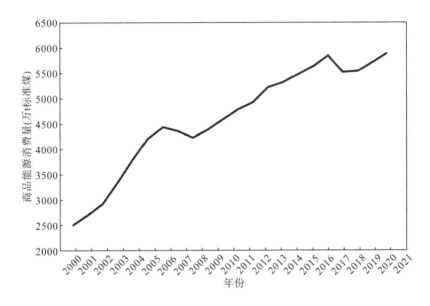

图 3.2 2000~2021 年农村生活商品能源消费量

若将全国分为东、中、西部三大区域,则中部地区的农村生活能源中商品能源消费量占比最高,其次是西部地区,东部地区最低。造成这一现象最主要的原因是煤炭消费比例存在差异。在中国东部的农村地区,经济较为发达,农民人均收入水平较高,当地农户逐步放弃对传统能源的消费,转而消费更加清洁、方便、高效的能源。以浙江省为例,2016年全省乡村能源消费总量为 811 万 t 标准煤,约占全省能源消费总量的 4.0%。其中,煤炭消费 41.6 万 t,占乡村能源消费总量的 3.7%。中西部的农村地区则由于人均收入低以及能源获取难度高等因素的限制,在商品能源的选择上更倾向于使用煤炭。

近年来,随着经济的持续发展,农民收入水平不断提高,农民开始使用更加方便、清洁的能源,能源的用途也开始多元化,不仅用于炊事、照明、取暖等,还用于空调、冰箱、电视、洗衣机等。煤炭由于自身存在局限性,将逐渐被其他优质的能源取代,优质能源包括电能、成品油、液化气、天然气、煤气与太阳能等,劣质能源则包括秸秆、薪柴、煤炭等。

在中国东部沿海经济发达的农村地区,秸秆和薪柴的消费量在逐年降低,人们倾向于消费电能、液化气等清洁能源,如东部地区的浙江省,其农村生活商品能源消费中电能的消费比例从 2001 年的 20%左右上升到 2016 年的 60%左右;而中西部的农村地区,尤其是西部的云贵川地区，秸秆和薪柴仍是农村生活能源的主要来源，煤炭的消费量也在快速增长。例如，2005 年甘肃省对秸秆和薪柴的消费量占农村生活能源消费总量的 50.2%，煤炭的消费量占 40.7%，2017 年秸秆的消费量占农村生活能源消费量的比例不到 30%；2009 年湖北省电能消费量占农村生活商品能源消费量的比例仅为 16%，2017 年电能消费量占农村生活商品能源消费量的比例超过 40%。

从可再生性的角度看，农村生活能源可分为可再生能源和非可再生能源。中国经济的高速发展和人们生活水平的快速提高都需要大量的能源作为保障，而煤炭、石油、天然气等能源具有不可再生性，因此如何有效地利用不可再生能源、尽快开发利用可再生能源，将是中国在推进农村经济持续发展过程中必须解决的重要问题。

中国拥有丰富的风能、太阳能、地热能、生物能等新能源和生物质能。农村生活所消耗的可再生能源主要包括三类：传统生物质能(包括秸秆和薪柴)、沼气、太阳能。其中，秸秆和薪柴是农村生活能源的主要组成部分，其消费量在 1991 年分别占农村生活能源消费总量的 45.6% 和 29.0%，总比例达到了 74.6%，但近年来二者的消费比例持续下降，2016 年秸秆和薪柴的消费量占农村生活能源消费总量的比例已经下降到不足 10%。

沼气的开发和利用不仅可以提供清洁、方便的能源，而且还可以实现农业发展的良性循环，因此各级政府大力扶持农村沼气的发展，农村沼气在中国取得了跨越式的增长。虽然沼气利用量在中国农村地区增长得很快，但占农村生活能源消费总量的比例仍很低，2000 年沼气利用量占农村生活能源消费总量的比例不足 1%，截至 2016 年末，73.9% 的农村建有沼气池，年产沼气 144.85 亿 m^3，折合标准煤 1034.28 万 t，占农村能源消费量的 3.13%。除了利用量偏低，目前中国农村沼气还存在"南多北少、东偏西重"的现象，北方地区农村沼气的利用率低于南方地区，这主要是由地域气候特性造成的，温度是沼气发酵的重要外因条件，中国北方地区在一年中有相当长的一段时间地表温度在零摄氏度以下，这不利于发酵产气。此外，东部沿海地区的沼气用户明显少于南方内陆地区，这是因为东部地区农民人均收入水平高，更偏向于选择使用清洁和方便的能源，如电能、天然气、成品油等。

太阳能在农村地区也得到了较快的发展，但分布不均，东部农村地区的太阳能利用率明显高于中西部地区。这是因为购买太阳能设备是一笔不小的开销，而这对于中西部农村地区的农户来说难以负担。

3.2 农业机械化与第一产业能源消耗的相关性分析

美国等发达国家的现代农业建立在以石油为主的化石燃料基础上。现代化的农业，不但其机械化作业依赖于石油，生产化肥、农药、塑料等也都依赖于石油、天然气等化石燃料，这种大量消耗石油的农业称为石油农业。如今，石油农业的发展模式已经受到广泛质疑，石油资源的有限性导致能源价格上升，在提高农业生产成本的同时，也给环境带来了危害。要想转变发展模式，实现农业的可持续发展，一方面要大力开发新能源(包括生物质能和太阳能等)，另一方面则要大力提高现有化石能源的使用效率，在保证经济可持续发展的前提下尽量减少能源消耗量。

中国目前仍属于发展中国家，农业生产技术相对落后，农村经济力量相对薄弱。过去，中国以传统农业，即以人力、畜力、手工工具和天然肥料为主。目前，中国正致力于大力发展现代农业，即用先进的生产工具和其他生产资料等代替传统的农业生产方式，逐步实现农业的水利化、机械化和电气化。同时，随着化肥、农药、农业机械等工业产品的大量投入，农业的能源消耗必然会不断增加。由图 3.3 可知，随着农业能耗的增加，煤炭与油品消耗量的占比始终居高不下。中国所面临的能源紧缺问题，可能会成为现代农业发展过程中的一道难题。

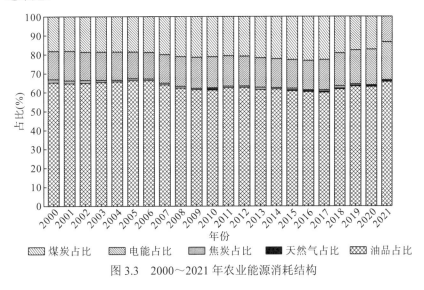

图 3.3　2000～2021 年农业能源消耗结构

《中国农村统计年鉴》给出了农用柴油消费量和农村用电量(图 3.4)，农用柴油消费量的平均增速约为 1.49%，农村用电量的平均增速则达到 7.31%。

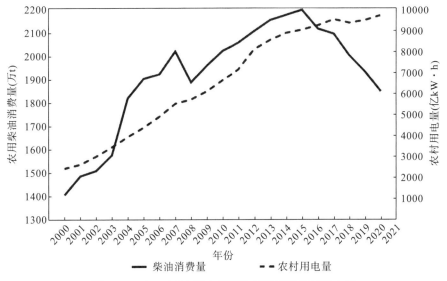

图 3.4　2000～2021 年农用柴油消费量及农村用电量

无论是否开发研制新能源技术，鉴于当前不断攀升的农业化石能源消耗量以及难以下降的农业能源强度，都迫切需要提高现有能源的利用效率。农业生产能源消费弹性平均值为 1.14，也就是说，农业能源消耗增长速度超过农业总产值增长速度，农业节能已经迫在眉睫、不容忽视。因此，要科学使用投入品(如煤炭、石油、电能等)，提高投入品的使用效率，在保证农业稳步发展的前提下减少其使用量，避免不合理地消耗能源，并减少污染物的排放。

中国是一个区域发展不平衡的国家，在农业领域更是如此。农业受到自然条件的严格制约，具有非常鲜明的地域性，土地的特征(如热量分布、水分状况、土壤肥瘠状况等)、气候条件(如太阳辐照强度、日照时间、热量、水分和空气等)、地貌形态(如山地、丘陵、高原、盆地、平原、沼泽、洼地等)都直接影响着农业生产。自然条件的差异性造成农业生产具有地域性差异。此外，在相同的自然条件下，不同的社会经济条件和技术条件会影响农业生产，但最直接的影响来自自然条件。因此，要尊重自然规律，因地制宜地发展农业，从区域的具体条件出发制定政策，切忌主观臆断地破坏农业生产的地域性。例如，中国东北地区(黑龙江、吉林和辽宁三省)的耕地面积占全国耕地面积的 20.62%，而总人口只占全国总人口的 7.89%，地广人稀、土地肥沃，世界三大黑土地之一的东北平原就坐落于此。东北平原土地平坦，肥力较高的黑土壤占70%左右，土地肥力比其他地区高 2~5 倍。此外，该地区还有丰富的水资源，是中国最主要的农业产区，而肥沃的耕地分布集中、连片，且地势平坦，更适宜发展农业机械化。又如，西北地区(陕西、甘肃、宁夏、青海、新疆、内蒙古等)幅员辽阔，人口密度小，土地总量和以土地为主的农业资源量高于全国平均水平，但该地区土地质量差，气候属于干旱半干旱气候，水资源稀少，农业生产以传统耕作方式为主。西南地区(贵州、云南、四川、重庆、广西、西藏等)是中国农业发展形态较为多样化的地区，农业地形包括极地、山地、丘陵、平原、盆地、喀斯特、高原等，水力资源丰富，光热充足，这有利于农作物的生长。但西南地区农业自然资源相对分散，开发难度大、成本高，因此该地区较适宜发展多功能型现代农业，如特色农业、旅游观光农业和生态农业等。东部地区(辽宁、山东、河北、北京、天津、江苏、上海、浙江、福建、广东、海南等)经济较为发达，工业化对农业的带动作用较大。该地区分布着平原、丘陵、低山等多种地貌类型，还有丰富的海洋资源，大部分区域水热组合条件较好，适宜种植多种作物，可以借鉴荷兰、日本等国家发展现代农业的经验，大力发展海洋农业，以及以农产品出口为导向的外向型种植业。中部地区(湖南、湖北、安徽、江西、河南、山西等)则是耕地富集区，以平原为主。该地区水域面积广阔，气候温暖，阳光充足，是产粮区，也是重要的粮棉油生产基地，非常适宜发展农业机械化。

中国农业所消耗的能源主要用于农业机械。农业机械是农业设施装备的基本组成部分，也是建设现代农业的重要物质基础。现代农业是在推广应用农业机械的基础上发展起来的，农业机械化是农业现代化的重要标志。从狭义上讲，农业机械化主要是指运用先进适用的农业机械装备农业，以改善农业生产经营条件，最大限度地提高劳动生产率，具体包括种植机械(用于播种、耕地、施肥、排灌、植保、收割等)、畜牧业机械(如饲料加工机械、畜禽饲喂和饮水机械、牧草收割机械、畜禽舍粪便处理机械、畜禽舍环境控制设备、畜禽产品采集和初加工机械等）、林业机械（用于造林、育林、护林以及木材切削和林业起重输送的机械）、渔业机械（通常分为捕捞、养殖、加工和渔业辅助机械四类）、农副产品加工机械和农用运输车等其他机械。

以 2000～2020 年的均值，比较各地区农业能耗和农机总动力（图 3.5）。用农机总动力代表农业机械的工作强度，可以看出，农业能源消耗量基本与农机总动力的大小呈正相关关系，即农业机械化程度越低的地区，农业能耗越低；农业机械化程度越高的地区，农业能耗越高。

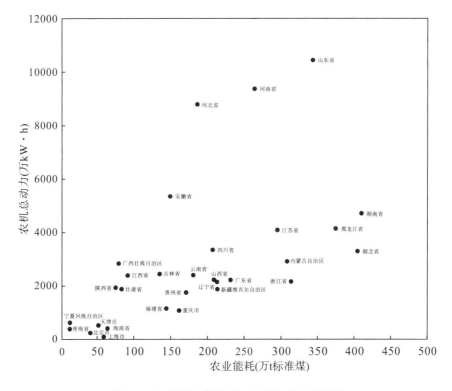

图 3.5　各地区农业能耗与农机总动力关系图

以 2000～2020 年的均值，比较各地区农业产值和农机总动力（图 3.6）。可以看出，农业机械化与农业总产值呈正相关关系，农业机械化程度越低的地区，农业经济水平越低；农业机械化程度越高的地区，农业经济水平越高。

农业能源利用效率受多种因素的影响，如农业的经济基础、地区自然资源禀赋、地方政策、农业从业人员素质、农业经费投入等，各个区域之间差异很大。传统的区域划分基于地域邻近原则，如划分为三大区域（东部、中部和西部）、六大区域（华北、华东、东北、西北、西南和中南）等，其有一定的合理性，但是也有局限性，不一定适用于每一个领域。在努力缩小与农业发达地区的差距时，是将农业经济发展建立在高能耗的基础上还是建立在低能耗的基础上，是农业落后地区在实践中面临的两种不同选择。如果建立在高能耗的基础上，那么农业发展得越快，农业能源利用效率越低，即能源强度越高。反之，如果建立在低能耗的基础上，那么农业发展得越快，能源利用效率越高，即能源强度越低。因此，本章将尝试从农业经济增长和农业能源消耗的二元角度来划分区域，这有利于掌握各地区的农业发展模式，探索在不同的农业发展模式下农业能源消耗的差异。

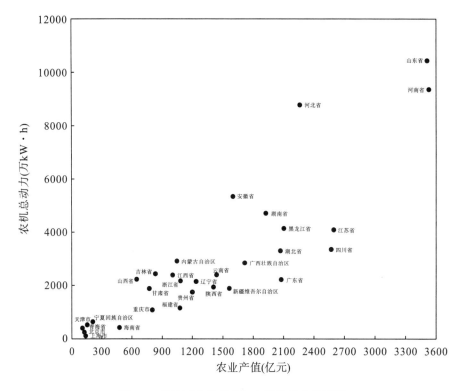

图 3.6   各地区农业产值与农机总动力关系图

以 2000~2020 年的均值，比较各地区农业能耗和农业产值(图 3.7)。可以看出，中国各地区的农业能耗与农业产值的关系存在较大差异。比如，山东是典型的高能耗、高产值区域，这是因为山东是全国耕地率最高的地区，同时小麦与玉米是山东最主要的粮食作物，并且山东在全国率先开展农业机械化生产，因此其农业能耗与农业产值均较高。而四川则是农业能耗较低与农业产值较高的代表，四川耕种面积较大，但是由于地形的影响，部分区域难以开展机械化作业，因此有较大部分的农业生产严重依赖于劳动力。新疆在全国的粮食生产方面具有重要的战略地位，我国专门设立了新疆生产建设兵团以支持新疆地区的农业发展，保障粮食安全、高效地生产。新疆的农业机械化程度较高，近年来注重推动农机装备向高质量发展。截至 2019 年，新疆主要农作物综合机械化水平已达到 84.8%，农林牧渔综合机械化水平达到 69%。

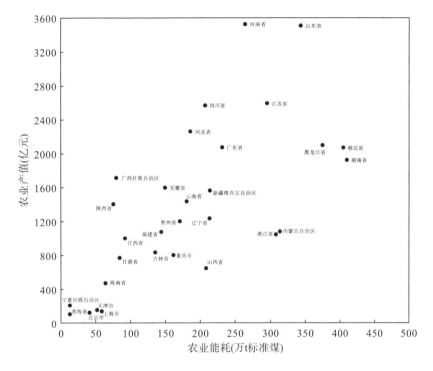

图 3.7　各地区农业能耗和农业产值关系图

3.3　农业机械化与农业能源利用效率的实证设计

3.3.1　模型构建

本章数据均以 2000 年为基期进行折算，数据来源于相关年份的《中国能源统计年鉴》和《中国统计年鉴》。本章总共收集了中国 30 个省(自治区、直辖市)在 2000~2016 年的相关数据，西藏和港澳台数据暂缺。对于第一产业消耗的能源，由于部分地区的数据缺失，采用相关系数折算成标准煤进行计算。

本章采用面板数据模型来实证分析 2000~2016 年中国农业机械化与农业能源利用效率的关系，面板数据模型可以综合考虑地域差异和时间趋势的影响，有助于克服单独使用时间序列分析方法和截面分析方法时存在的不足。假设有 N 个横截面($i=1, 2, \cdots, N$)；时间为 $t(t=1, 2, \cdots, T)$，则最简单的面板数据模型为

$$Y_{it} = X'_{it}\beta + \mu_{it} \tag{3.1}$$

3.3.2　变量设定

中国各地区的农业能源效率为各地区能源强度的倒数，计算公式为：第一产业增加值/第一产业能源消费总量。

本章中的农业机械化是一种广义的概念，是现代农业的代名词，不仅应包括农业机械总动力，还应包括农机装备水平和作业水平，甚至应涵盖农业科技投入提高、更快的农村劳动力解放和转移、更高的农业产值和农民收入等方面。因此，本章的面板计量模型在对农业机械化水平进行衡量时，不应仅涉及农机总动力这一指标。

不少文献在谈到农业机械化时，都用农业机械总动力这一指标来衡量（宋山梅和于海龙，2008；何政道和何瑞银，2010；李建伟等，2012；刘双芹和冯洁，2015；王志章和孙晗霖，2015；崔红艳，2016；张宏乔，2017），可见农业机械总动力是衡量农业机械化程度的重要指标之一。农业机械总动力是指农业机械的额定功率之和，农业机械则是指用于种植业、养殖业以及农产品加工、农用运输和农田基本建设等活动的机械及设备，按使用的能源不同可分为柴油发动机、汽油发动机、电动机和其他能源发动机。该指标是政府部门制定农机化发展规划及农机生产企业制定产品结构调整方案时的重要参考指标。

2007年，农业部颁布农业行业标准《农业机械化水平评价　第1部分：种植业》（NY/T 1408.1—2007），其以耕种收机械化水平评价为核心，用耕种收综合机械化水平（简称"第一指标"）和农业劳动力占全社会从业人员比重（简称"第二指标"）评判农机化发展阶段，其指标体系虽然简单易使用，但内涵过于简单，没有涵盖现代农业的全部内容。

现有文献在谈及农业机械化时采用的指标见表3.1。为了更清晰地阐述各个指标的功能和相互之间的联系，基于各项数据的可获得性，本章构建了有关中国农业机械化的两级评价指标体系。

表3.1　农业机械化评价指标

指标	相关文献
耕种收机械化程度	李兴国（2006）；王术和刘一明（2015）；刘同山（2016）；罗富民（2018）；徐艳兰和刘亚琼（2018）
农业机械总动力	何勇等（2003）；郑文钟和何勇（2004）；杨敏丽和白人朴（2005）；白冬艳（2006）；陈莉（2006）；李金良（2008）；宋山梅和于海龙（2008）；李辉和钟绵生（2010）；王瑞杰和孙鹤（2004）；王德成（2005）；张为杰和宫芳（2009）；李海明（2010）；周渝岚等（2014）；徐艳兰和刘亚琼（2018）
农业机械原值/净值	郑文钟和何勇（2004）；孙福田（2004）；杨敏丽和白人朴（2005）
第一产业从业人员占全社会从业人员比重	何勇等（2003）；王德成（2005）；骆健民（2006）；胡汪洋等（2018）
农业从业人员受教育程度	何勇等（2003）；杨敏丽和白人朴（2005）；王德成（2005）；骆健民（2006）；周渝岚等（2014）
农民人均收入	王德成（2005）；杨敏丽和白人朴（2005）；骆健民（2006）；白冬艳（2006）；何勇等（2003）
农村科研经费投入	王术和刘一明（2015）
农业劳均产值	何勇等（2003）；郑文钟和何勇（2004）；杨敏丽和白人朴（2005）；白冬艳（2006）；骆健民（2006）

一级指标包括作业水平、效益水平、保障水平；二级指标是对一级指标的细化，共八个指标。由此，建立中国农业机械化定量指标体系，见表3.2。

表 3.2　农业机械化定量指标体系

一级指标	二级指标	计算方法或数据来源
作业水平	种植业机械化程度(farm)(%)	0.3×(机播面积/农作物播种面积) + 0.3×(机收面积/农作物播种面积) +0.4×(机耕面积/总耕地面积) 来源:《中国农业统计资料》、《中国农业年鉴》和白冬艳(2006)
	顷均农机总动力(pow)(万 kW/10³hm²)	来源:《中国统计年鉴》
效益水平	农村居民家庭人均纯收入(inc)(元)	来源:《中国统计年鉴》
	农业劳均产值(gdp)(元/人)	第一产业 GDP/乡村从业人员中第一产业就业人数 来源:《中国统计年鉴》
	农村劳动力转移度(lab)(%)	乡村从业人员中非第一产业就业人数/乡村从业人员人数 来源:《中国农村统计年鉴》《中国农业年鉴》
保障水平	地方政府财政支持力度(exp)(%)	(地方政府农业支出+地方政府林业支出+农林水利气象等部门的事业费)/地方政府一般预算支出 来源:《中国统计年鉴》
	农业技术人员数量(tec)(人)	国有企事业单位农业专业技术人员数量 来源:《中国科技统计年鉴》
	农业从业人员受教育程度(edu)(%)	100 个劳动力中初中及以上文化水平的人数 来源:《中国农村统计年鉴》

　　需要说明的是,中国农业机械化水平受到诸多因素的影响,绝不仅限于表 3.2 中所列出的八个指标。譬如,重要的影响因素还有中国农机服务组织的发展程度。农机服务组织具体包括农机管理机构、农机教育培训机构、农机科研机构、农机试验鉴定机构、农机技术推广机构和农机安全监理机构 6 大类,是农业机械化发展的有力保障。各地政府应通过建立农机专业合作社来满足农机化发展过程中的社会服务需求,让合作社来服务农户。2007 年国家出台了《中华人民共和国农民专业合作社法》,农机专业合作社应通过对机具、资金、土地、技术、人才的整合,将广大农机拥有者和使用者紧密联系起来,最大限度地提高农业生产要素的投入和使用效益,较好地解决家庭承包制的小农户经营模式与大规模农业机械化发展之间的矛盾。然而,本章所采用的方法其重点在于对定量指标进行考察,对于农机社会服务系统的成熟度而言,由于系统内在运行机制还没有完善,且缺乏完整的面板统计数据作为评价依据,只能通过定性分析方法进行描述,因此本章构建的定量指标体系包括这一指标,可在进一步的理论研究中深入分析该指标。

　　乡村从业人员是指乡村人口中 16 岁以上实际参加生产经营活动并取得实物或货币收入的人员,既包括劳动年龄内经常参加劳动的人员,也包括超过劳动年龄但经常参加劳动的人员,但不包括户口在家的在外学生、现役军人和丧失劳动能力的人,也不包括待业人员和家务劳动者。用乡村从业人员人数来计算劳均产值和劳动力转移度,其比农村总人口更能合理反映真实情况。不使用指标农业机械原值/净值,这是因为农业机械总动力、农业机械固定资产原值和农业机械固定资产净值都可作为农业机械化的评价指标,且后两者是按当年价格计算的,可比性较差,故仅选取农业机械总动力作为统计指标即可。本章用地方政府财政支持力度(exp)、农业技术人员数量(tec)和农业从业人员受教育程度(edu)

三个指标来衡量农业机械化的保障水平，这些指标与被解释变量是否有显著的关系，还需要使用计量模型进行进一步的实证检验。

根据表 3.2 展示的农业机械化指标体系，可以确立如下的面板计量模型：

$$\text{tei}_{it} = C + \alpha_1 \text{farm}_{it} + \alpha_2 \text{lab}_{it} + \alpha_3 \text{edu}_{it} + \alpha_4 \ln \text{gdp}_{it} + \alpha_5 \ln \text{pow}_{it}$$
$$+ \alpha_6 \ln \text{exp}_{it} + \alpha_7 \ln \text{tec}_{it} + \alpha_8 \ln \text{inc}_{it} + \varepsilon_{it} \tag{3.2}$$

式中，tei 代表农业能源效率，i 和 t 代表第 i 个地区和第 t 年；C 为截距；ε_{it} 为随机误差项；其余均为待估参数。

3.4　农业机械化与农业能源利用效率的实证研究

在面板数据模型的选择方法方面，本章采用 F 检验来决定选用混合模型还是固定效应模型，然后用 Hausman（豪斯曼）检验确定应该建立随机效应模型还是固定效应模型，最终本章选择固定效应模型。在计量方法方面，由于截面数（$I=30$）大于时间长度（$t=17$），本章选用总截面加权的 FGLS 进行估计，其可以自动修正横截面中出现的异方差和短期自相关。由于样本量不是很大，在系数协方差稳健估计方法选择中，本章采用 White 截面标准误差和协方差方法来进行稳健估计。

为了详细比较单纯考虑农机作业水平因素以及加上效益水平因素和保障水平因素前后模型的解释力，本章建立四个模型对省级面板数据进行分析，分析结果见表 3.3。

表 3.3　面板数据模型估计结果

	模型 1	模型 2	模型 3	模型 4
C	2.847***	4.598**	4.508*	3.700*
α_1	2.870***	0.502*	0.590**	0.534**
α_2	0.400***	0.503***	0.348***	0.410***
α_3		0.447***	0.195	
α_4			0.361*	0.484***
α_5			-0.002	
α_6		-0.279***	-0.239***	-0.225***
α_7		-0.590***	-0.652***	-0.537***
α_8		0.028***	0.020**	0.021***
R^2	0.90	0.92	0.92	0.93
F	142.17***	156.49***	138.06***	189.12***

注：假设个体固定、时间不固定，*、**、***分别表示在 10%、5%、1%的水平上显著。对 White 截面标准误差和协方差进行修正，且不对自由度进行修正。

模型 4 是在模型 3 的基础上剔除不显著变量得到的，根据表 3.3，可知模型 4 是最佳的模型，表达式为

$$\text{tei}_{it} = C + \alpha_1\text{farm}_{it} + \alpha_2\text{edu}_{it} + \alpha_3\ln\text{gdp}_{it} + \alpha_4\ln\text{pow}_{it}$$
$$+ \alpha_5\ln\text{exp}_{it} + \alpha_6\ln\text{tec}_{it} + \varepsilon_{it} \tag{3.3}$$

耕种收综合机械化水平是农业农村部在编制农业机械化发展规划时计算或测算种植业机械化程度的重要指标，一般采取加权法，即机耕水平的权重为 0.4，机播水平和机收水平的权重均为 0.3。就全国来看，耕种收综合机械化水平持续上升，2008 年已经达到 45.85%，比十年前提高了十多个百分点，2016 年达到 68.22%，基本处于中等水平。由于区域间自然、经济、社会等条件存在较大差异，不同地区、不同作物的耕种收综合机械化水平有较大差异。一般来说，平原地区的机械化水平高于山区，北方的机械化水平高于南方，旱地地区的机械化水平高于水田地区，小麦的机械化水平高于水稻和玉米，粮食作物的机械化水平高于经济作物（杨敏丽和白人朴，2005）。

据农业部统计，截至 2016 年，中国农机总动力达到过 9.9 亿 kW，是 1949 年（8.01 万 kW）的 1 万多倍，近年来平均增长速度有所减缓，为 4.48%，农业机械装备水平实现了跨越式的提高。目前，国务院制定的农业机械装备发展目标是：到 2025 年，农机总动力稳定在 11 亿 kW 左右。农机装备水平的大幅度提高，有助于提高农业劳动生产率，进而增加产出，但也必将消耗更多的能源。本书的研究结果表明，随着中国农业机械化水平的提升以及农机总动力的增加，农机装备效率逐渐提升，农机生产效率逐渐提高，但能源强度却逐渐下降。在中国农业机械的配套方面，大中型拖拉机及其配套农具数量较少，并且增长速度缓慢，动力机械与农具的配套比仅为 1∶1.5，发达国家约为 1∶3，农用排灌动力机械数量增长幅度也不大，这些都不利于中国农业机械化水平的提高。此外，农业机械的利用效率不高，农机推广部门如果只重视农机推广数量和农机发展速度而忽视农机的利用效率，则将直接导致农机的利用效率、作业效率和经济效益都十分低下，而农机手劳动素质不高是农机利用效率低的直接原因。在中国农村，农机手的文化水平偏低，大部分是初中以下文化水平，有些农机手不懂农机的构造、工作原理、操作技术，以及维护保养和安全生产知识，更不知道在使用农机时如何进行节能减排。另外，农村的配套基础设施和服务设施不完善，农村道路等基础设施条件差，农户的地块小，耕地条件和机耕道路差，农机作业条件恶劣，农机能耗普遍较高，而农机配套服务等才刚起步，这些都影响了农机利用效率的提高，导致中国目前农业能源利用效率的提高速度较为缓慢。因此，政府在制定农业机械化发展规划时，不能单纯以提高农机总动力作为机械化发展目标，以避免走上不可持续的粗放型农业机械化发展道路。

随着中国经济的快速发展和城市化的不断推进，农民的收入水平不断地提高。研究结果显示，作为衡量农业机械化效益水平的指标，农业劳均产值（gdp）的增长对改善农业能源利用效率起着积极的作用，这是由于农业劳均收入的增加不仅可以有效提升农业生产积极性和农民收入水平，而且还可以进一步促进农民购买更加高效的农业机械进行生产。例如，20 世纪 60 年代的台湾，其经济高速发展，农民收入上涨与农村劳动力缺乏刺激了农业机械化的发展。现阶段中国内陆各地区的农村在经历劳动力缺乏的阶段，这导致对农业机械的需求增加，农业机械能耗增多。而农村留守劳动力的素质普遍不高，且对农业机械的操作技术学习不到位，需要进行进一步的培训。因此，如果既要提高农业劳均产值、转移劳动力，又要走农业机械化持续发展道路，就必须加大对农民和农机手的培训力度，提高农村农业劳动力的整体素质，尤其要提高其节能减排意识。

近年来，农业机械化、电气化的大力推进极大地提高了农业劳动生产率，进而提高了农业产值。而农业从业人员受教育程度(edu)对降低农业能源强度和提升能源利用效率具有积极作用。为了保障机械化发展而对农业投入资金和技术(尤其是技术)，对于提高农业能源利用效率有着积极作用。

3.5 本 章 小 结

随着农业机械化进程的不断推进，中国农业能源消耗量大幅度提高，农业产值也大幅度增加，农业能源利用效率逐渐提高，能源强度下降。为了研究出现这一变化趋势的原因，本章利用 2000～2016 年中国省级面板数据，实证分析了中国农业能源利用效率在农业机械化进程中演变的原因，实证结论如下。

(1)提高顷均农机总动力(pow)及种植业机械化程度(farm)有助于提高能源利用效率。

(2)农业劳均产值(gdp)的提高以及农业从业人员受教育程度(edu)的提高对于提升农业能源利用效率有积极作用。

根据研究结果，本书提出如下政策建议。

首先，应注重提高发展质量与效率。尽管农业生产对机械化的依赖越来越明显，农业机械化在加快农业发展方式转变、建设现代农业方面的支撑引领作用越来越突出，但是为了提高农业的能源利用效率，走农业持续发展道路，就必须尽快转变农业机械化的发展方式，使其由数量增长型向质量提升型转变，在促进农机装备总量增长的同时优化装备结构，重点加快大马力、高性能、复式作业机械的发展，加快老旧农业机械的更新报废，促进作业机械和拖拉机配套机具的发展，提高配套比，改善利用率，降低单位能耗，避免低水平重复购置、资源浪费和效益下降。

其次，应提高农民综合素质。提高农民收入，进一步转移农村劳动力，加快推进城市化进程，是政府的工作重点，但是要注意应尽量通过提高农业产值来提高农民收入，以及加强对农村未转移劳动力的技术培训。随着工业化、城镇化的加速推进，农村空心化和农民老龄化的趋势日趋明显，农村留守农民由于文化水平不高，迫切需要得到政府在信息和技术方面的支持，应提高其在农业生产活动中的节能意识，增强其在农业机械操作过程中的节能能力。

最后，应完善农机化设施。提高农业能源利用效率，离不开政府对农业的财政支持和技术支撑，当前农业生产和农机服务组织化程度还比较低，农机与农艺融合得不够紧密，农机利用效率还有很大的提升空间；农机化基础设施和相关公共服务体系的建设严重滞后；部分环节适用的农机产品和技术供给不足，不能有效满足农民日益增长的多样化需求。中央和地方政府需要在农机化科研、教育培训、购机补贴、作业补贴等方面持续加大投入力度。

第4章　产业转移与第二产业能源效率区域收敛

中国是一个区域发展不平衡的国家，这种不平衡表现在历史基础、自然条件、经济水平、制度文化等多个方面。中国沿海地区由于改革开放期间实施沿海开发战略而成为中国经济增长的龙头，进入 21 世纪以来，随着西部大开发、振兴东北和中部崛起等战略的实施，中国内陆地区的经济得到了快速的发展，沿海和内陆经济发展水平的差距持续扩大的趋势有望得到遏制。从产业结构层面来说，第二产业无论是在沿海地区还是在内陆地区都对经济发展发挥着举足轻重的作用，内陆地区主要依靠第一产业比重的降低及第二产业比重的提升实现产业结构升级。

经济的发展离不开能源消耗，第二产业相对于第一产业、第三产业而言，能源消耗量更大，沿海地区工业化的快速实现以及内陆地区经济的快速发展导致大量能源被快速消耗。要想以最小的能源消耗代价来发展经济，实现经济的可持续发展，提高能源利用效率是唯一的途径。那么，沿海地区当前所实现的高度工业化是以降低能源效率为代价，还是使工业化与能源效率的提升并存的呢？内陆地区第二产业在追赶沿海地区的过程中，是一味追求经济发展而牺牲了能源效率的改进，还是在发展过程中同时注重工业化水平和能源效率的提高呢？又是什么因素导致了这些变动呢？为了回答这些问题，本章基于经济学中的经济增长收敛理论，推导能源强度收敛的微观机制模型并进行实证检验。研究结果表明，第二产业的劳均 GDP 和能源强度都呈现出明显的收敛趋势，内陆与沿海地区第二产业能源效率差异收敛背后存在着技术进步和人力资本投入差异的潜在微观机制。通过深入研究中国沿海和内陆地区的第二产业在近十多年的快速发展过程中其能源效率收敛和产业经济水平收敛之间的关系，可以更透彻地了解经济增长和能源效率的变化趋势，并为政府针对具体产业制定相应的节能减排政策、减小区域差距和实现经济的可持续发展提供科学有效的理论依据。

4.1　第二产业的能源效率分析：时间与空间

4.1.1　随时间的演变

从中国三大产业占 GDP 的比重来看，沿海和内陆基本上都保持着"三、二、一"的格局，但深入考察后会发现其程度差异较大。2022 年沿海地区的第一产业增加值占 GDP 的比重是 2.94%，低于 10%，而内陆地区是 4.45%，高于沿海地区；沿海地区第二、三产业的比重分别约为 21.76%和 31.87%，而内陆地区分别约为 17.28%和 21.70%。动态来看，

2000 年沿海地区第一、二、三产业的比重分别为 6.96%、28.39%、24.93%，而内陆地区第一、二、三产业的比重分别为 8.04%、16.22%、15.46%。如图 4.1 所示，20 多年来，沿海地区和内陆地区的第一产业比重都大幅下降，而第二产业占比则长期为 40%～50%；第二产业包括工业和建筑业，其中工业占第二产业的比重达到 85% 或以上，而第二产业对国民经济的贡献举足轻重，因此，工业对中国经济发展的影响不容小觑。与此同时，工业是能源消费主力军，近年来，其能源消费量占能源消费总量的比重一直都在 70% 左右。

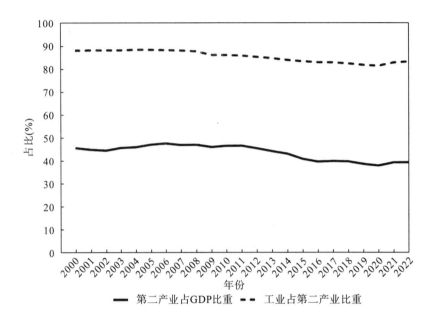

图 4.1　2000～2022 年工业与第二产业占比情况

　　工业可分为轻工业(可分别以农产品和非农产品为原料)和重工业(采掘工业、原料工业、加工工业)，一直以来重工业在工业生产中占据主要地位。自中国加入世界贸易组织以来，对外开放程度逐渐提高，重工业比重逐年提高，工业增长的动力主要来自重工业，而重工业能耗较高的特点导致长期以来中国能源消费量居高不下。

　　工业部门可分为：采矿业、制造业和电力、热力、燃气及水生产及供应业，其中制造业是产出比例最高的行业，其包括众多子行业(表 4.1)。

表 4.1　中国制造业子行业分类

行业编号	行业名称	行业编号	行业名称
C1	农副食品加工业	C16	化学纤维制造业
C2	食品制造业	C17	橡胶和塑料制品业
C3	酒、饮料和精制茶制造业	C18	非金属矿物制品业
C4	烟草制品业	C19	黑色金属冶炼及压延加工业
C5	纺织业	C20	有色金属冶炼及压延加工业

续表

行业编号	行业名称	行业编号	行业名称
C6	纺织服装和服饰业	C21	金属制品业
C7	皮革、毛皮、羽毛制品业和制鞋业	C22	通用设备制造业
C8	木材加工及木、竹、藤、棕、草制品业	C23	专用设备制造业
C9	家具制造业	C24	汽车制造业
C10	造纸及纸制品业	C25	铁路、船舶、航空航天和其他运输设备制造业
C11	印刷业和记录媒介复制业	C26	电气机械及器材制造业
C12	文教、工美、体育和娱乐用品制造业	C27	计算机、通信及其他电子设备制造业
C13	石油加工、炼焦及核燃料加工业	C28	仪器仪表制造业
C14	化学原料及化学制品制造业	C29	废弃资源综合利用业
C15	医药制造业	C30	金属制品、机械和设备修理业

注：工艺品及其他制造业、废弃资源和废旧材料回收加工业这 2 个行业在 2002 年以前没有统计数据。

　　由于难以获取子行业的工业增加值数据，因此本章用制造业主营业务收入占工业主营业务收入的比重代替制造业产值占工业产值的比重。图 4.2 表明，自 2000 年以来，制造业占比维持在 85%以上，且大体维持上升趋势。

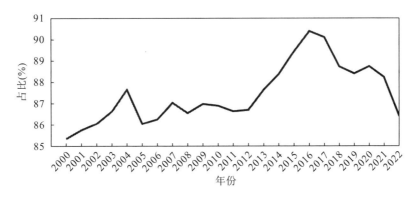

图 4.2　2000～2022 年制造业产值占工业产值的比重

　　制造业是最主要的耗能产业（图 4.3）。制造业能耗占工业能耗的 80%左右，尤其是 2000年以后，制造业产值快速增加，导致制造业能耗占工业能耗的比重有所增加；而制造业具体包括 30 个子行业（表 4.1），如纺织业、造纸及纸制品业、石油加工、炼焦及核燃料加工业、化学原料及化学制品制造业、非金属矿物制品业、黑色金属冶炼及压延加工业、有色金属冶炼及压延加工业等，它们都是能耗极高的行业，其中化学原料及化学制品制造业、非金属矿物制品业、黑色金属冶炼及压延加工业这三个行业的总能耗占制造业能耗的 60%左右（图 4.4）。

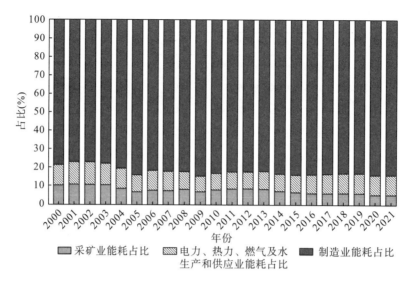

图 4.3　历年工业内部三大行业能耗占比

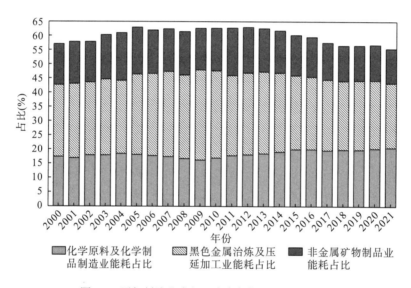

图 4.4　历年制造业内部三大高能耗行业能耗占比

　　由此可见，第二产业及其所包含的工业，以及工业内部的重工业和制造业，既是国民经济的支撑行业，也是能源消耗的主要行业，其能源利用效率的高低对中国整体的能源消耗以及经济的可持续增长具有决定性的影响。由于难以搜集到工业产值数据，本章用单位主营业务收入能源强度(能源消耗强度)来衡量能源利用效率。

　　纵向而言，工业能源强度和第二产业能源强度均高于全国总能源强度，而工业能源强度又高于第二产业能源强度；横向而言，工业及第二产业能源强度的走势与中国整体能源强度的走势接近，中国整体的能源强度与第二产业尤其是工业的关联度最高，其变化也主要由第二产业能源强度的变化引起。要降低中国整体的能源强度，就必须把降低第二产业尤其是工业的能源强度作为重点任务。

　　一方面,虽然中国还处于工业化加速推进的时期,但工业的能源强度整体呈下降趋势(图 4.5),这得益于国家为提高工业能源利用效率所做的大量工作,例如,调整产业结构,将资源从低效率的部门转移到高效率的部门,以及关闭淘汰小水泥厂、小玻璃生产线、小炼油厂、小煤矿等;积极开展科技创新和设备改造,如开发清洁煤技术、大型风电技术等;政府制定颁布了许多有关能源利用的法律法规,不断建立健全能源市场机制,如进行农村电网改造、铺设输油管道、进行全国电力联网等。

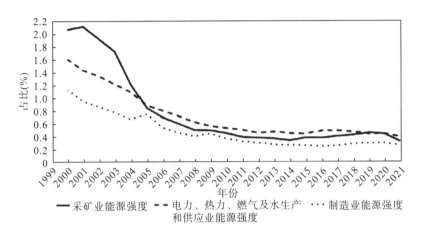

图 4.5　历年工业内部各行业能源强度

　　另一方面,由图 4.5 可知,工业内部三大行业的能源强度自 2013 年之后未出现较大波动。这表明,近年来工业内部三大行业的能源利用效率随工业发展的变化并不明显,节能降耗工作仍需加强。此外,需要进一步提高工业内部各行业的能源利用效率,如此才能进一步降低能源强度,实现工业及经济的可持续发展。

4.1.2　区域差异

　　中国地域辽阔、人口众多,各地区之间经济基础、文化背景、资源禀赋的差异很大。改革开放以来,中国区域经济格局发生了重大变化,沿海地区的市场化起步较早,经济发展速度一直较快,能源消耗量迅猛增长;而内陆地区原有的一些老工业基地和部分省份,由于产业结构老化及市场建立得较迟,其经济增长速度低于东部沿海地区,但自从进入21 世纪以来,随着西部大开发、振兴东北和中部崛起战略的实施,内陆地区的经济也得到了快速的发展,其能源消耗速度快速上升,并且自 2011 年起除个别年份外,大部分年份高于沿海地区(图 4.6)。本章中提到的沿海地区包括北京、天津、河北、辽宁、上海、江苏、浙江、福建、山东、广东、广西、海南共 12 个省(自治区、直辖市),内陆地区包括山西、河南、安徽、湖北、湖南、江西、黑龙江、吉林、内蒙古、陕西、宁夏、甘肃、青海、新疆、四川(含重庆)、云南、贵州 17 个省(自治区、直辖市)。

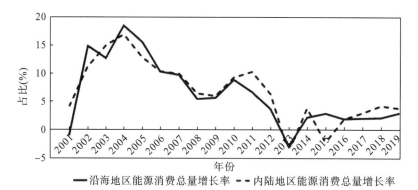

图 4.6   2001～2019 年沿海与内陆地区能源消费总量增长趋势

根据国家统计数据，2000～2016 年，中国沿海地区的第二产业劳均 GDP 平均值为 87235 元/人，而内陆地区则为 82995 元/人；沿海地区的第二产业能源强度平均值约为 1.47t 标准煤/万元，而内陆地区则约为 2.93t 标准煤/万元。可见，内陆地区第二产业的发展水平落后于沿海地区，并且其能源消耗量较高、能源利用效率较低，表明内陆地区第二产业的发展仍属于偏粗放型发展，急需改变经济增长方式。

4.2   第二产业的区域转移分析：沿海至内陆

4.2.1   产业转移现状分析

产业转移是指由资源供给条件或产品需求变化引起的产业在各国之间或一个国家（或地区）内部转移的活动（以企业为主导），是通过生产要素的流动从一个区域转移到另一个区域的经济行为和过程。从国际产业转移历史来看，20 世纪 50 年代美国将钢铁、纺织等传统产业向日本等国转移。20 世纪 60～80 年代，日本等发达国家将附加值较低的劳动密集型和资源密集型产业向亚洲、拉丁美洲的一些发展中国家和地区（如"亚洲四小龙"，以及阿根廷和巴西等）转移。20 世纪 90 年代以来，欧美和日本等发达国家、地区将自身不具有竞争优势的产业向以中国为代表的发展中国家转移。国际产业转移是指产业资本在全球范围内向生产要素具有比较优势的国家和地区转移，产业转移带来了产业结构升级和经济发展，同时也推动了劳动力和资源成本上升，使其失去比较优势，产业资本会向更具有比较优势的国家和地区转移。而国内产业转移是指一国（尤其是大国）内部不同经济发展水平的地区之间，某些产业因为资源供给条件或产品需求变化而从一个地区转移到另一个地区。扩散理论和梯度转移理论认为，随着经济的发展，要素将由发达地区向落后地区扩散，部分产业也将梯次转移，从而促进落后地区的经济增长，缩小地区间经济水平的差距。近年来，中国东部沿海地区在经济飞速发展的同时，面临着民工荒、电荒等生产要素短缺的情况，与此同时，中西部地区经济的发展比东部地区缓慢，但其在生产要素成本上有巨大优势。因此，中国开始出现部分产业向中西部地区转移的趋势。产业的转移，一方面可以促进东部地区的产业结构升级，另一方面有利于拉动中西部地区的经济增长。

目前，对于产业区域转移，多以定性描述为主，定量描述较少，且未达成一致的标准。例如，陈建军(2007)利用区域产业竞争力系数的动态变化来评估产业区域转移，但基于该系数的评估以全国各区域对所有产业的需求均匀分布、产出等于需求和全国市场是一个封闭的市场等假设条件为前提，因此，在衡量产业转移时具有一定的局限性。冯邦彦和段晋苑(2009)认为可采用各地区 FDI 的分布作为衡量沿海地区产业区域转移的指标，这一指标带有一定的片面性。陆铭和陈钊(2006)、多淑杰(2010)根据产业集聚与产业转移的关系，采用产业集聚水平指标来综合分析产业集聚与产业转移的状况，并对产业集聚水平和时间因素进行分析。其研究结果表明，当某一时期、某一地区的产业集聚水平上升时，该地区实现产业承接，反之则意味着该地区实现产业转出。

由于黑色金属冶炼及压延加工业是中国制造业中能耗占比最高的一个行业，因此本章拟选取该典型产业来分析其区域转移趋势。从动态层面来看，如果该产业在内陆地区的发展水平逐渐超过沿海地区，则表明该产业存在从沿海转移到内陆的现象。统计数据显示，2013～2015 年，该产业的地区总产值占地区工业总产值的比例，以及该产业的地区企业单位数量占地区工业企业单位总数量的比例均大幅上升，但是从表 4.2 和表 4.3 中可以发现，增幅高于平均水平的省(自治区、直辖市)多处于中国沿海地区。

表 4.2 黑色金属冶炼及压延加工业企业工业总产值（2013～2015 年）　（单位：万元）

工业总产值高于平均值的地区				工业总产值低于平均值的地区			
省(自治区、直辖市)	2013 年	2014 年	2015 年	省(自治区、直辖市)	2013 年	2014 年	2015 年
天津	40857625	44000602	43342700	北京	1527066	1338253	1022759
河北	119743600	115709275	101312100	内蒙古	17231268	23730200	17677500
山西	26682100	50774700	32047400	吉林	8376004	16211690	15759623
辽宁	54178500	101934000	92632500	黑龙江	3523541	8956421	7255121
江苏	105124300	26965900	22430000	上海	15554800	2131538	1358649
浙江	26950200	55446508	46550769	安徽	20843900	14817000	11867000
山东	56394245	36619500	34841700	福建	17457002	22559300	19362800
河南	32949500	25820000	20937500	江西	11827836	19056834	16310402
湖北	30790700	25245200	23325400	湖南	16103700	12046394	10791924
广东	25874300	24491179	24471961	广西	22342828	15679800	14113600
四川	24610600	25012600	21739100	海南	85621	93618	137209
				重庆	7390545	7579704	7010235
				贵州	6240800	6485900	6474397
				云南	11260100	9957700	6821000
				陕西	9020422	9070138	9620554
				甘肃	10082074	10898795	7256756
				青海	2238937	2002968	1830904
				宁夏	2782935	2538646	2604781

工业总产值高于平均值的地区				工业总产值低于平均值的地区			
省(自治区、直辖市)	2013 年	2014 年	2015 年	省(自治区、直辖市)	2013 年	2014 年	2015 年
				新疆	7281798	6609946	3299615
均值	24510895	24126164	20806865	均值	24510895	24126164	20806865

表 4.3　黑色金属冶炼及压延加工业企业单位数量(2013～2015 年)　　　　(单位：个)

企业单位数量高于平均值的地区				企业单位数量低于平均值的地区			
省(自治区、直辖市)	2013 年	2014 年	2015 年	省(自治区、直辖市)	2013 年	2014 年	2015 年
天津	399	386	347	北京	32	26	23
河北	765	762	755	山西	262	224	201
辽宁	889	805	617	内蒙古	272	269	253
江苏	1595	1496	1362	吉林	90	80	74
浙江	1016	985	887	黑龙江	58	47	38
安徽	430	443	438	上海	143	127	108
福建	642	608	589	江西	111	111	120
山东	783	762	731	湖北	346	353	321
河南	660	614	579	广西	285	245	232
湖南	562	474	440	海南	5	4	4
广东	534	493	462	重庆	170	170	152
四川	449	415	379	贵州	193	172	164
				云南	198	172	151
				陕西	121	120	113
				甘肃	91	70	68
				青海	41	39	35
				宁夏	92	78	77
				新疆	91	91	86
均值	377.5	354.7	326.87	均值	377.5	354.7	326.87

　　从产业转移总量来看，2000～2007 年，中国东部地区和中西部地区从事投资经营的企业累计接近 20 万家，投资总额超过 1500 亿元；从转移的产业来看，内陆各地区 FDI 主要集中在第二产业(贺清云等，2010)，且主要是以制造业为主的劳动密集型行业。

　　以沿海的上海市(图 4.7)和内陆的湖北省(图 4.8)为例，上海市为促进产业升级，打造了金融中心，第二产业呈现逐渐萎缩的态势。相反，在经济综合实力居于中部领先地位的湖北，由于政府高度重视对沿海产业的承接，使其第二产业得到了良好的发展，尽管在 2012 年后湖北第二产业产值占比有所下降，但仍然高于沿海地区。2017 年 3 月，国务院印发了《中国(湖北)自由贸易试验区总体方案》，该方案旨在通过承接产业转移及发展高新技术产业来加快推动中部崛起及长江经济带发展。自贸试验区涵盖武汉、襄阳、宜昌三个片区，其中武汉近几年来承接了西门子、康明斯、威斯卡等汽配基地，以及冠捷、唯冠、中芯国际等高科技制造企业等，它们大部分来自珠三角、长三角、闽南三角洲。

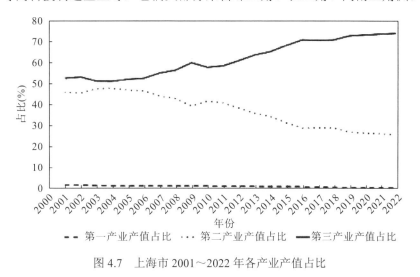

图 4.7　上海市 2001～2022 年各产业产值占比

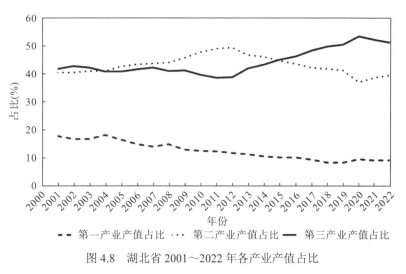

图 4.8　湖北省 2001～2022 年各产业产值占比

4.2.2　产业转移的影响因素

关于导致产业转移的因素，已有不少研究从比较成本、要素禀赋、产品生命周期、规模经济以及国际贸易条件等角度进行了分析，这些因素在中国的产业转移过程中也发挥着作用。Traistaru-Siedschlag 和 Martincus（2006）认为，需求区位和比较优势是制造业产业转移的主要驱动力。Krugman（1991）从经济地理学的角度分析了产业区位行为与外部规模经济、产业前后向联系的关系。近年来，一些学者开始关注区位特征和经济活动特征的相互作用对区域经济活动的影响（Amiti，2005）。王业强和魏后凯（2007）认为，必须从产业特征和地区特征的相互作用层面来解释产业地理集中形式的决定因素。一般来说，国内产业转移可能会受到以下因素的影响。

1. 区域要素禀赋

由于经济发展水平、文化、教育等的差异，不同的区域具有不同的要素资源优势，会吸引相应的产业转移。劳动密集型产业往往会转移到劳动力成本比较低的地区，技术密集型产业总是定位于技术实力比较强和劳动力素质比较高的地区，资本密集型产业则往往定位于资本效率比较高的地区。陈晓涛(2006)通过严密的经济数学模型，从产业演进的观点进行了分析，认为产业转移的原因在于不同区域的生产要素(如劳动力成本、自然资源禀赋、产业技术水平、知识创新能力等)存在差异，产业存在从要素收益率低的区域向要素收益率高的区域不断转移的趋势。由于要素收益率与要素成本成反比，因此产业也存在从要素价格高的区域向要素价格低的区域转移的趋势。随着经济全球化和高科技的发展，以及产品和生产要素的多样化，特别是知识和技术等高级生产要素在生产中所起的作用越来越大，自然资源等初级要素所起的作用越来越小，影响产业转移的因素发生变化，现代产业的转移已取决于人力资本、产业技术水平、知识创新能力和投资环境。

2. 产业的市场规模

产业的市场规模是影响产业区域转移的重要因素。一般产业总是向市场规模和发展潜力比较大的地区转移，这是由于市场规模比较大的地区能及时占领市场、提高销售量、节约运输成本，并且接近市场有利于接近消费者，了解消费者的需求变化，及时地调整产品的生产和产品的创新。同时，从规模经济的角度考虑，大规模的市场需求有利于产业规模经济和集聚经济的实现。

3. 交通与通信等基础设施

交通运输及通信条件影响着区域要素的流动及运输成本。交通运输设施落后，则要素、商品的流动成本就高，这会阻碍产业区域转移。相反，交通运输条件越便利，通信设施越发达，要素和商品的流动就越容易，这有利于吸引企业迁入。

4. 对外开放程度

一个地区的对外开放水平影响着区域内要素和商品流动的成本，其中包括贸易成本。对外开放程度对产业区域转移的影响主要表现在：①从要素流动的角度来说，对外开放程度越高，要素的流动成本越低；②从商品流动的角度来说，对外开放程度越高，对国外市场的依赖程度越高，进出口的产品越多，定位于接近国外市场，有利于节约运输成本、扩大产品的出口。改革开放初期，由于中国各地区的对外开放政策存在差异，地区之间的对外开放程度呈现出较大的差别。相比而言，东部沿海地区对外开放程度较高，其经济发展水平也较高。冯海华和张为付(2010)认为 FDI 区位选择受成本、市场集聚和制度因素影响，对沿海和长江流域 16 个省(自治区、直辖市)"十一五"期间截面数据的研究表明，地理区位 FDI 存量、国外市场接近程度、地区 GDP 和工资水平等将影响 FDI 区位选择。

5. 政策制度环境

法律、政策、文化等制度因素对产业区域转移具有重要的影响。政府政策或制度行为可能会对产业转移产生正面的影响，也可能会产生负面的影响。健全的法律制度和优惠的产业政策有利于吸引产业转移，政府服务效率低下、公共基础设施不健全会阻碍产业承接。在中国，产业转移绝非单纯由市场机制作用来实现，它在很大程度上受到了政府政策调控的影响，如在中西部地区政府对承接产业转移持积极态度，会对东部进行产业转移的企业实施许多优惠政策，这对东部企业向中西部转移起到了较大的促进作用，这些优惠政策涵盖了土地优惠、厂房建设优惠、税收优惠、资金支持等多个方面。例如，Zhang(2005)对港台地区向大陆地区的产业转移区位分布进行分析后认为，大陆地区实施优惠政策和拥有廉价劳动力是吸引港台地区投资的重要因素。

4.2.3　产业转移下的经济收敛与能源效率收敛

2000 年以来，东部沿海地区向中西部地区的产业转移规模越来越大，转移的产业以加工制造业为主，尤其是劳动密集型加工业、对资源和能源依赖性较强的上游产业转移势头迅猛。比如，2007 年发布的加工贸易限制类商品目录规定，纺织、塑料等商品加工贸易新增项目不得在东部地区开展，同时已开展的项目需要实行台账保证金实转制度，这无疑为中西部地区承接加工贸易产业转移提供了一个良好的契机。国家开发银行也为支持中西部地区承接加工贸易梯度转移提供了大量的资金资助。产业转移对中西部地区的经济发展、产业结构、生态环境、城市建设、社会就业等各个方面都产生了巨大的影响。

本章基于经济学中的经济增长收敛理论构建计量模型并进行实证研究。一般按照收敛趋势及其含义的不同将区域经济增长收敛划分为 α 收敛和 β 收敛两大类，其中 β 收敛又被进一步划分为绝对 β 收敛和条件 β 收敛。另一种基于 β 收敛所衍生的收敛类型根据其特殊的收敛趋势被称为"俱乐部收敛"。最常见的是 β 收敛的分析，即认为随着时间的推移，所有国家或地区都将收敛于相同的人均收入水平。根据 Barro 和 Sala-i-Martin(1990)的分析，检验绝对 β 收敛时一般采用下述模型：

$$\frac{1}{T-t}\lg\frac{y_{iT}}{y_{it}} = B - \frac{1-e^{-\beta(T-t)}}{T-t}\lg y_{it} + \mu_{it} \tag{4.1}$$

式中，i 代表经济单位；t 和 T 分别代表期初与期末时间；$T-t$ 为观察期的时间长度；y_{it} 和 y_{iT} 分别代表期初与期末的人均产出；B 为常数项；μ_{it} 为误差；β 为收敛速率，表示 y_{it} 向稳态收敛的速度。β 值越大，则向稳态收敛的速度越快。如果 β 值大于 0，则表示地区经济增长趋于收敛；如果 β 值小于 0，则表示地区经济增长趋于发散。这一回归模型意味着 y_i 的稳态值及 β 对于所有的经济单位而言均相同。该假定在一国内部区域间比在国家间更为合理。因为一国内部区域间技术和偏好等结构特征通常比不同的国家更为近似。

对传统的收敛模型可进行适当改进(Sala-i-Martin，1996；Markandya et al.，2006)，本章采用以下第二产业劳均 GDP 收敛模型：

$$\ln \frac{y_{it}}{y_{i,t-1}} = \alpha + \beta \ln y_{i,t-1} + \phi_{it} \tag{4.2}$$

如果 $\beta < 0$，则表明存在 β 收敛，劳均 GDP 的增长速度与上一期劳均 GDP 呈负相关，这意味着不发达的内陆地区经济增长速度快于发达的沿海地区，随着时间的推移，内陆地区第二产业的劳均 GDP 水平将与沿海地区趋同。

理论上，产业转移不能走消耗资源的老路，不能为了发展把污染转移进来，也不能把落后产能转移进来，产业转移要与产业升级结合起来。比如，重庆市专门颁布《重庆市招商工作规范（试行）》，规定主城区承接转移产业的单位投资强度不能低于 20 亿元/km^2，万元增加值能源消费量不能高于 1.5t 标准煤。然而，在实际的项目操作中要做到这一点并不容易。随着产业转移和城镇化的快速发展，一些沿海发达地区的高污染、高能耗产业开始转移到中西部地区的乡镇。在中国新一轮产业布局调整中，出现了一批高污染、高能耗的产业向乡镇转移的现象。目前可持续发展、注重环保等科学发展观念在不少乡镇仍然存在盲区，乡镇的财政压力、政绩考核等诸多因素导致乡镇干部"短视"。根据前面的分析，中西部内陆地区在追赶沿海地区的过程中消耗了较多的能源，平均能源强度高于沿海地区。为了分析能源强度自身的变动轨迹，研究能源强度是否会随着时间的推移收敛，本书建立如下收敛模型：

$$\ln \frac{E_{it}}{E_{i,t-1}} = \alpha + \beta \ln E_{i,t-1} + \mu_{it} \tag{4.3}$$

接下来，本章基于面板数据样本，对式（4.2）和式（4.3）进行实证估计，面板数据同时包含截面数据和时间序列数据的特征，参数的估计值可能会同时受到两种不同因素的影响。本章使用的数据样本为 2001～2016 年全国 29 个地区的面板数据，由于重庆在 1997 年被设立为直辖市，为了与现有研究结论进行比较，本章按惯例将重庆和四川的数据合并计算；西藏部分数据缺失，将其排除在样本之外。此外，根据国家统计局对东、中、西部三大区域的划分及已有的文献，本章将全国分为东部沿海和中西部内陆两大区域。

本章同时给出了基于面板数据的固定效应（fixed effect，FE）和随机效应（random effect，RE）模型对全国、沿海地区和内陆地区收敛等式的回归分析结果，并进行 Hausman 检验，然后在随机效应和固定效应模型之间进行选择。估计结果如表 4.4 和表 4.5 所示。Hausman 检验结果拒绝随机效应模型与固定效应模型无系统性差别的原假设，故对全国和沿海及内陆地区均采用固定效应模型进行估计。

表 4.4　第二产业劳均 GDP 的 β 收敛估计结果

	全国		沿海		内陆	
	固定效应	随机效应	固定效应	随机效应	固定效应	随机效应
收敛系数	−0.0151***	−0.0167*	−0.0198***	−0.0087	−0.0214***	−0.0430
Hausman 检验	39.05 (0.0000)		4.55 (0.0012)		27.95 (0.0000)	
R^2	0.110	0.007	0.110	0.002	0.120	0.003
F	1.90***	3.23*	1.89**	0.45	2.07***	0.87
结论	收敛		收敛		收敛	

注：*、**、***分别表示在 10%、5%、1%的水平上显著，下同。

由表 4.4 中的固定效应模型估计结果可知，全国各地区、沿海 12 个省(自治区、直辖市)及内陆 17 个省(自治区、直辖市)的第二产业劳均 GDP 都呈现出收敛趋势，其收敛系数分别为-0.0151、-0.0198、-0.0214，并且都十分显著。从收敛速度来看，内陆各地区第二产业劳均 GDP 的收敛速度高于沿海和全国，而沿海和内陆分别收敛说明中国第二产业劳均 GDP 存在一定程度的区域"俱乐部收敛"。

由表 4.5 可以看出，全国各地区、沿海 12 个省(自治区、直辖市)及内陆 17 个省(自治区、直辖市)第二产业的能源强度都呈现出收敛趋势，其收敛系数 β 分别为-0.0423、-0.0444、-0.0377，且均较为显著。但从收敛速度来看，内陆的第二产业能源强度收敛速度略低于沿海及全国，这意味着内陆地区在大力追赶沿海及全国平均工业水平的同时，其对能源效率的重视程度还有待提高。

表 4.5　第二产业能源强度的 β 收敛估计结果

	全国		沿海		内陆	
	固定效应	随机效应	固定效应	随机效应	固定效应	随机效应
收敛系数	-0.0423***	-0.0746***	-0.0444***	-0.0354*	-0.0377**	-0.4120***
Hausman 检验	75.48 (0.0000)		19.85 (0.0000)		45.72 (0.0000)	
R^2	0.10	0.04	0.12	0.01	0.10	0.05
F	1.65**	19.00***	2.08**	2.82*	1.60*	14.56***
结论	收敛		收敛		收敛	

既然沿海与内陆第二产业的劳均 GDP 与能源强度均随时间演变而呈现出收敛态势，那么能源强度是否也在随着劳均 GDP 的收敛而收敛呢？Markandya 等(2006)的研究结果表明，中东欧 12 国与西欧的经济增长存在收敛性，且人均收入差距每下降 1%，就会导致它们之间的能源效率差距下降 0.7%。可见，经济增长收敛与能源效率收敛之间存在一定的关系。为检验中国内陆与沿海地区的能源效率差异是否与其工业水平差异具有一定的线性关系，参照 Markandya 等(2006)的研究方法，作出如下假设：

$$\varepsilon_{it}^* = A\left(\frac{y_{at}}{y_{it}}\right)^{\eta} \varepsilon_{at} \tag{4.4}$$

$$\varepsilon_{it} = \varepsilon_{i,t-1}\left(\frac{\varepsilon_{it}^*}{\varepsilon_{i,t-1}}\right)^{\mu} \tag{4.5}$$

式中，i 代表内陆各地区；t 代表年份；ε_{it} 是内陆各地区第二产业的能源强度；ε_{at} 是沿海各地区第二产业能源强度的平均值；y_{it} 是内陆各地区第二产业的劳均 GDP；y_{at} 是沿海各地区第二产业劳均 GDP 的平均值；A 是常数；η 是能源消费强度差异对于劳均 GDP 差异变化的弹性系数，表示内陆地区 i 的劳均 GDP 与沿海地区平均劳均 GDP 的差异每降低一个百分点，会对二者之间的能源强度差异变化率造成 η 个百分点的影响，η 也可以称为收敛速度；μ 是时滞调整因子；ε_{it}^* 是包含时滞影响的能源强度；ε_{it} 是没有包含时滞影响的能源强度。

该假设意味着第二产业在沿海地区和内陆地区的能源消费强度差异是这两个区域第二产业劳均 GDP 差异的函数，如果 $\eta > 0$，则说明内陆与沿海地区的第二产业劳均 GDP 差异每降低 1%，会导致内陆与沿海地区的第二产业能源消费强度差异降低 η%，即在内陆地区缩小与沿海地区经济差异的过程中，二者的能源消费强度差异也在不断缩小，内陆地区第二产业的扩张建立在低能耗基础上。如果 $\eta < 0$，则说明内陆和沿海地区的第二产业劳均 GDP 差异每降低 1%，会导致内陆和沿海地区的第二产业能源消费强度差异增加 η%，即在内陆地区缩小与沿海地区经济差异的过程中，二者的能源消费强度差异却在不断扩大，内陆地区第二产业的扩张建立在高能耗基础上。

对以上两个等式取对数，可得

$$\ln \varepsilon_{it}^{*} = \ln A + \eta(\ln y_{at} - \ln y_{it}) + \ln \varepsilon_{at} \tag{4.6}$$

$$\ln \varepsilon_{it} = \ln \varepsilon_{i,t-1} + \mu \ln \varepsilon_{it}^{*} - \mu \ln \varepsilon_{i,t-1} \tag{4.7}$$

将式(4.6)代入式(4.7)，可得

$$\ln \varepsilon_{it} - \ln \varepsilon_{i,t-1} = \mu \ln A + \mu(\ln \varepsilon_{at} - \ln \varepsilon_{i,t-1}) + \mu\eta(\ln y_{at} - \ln y_{it}) \tag{4.8}$$

最终可得到能源强度随经济水平变动的收敛模型：

$$\ln \frac{\varepsilon_{it}}{\varepsilon_{i,t-1}} = \beta_0 + \beta_1 \ln \frac{\varepsilon_{at}}{\varepsilon_{i,t-1}} + \beta_2 \ln \frac{y_{at}}{y_{it}} + v_{it} \tag{4.9}$$

其中，$\beta_0 = \mu \ln A$，$\beta_1 = \mu$，$\beta_2 = \mu\eta$，$A = \exp(\beta_0 / \mu) = \exp(\beta_0 / \beta_1)$，$\eta = \beta_2 / \mu = \ln A \times (\beta_2 / \beta_0)$；$v_{it}$ 为误差项。

接下来，利用 2001～2016 年的面板数据对式(4.9)进行实证估计，同样进行 Hausman 检验，并在随机效应和固定效应模型之间进行选择，因拒绝原假设而选取固定效应模型，省去随机效应模型的估计结果，固定效应模型的估计结果见表 4.6。

表 4.6 第二产业能源强度随劳均 GDP 收敛的模型估计结果(2001～2016 年)

回归系数	t 值
β_0	0.030
β_1	0.300***
β_2	0.004
R^2	0.280
F	5.550***

注：回归模型设置了时间和个体双固定。

表 4.6 的回归结果显示，系数估计值 β_2 不显著。进一步分别对 2001～2009 年及 2010～2016 年的面板数据进行实证估计，2001～2009 年的估计结果见表 4.7。估计结果显示，估计系数都比较显著，根据 $\eta = \beta_2 / \mu = \ln A \times \beta_2 / \beta_0$，可以得出 $\eta = 0.0222$，表明沿海和内陆地区的能源消费强度差异的变化幅度随着经济差异的收敛而收敛，即就第二产业而言，内陆地区与沿海地区的劳均 GDP 差异每降低 1%，会导致内陆地区与沿海地区的能源强度差异缩小 0.0222%。2010～2016 年的估计结果见表 4.8。估计结果表明，系数估计值都比较显著，可以得出 $\eta = -0.1429$，表明沿海和内陆地区的能源消费强度差异的变化幅度不随

经济差异的收敛而收敛，即就第二产业而言，内陆地区与沿海地区的劳均 GDP 差异每降低 1%，会导致内陆地区与沿海地区的能源强度差异扩大 0.1429%。

表 4.7　第二产业能源强度随劳均 GDP 收敛的模型估计结果(2001～2009 年)

回归系数	t 值
β_0	0.06**
β_1	0.45***
β_2	0.01**
R^2	0.42
F	5.32***

表 4.8　第二产业能源强度随劳均 GDP 收敛的模型估计结果(2010～2016 年)

回归系数	t 值
β_0	0.19***
β_1	0.28***
β_2	-0.04***
R^2	0.60
F	8.18***

4.3　第二产业能源效率的收敛机制分析

4.3.1　理论分析与模型构建

一个经济体的经济增长是收敛还是发散，可以通过实证得出结论，但究竟是什么机制导致了这种结果呢？经济增长的过程并非一个"黑箱"，有研究者认为，经济收敛机制主要有两个，即基于投资边际报酬率递减的新古典收敛机制和基于技术进步的新增长收敛机制。刘强(2001)对基于资本收益递减的新古典收敛机制在中国的适用性进行了研究；夏万军(2009)则认为基于资本收益递减的新古典收敛机制和基于技术扩散的新增长收敛机制在同时对中国的经济增长发挥作用。但是对于能源效率为何随着经济收敛而收敛，至今还缺乏客观的理论模型支撑。

本章从新古典增长模型开始进行分析。新古典增长模型提供了一个可描述增长过程的清晰框架，并且隐含了所要分析的收敛性结论。假设柯布-道格拉斯函数由两种投入要素和一种产出构成，满足规模报酬不变、投入为正且边际报酬递减及稻田条件。生产函数形式如下：

$$Y_t = K_t^{\alpha}(A_t L_t)^{1-\alpha} \qquad (0 < \alpha < 1) \tag{4.10}$$

式中，Y 为产出；K 为物质资本存量；L 为劳动力数量；A 代表全要素生产率的广义技术进步；t 为年份。这样，该生产函数就假设了规模报酬不变和各项投入品的边际报酬递减。

在该式中，$A_t L_t$ 被定义为有效劳动力，即广义技术进步通过提高单位劳动的产出来提高整个经济系统的产出，定义 $k = K / AL$ 为平均有效劳动力物质资本存量，$y = Y / AL$ 为平均有效劳动力产出水平，由式(4.10)可以推导出：

$$y_t = k_t^{\alpha} \tag{4.11}$$

假设经济体中劳动力和技术水平分别以外生的速率 n 和 g 增长，则有

$$L_t = L_0 e^{nt}, \qquad A_t = A_0 e^{gt} \tag{4.12}$$

式中，n 为外生的劳动力增长率；g 为外生的技术进步率。假设物质资本积累由以下模型决定：

$$\frac{\mathrm{d}K_t}{\mathrm{d}t} = S_k Y_t - \delta K_t \tag{4.13}$$

式中，S_k 指物质资本的投资率，即资本形成占产出的比例；δ 为资本折旧率。则经济系统中 k 的动态变化可由式(4.14)表示：

$$\frac{\mathrm{d}k_t}{\mathrm{d}t} = S_k y_t - (n + g + \delta)k_t \tag{4.14}$$

从而可以推导出经济增长达到稳定状态时 k 为

$$k^* = \left(\frac{S_k}{n + g + \delta} \right)^{\frac{1}{1-\alpha}} \tag{4.15}$$

将式(4.15)代入生产函数中并对其求对数，即可得到经济增长达到稳态时人均产出的表达式为

$$\ln \frac{Y}{L} = \ln A_0 + gt + \frac{\alpha}{1-\alpha} \ln S_k - \frac{\alpha}{1-\alpha} \ln(n + g + \delta) \tag{4.16}$$

该模型表示在经济增长达到稳态时人均产出决定于人口增长率和物质资本积累率，以及技术的差异。

在新古典经济增长理论之后兴起的新增长理论(又称为内生增长理论)认为，内生的技术进步是经济增长的决定因素，国家或地区之间产出和收入的差距不会缩小，反而会扩大，即呈现发散性，新增长模型之所以能产生内生增长，是因为其资本的边际收益不减少或递增。之后，研究者们试图将新古典增长理论和内生增长理论相结合。例如，Jones 和 Manuelli(1990)将新古典增长模型中的收敛性质与新增长模型中的长期增长结合起来，证明了经济既存在内生增长，又存在收敛性。Barro 和 Sala-i-Martin(1992)的研究结果也证明了这一点。新古典增长模型的核心思想——条件收敛获得了强大的数据事实支持，因此，在拓展新增长理论时，必须保留条件收敛，而他们发展的技术扩散模型正符合这样的要求。因此，技术扩散或技术追赶成为新增长模型中的一大收敛机制。在现实中，技术扩散会受到各国及各地区吸收和利用先进技术的能力(劳动人员受教育程度等)及技术堡垒的影响，而科技研发水平会影响技术收敛。从技术扩散地来看，其水平越高，可以用于技术扩散的技术水平及价值越高，相应地，技术溢出效应越强；从技术引进地来看，所在地区水平越高，则其模仿、吸收、利用及创新的能力越高，这有助于技术扩散。因此，本章在新古典经济增长模型中考虑人力资本和技术进步：

$$Y_t = K_t^{\alpha} H_t^{\beta} (A_t L_t)^{1-\alpha-\beta} \qquad (0 < \alpha, \beta < 1) \tag{4.17}$$

其中，广义技术进步 A 采用第二产业内部的科技活动经费投入（ST）作为替代变量：

$$A_t = A_0 e^{gt} = ST \times e^{gt} \tag{4.18}$$

沿用 Mankiw 等（1992）的假设，人力资本与物质资本具有类似的要素积累路径：

$$\frac{dH_t}{dt} = S_h Y_t - \delta H_t \tag{4.19}$$

式中，S_h 为人力资本的投资率，即人力资本形成占产出的比例。由于无法得到人力资本的折旧率，本章假设人力资本与物质资本具有相同的折旧率 δ。经济系统中 h 的动态变化与 k 类似：

$$\frac{dh_t}{dt} = S_h y_t - (n + g + \delta) h_t \tag{4.20}$$

经济增长达到稳态时 k 和 h 分别为

$$k^* = \left(\frac{S_k^{1-\beta} S_h^{\beta}}{n + g + \delta} \right)^{\frac{1}{1-\alpha-\beta}} \tag{4.21}$$

$$h^* = \left(\frac{S_k^{\alpha} S_h^{1-\alpha}}{n + g + \delta} \right)^{\frac{1}{1-\alpha-\beta}} \tag{4.22}$$

将式（4.21）和式（4.22）代入生产函数中并取对数，可得到经济增长达到稳态时人均产出的表达式：

$$\ln \frac{Y}{L} = \ln ST + gt + \frac{\alpha}{1-\alpha-\beta} \ln S_k + \frac{\beta}{1-\alpha-\beta} \ln S_h$$
$$- \frac{\alpha + \beta}{1-\alpha-\beta} \ln(n + g + \delta) \tag{4.23}$$

该模型表示在经济增长达到稳态时人均产出取决于人口增长率和物质资本与人力资本的积累率，以及技术的差异。

综合式（4.23）与式（4.4）可得

$$\varepsilon_{it}^* = A \times \left(\frac{ST_{at}}{ST_{it}} \right)^{\eta} \times \left(\frac{S_{k_{at}}}{S_{k_{it}}} \right)^{\eta \times \left(\frac{\alpha}{1-\alpha-\beta} \right)} \times \left(\frac{S_{h_{at}}}{S_{h_{it}}} \right)^{\eta \times \left(\frac{\beta}{1-\alpha-\beta} \right)}$$
$$\times \left[\frac{(n + g + \delta)_{it}}{(n + g + \delta)_{at}} \right]^{\eta \times \left(\frac{\alpha + \beta}{1-\alpha-\beta} \right)} \times \varepsilon_{at} \tag{4.24}$$

两边取对数，然后再代入式（4.7），即可得到收敛微观机制模型（convergence micro-mechanism model，CMM）：

$$\ln \frac{\varepsilon_{it}}{\varepsilon_{i,t-1}} = \mu \ln A + \mu \ln \frac{\varepsilon_{at}}{\varepsilon_{i,t-1}} + \mu\eta \ln \frac{ST_{at}}{ST_{it}} + \mu\eta \times \frac{\alpha}{1-\alpha-\beta} \times \ln \frac{S_{k_{at}}}{S_{k_{it}}}$$
$$+ \mu\eta \times \frac{\beta}{1-\alpha-\beta} \times \ln \frac{S_{h_{at}}}{S_{h_{it}}} + \mu\eta \times \frac{\alpha + \beta}{1-\alpha-\beta} \times \ln \frac{(n + g + \delta)_{it}}{(n + g + \delta)_{at}} \tag{4.25}$$

CMM 表明，内陆地区能源效率的改善速度受到沿海地区与内陆地区之间能源效率差距、科技投入差距、物质资本投资率差距、劳动力增长率差距、人力资本投资率差距的影响。

为方便计量，可将式(4.25)转变为以下简洁形式：

$$\ln \frac{\varepsilon_{it}}{\varepsilon_{i,t-1}} = \beta_0 + \beta_1 \ln \frac{\varepsilon_{at}}{\varepsilon_{i,t-1}} + \beta_2 \ln \frac{\text{ST}_{at}}{\text{ST}_{it}}$$
$$+ \beta_3 \ln \frac{S_{k_{at}}}{S_{k_{it}}} + \beta_4 \ln \frac{S_{h_{at}}}{S_{h_{it}}} + \beta_5 \ln \frac{(n+g+\delta)_{it}}{(n+g+\delta)_{at}} \tag{4.26}$$

4.3.2 变量设定与数据处理

本章使用的样本数据为 2001～2016 年全国 29 个地区的面板数据。由于重庆在 1997 年被设立为直辖市，为了与同类研究进行比较，本章仍然将重庆和四川的数据合并计算，西藏部分数据缺失，将其排除在样本之外。

本章将全国分为东部沿海和中西部内陆两大区域，动态来看，在改革开放最初的 20 多年间，政府主要通过开放沿海地区来拉动中国经济的增长，而近年来国家综合经济实力已经大大增强，政府为缩小内陆与沿海的差距，将政府投资向内陆欠发达地区倾斜，依靠政策的倾斜、资金和技术的引入以及相对较低的劳动力成本，内陆各地区的经济快速发展。其中，第二产业对于沿海和内陆区域的经济发展都有重要的意义，第二产业的快速发展推动了沿海地区的工业化，但也给区域带来巨大的环境压力，劳动力成本的不断上升和环境的压力造成沿海地区的部分产业(大部分为第二产业)向中西部内陆地区阶梯式转移。因此，本书认为，在具体分析第二产业发展水平的变动以及能源效率的变动时，分为沿海和内陆两大区域进行分析更具有意义。

根据以上结论推导出的计量模型涉及以下变量。

(1)各地区第二产业劳均 GDP。Ma(2010)运用指数分解法分析了 1991～2006 年中国各产业在能源消费和能源强度方面的差异，提出各产业的价格平减指数应不同，使用全国统一的 GDP 平减指数将会导致低估能源强度的变化，因此本书使用各地区第二产业的平减指数，将各个年份各地区的第二产业产值折算为 2000 年不变价，然后除以各地区第二产业的就业人数，得到劳均 GDP。数据均来自历年的《中国统计年鉴》及《新中国六十年统计资料汇编》。

(2)各地区第二产业的能源消费强度。各地区第二产业能源消费总量根据各地区煤、石油、热力和电力加和而来，分别按照 1 万 t 煤＝0.9 万 t 标准煤、1 万 t 石油＝1.4571 万 t 标准煤、100 万 kJ 热力＝0.1341 万 t 标准煤、1 亿 kW·h 电力＝1.229 万 t 标准煤的折算标准计算。相应数据来自相应年份的《中国能源统计年鉴》，部分地区数据不全，根据各地区的统计年鉴补充。

(3)各地区第二产业的科技经费支出用各地区大中型工业企业科技经费内部支出代替，数据来自历年的《中国科技统计年鉴》，并根据第二产业的平减指数折算为 2000 年不变价。

(4)各地区第二产业的物质资本投资率。由于《中国统计年鉴》中没有各个产业在各地区的固定资本形成总额，因此，本章用各地区总的固定资产投资总额替代。2004 年以前的固定资产投资统计范围包括基本建设投资、更新改造投资、房地产开发投资、城镇集体固定资产投资、农村个人固定资产投资。从 2004 年开始，统计年鉴直接给出总的数据。

各地区第二产业的物质资本投资率可通过将各地区总的固定资产投资额当年价除以各地区第二产业产值当年价得到。

　　(5) 各地区的人力资本投资率。人力资本投资与物质资本投资存在根本区别，相当大一部分人力资本投资是以放弃劳动收入而从事学习或技能培训的方式进行，这部分被放弃的收入无法统计，并且没有被计入总产出，因此无法套用物质资本投资的处理方法并使用人力资本投资额占 GDP 的比重来表示人力资本投资率。对于人力资本投资率的估算，Mankiw 等(1992)使用具有劳动能力的人口中接受中等教育的人口的比重作为各地区人力资本积累率的代理变量，这样做的原因是接受中等教育的人口既可以选择接受教育，也可以选择从事生产劳动，选择接受中等教育就等于放弃从事生产劳动获得的产出，积累了人力资本。然而，这一代理变量忽略了高等教育和职业教育的作用，根据中国的实际情况，正式工作的人口年龄一般在 18 岁以上，即普通大学入学年龄。这意味着大多数人都会接受初等教育和中等教育，不同之处在于是否接受高等教育或职业教育，如果接受高等教育或职业教育，则意味着必须放弃从事生产劳动，如果选择从事生产劳动获得报酬，则必须放弃高等教育或职业教育。因此，本书认为，用各个年份各地区高等学校普通本、专科在校学生的比重作为代理变量更贴合中国的实际情况。本章采用各个年份各地区高等学校普通本、专科在校学生数除以第二产业劳动力总人数与该学生数之和所得到的值来近似替代各地区第二产业人力资本投资率。数据来源于历年的《中国统计年鉴》。

　　(6) 各地区第二产业的技术进步率 g、固定资本折旧率 δ 和人口增长率 n。在跨国研究中，由于各国的折旧率和技术进步率不易获得，通常取固定的值 $g+\delta=0.05$（Mankiw et al.，1992；Islam，1995）。对于技术进步率，假设各地区相等，根据李子奈和鲁传一(2002)的计算结果，中国的资本体现型技术进步率与劳动体现型技术进步率之和约为 0.02，这与 Mankiw 等(1992)根据美国的经验数据计算得到的值一致，因此本章也取 $g=0.02$ 这一固定的值。在折旧率的选择上，各个研究有较大的出入。本章按照龚六堂和谢丹阳(2004)的做法，对全国各地区都假定折旧率为 4%。各地区第二产业的人口增长率 n 来自历年的《中国统计年鉴》。

4.3.3　实证结果与分析

　　现有文献选取的影响能源强度的因素包括产业结构、能源价格、技术进步、FDI、固定资产投资、市场化程度等，且都基于数据的可获得性和主观预期，缺乏系统的针对能源强度或能源效率的微观收敛机制研究。本书根据蕴含收敛假说的新古典经济增长理论和新增长理论推导出了能源效率的收敛机制模型 CMM，以此来刻画影响第二产业能源效率收敛的核心因素。考虑到残差项可能存在同期相关和截面异方差，为了得到更稳健的系数协方差矩阵估计值，本章采用截面加权(cross-section weights)的 FGLS，以消除截面同期相关和异方差的影响，利用面板数据估计的实证结果见表 4.9。

　　根据表 4.9 的回归结果，内陆各地区第二产业能源强度的改善速度和沿海与内陆的第二产业能源强度差距、第二产业科技投入差距、第二产业固定资产投入差距、第二产业劳动力增长差距及第二产业人力资本投资率差距都成正比。这意味着，沿海与内陆的第二产业在能源强度、科技投入、固定资产投入、劳动力增长、人力资本投资率方面的初始差距越大，内陆第二产业能源强度的收敛速度越快。其中，固定资产投入差距对内陆第二产业能源强度收敛的影响并不显著。

表 4.9　第二产业能源强度收敛微观机制模型估计结果

回归系数	t 值
β_0	-0.27^{***}
β_1	0.36^{***}
β_2	0.31^{***}
β_3	0.01
β_4	0.08^{**}
β_5	0.03^{**}
R^2	0.44
F	9.30^{***}

　　本章所使用的理论模型不仅给出了哪些因素对经济增长有影响，而且预测了自变量系数的符号和相互关系，为了进一步检验模型的有效性，考察自变量系数之间的关系。根据式(4.25)所隐含的关系，可以检验 $\ln S_k$ 与 $\ln S_h$ 的系数之和与 $\ln(n+g+\delta)$ 的系数是否相等。在进行估计时对该约束条件进行 Wald(瓦尔德)系数约束检验，结果接受 $\ln S_k$ 与 $\ln S_h$ 的系数之和与 $\ln(n+g+\delta)$ 的系数相等的约束条件，因此可以对式(4.25)的变形公式进行受约束回归，结果见表 4.10。

$$
\begin{aligned}
\ln\frac{\varepsilon_{it}}{\varepsilon_{i,t-1}} = {} & \beta_0 + \beta_1 \ln\frac{\varepsilon_{at}}{\varepsilon_{i,t-1}} + \beta_2 \ln\frac{\mathrm{ST}_{at}}{\mathrm{ST}_{it}} + \beta_3 \left[\ln\frac{(n+g+\delta)_{it}}{(n+g+\delta)_{at}} + \ln\frac{S_{k_{at}}}{S_{k_{it}}}\right] \\
& + \beta_4 \left[\ln\frac{(n+g+\delta)_{it}}{(n+g+\delta)_{at}} + \ln\frac{S_{h_{at}}}{S_{h_{it}}}\right]
\end{aligned}
\tag{4.27}
$$

式中，$\beta_3 = \mu\eta \times \dfrac{\alpha}{1-\alpha-\beta}$；$\beta_4 = \mu\eta \times \dfrac{\beta}{1-\alpha-\beta}$；$\beta_2 = \mu\eta$；$\beta_1 = \mu$；$\beta_0 = \mu\ln A$。经计算得出：$\ln A = -0.75$，$\mu = 0.378$，$\alpha = -0.0194$，$\beta = 0.0221$，$\eta = 0.85$。

表 4.10　受约束的第二产业能源强度收敛微观机制模型估计结果

回归系数	t 值
β_0	-0.282^{***}
β_1	0.378^{***}
β_2	0.322^{***}
β_3	-0.007
β_4	0.045^{*}
β_5	0.432
R^2	9.545^{***}

接下来，利用 η 值计算公式，计算得出内陆各地区的 η 值(表 4.11)。从表 4.11 的回归估计结果中可以直观地看出，2001~2016 年中国内陆 17 个不同地区能源消费强度的变化趋势。其中，各地区的 η 值反映了内陆各地区与沿海地区能源消费强度差异的收敛或发散状况：η 值为正，表示该地区与沿海地区人均 GDP 的差异每缩小一个百分点，将导致该地区与沿海地区能源消费强度的差异缩小 η 个百分点，说明该地区在第二产业劳均 GDP 增长、缩小与沿海差异的同时，提高了第二产业的能源利用效率，这些地区包括内蒙古、吉林、黑龙江、安徽、江西、河南、湖北、湖南、贵州、云南、陕西、甘肃、青海、宁夏、新疆；η 值为负，表示该地区与沿海地区第二产业劳均 GDP 的差异每缩小一个百分点，将导致该地区与沿海地区能源消费强度的差异增加 η 个百分点，说明该地区在第二产业劳均 GDP 增长、缩小与沿海差异的同时，其第二产业的能源利用效率下降，这些地区包括山西和四川。山西和四川与内陆其他地区相比，最近几年的经济增长位次都有较大幅度的提升，甚至有赶超沿海地区的趋势，可以说是内陆地区的经济增长龙头，但是其能源利用效率却没有相应地跟上。

表 4.11 内陆各地区第二产业能源强度收敛速度估计结果

地区	基于固定效应估计的各地区截面值	共同的截距	各地区的实际截距	各地区的收敛速度 η
山西	0.324494		0.042536	-5.674141
内蒙古	-0.284899		-0.566857	0.425778
吉林	-0.161758		-0.443716	0.543941
黑龙江	-0.137512		-0.419470	0.575381
安徽	0.018604		-0.263354	0.916467
江西	-0.193184		-0.475142	0.507964
河南	0.144219		-0.137739	1.752265
湖北	0.194820		-0.090876	2.655874
湖南	0.033808	-0.281958	-0.248150	0.972618
四川(含重庆)	0.586798		0.304840	-0.791740
贵州	0.009662		-0.272296	0.886371
云南	-0.241640		-0.492122	0.490438
陕西	0.178884		-0.430740	2.341570
甘肃	-0.041798		-0.323756	0.745485
青海	-0.233563		-0.515521	0.468177
宁夏	-0.178600		-0.460558	0.524050
新疆	-0.046075		-0.328033	0.735765

总体来看，内陆大部分地区其能源效率随着其经济发展向沿海地区收敛在逐步提高，这充分肯定了改革开放以来政府在工业节能领域所做的工作，虽然我国还处于工业化加速推进的时期，但工业能源强度整体呈下降趋势，这得益于国家为提高工业能源利用效率所做的大量工作，例如，调整产业结构，将资源从低效率部门转移到高效率部门，关闭淘汰

小水泥厂、小玻璃生产线、小炼油厂、小煤矿等；积极开展科技创新和设备改造，开发清洁煤技术、等离子点火技术等；制定颁布了许多有关能源利用的法律法规，不断建立健全能源市场机制，进行农村电网改造、铺设输油管道、进行全国电力联网等。

就收敛的微观机制而言，无论是否对系数进行约束，都表明第二产业的固定资产投资率在内陆和沿海的差异对内陆第二产业能源强度的收敛并没有显著的影响。由此可见，虽然中国产业梯度转移的策略促使部分加工制造业逐步转向内陆，但是内陆地区的其他条件，如人力资源有限、承接能力不足、交易成本偏高等却没有改变。由于沿海地区部分仍然保留着具有竞争力的加工制造业，因此两大区域的固定资产投资并没有显著的差距。所以其固定资产投资的差异并不是造成能源效率收敛的主要原因，而是第二产业内部的科技经费投入造成了能源效率收敛。可见提高能源效率的最关键途径是技术开发与创新。

4.4　本　章　小　结

本章在新古典经济增长理论和新增长理论所蕴含的收敛假说的基础上，基于能源效率差异是经济水平差异的函数的假设，推导出了能源强度收敛的微观机制模型，并运用2001～2016年全国、沿海12个地区、内陆17个地区的第二产业能源强度、第二产业劳均GDP以及相应经济指标的面板数据对理论模型进行了实证检验，得出如下结论。

（1）总体而言，全国各地区、沿海12个地区以及内陆17个地区的第二产业劳均GDP和能源强度都呈现出明显的收敛趋势；虽然内陆各地区第二产业劳均GDP的收敛速度高于沿海和全国水平，但其能源强度收敛速度却略低于沿海及全国水平，表明在大力追赶沿海及全国平均工业水平的同时，其对能源效率的重视程度还有待提高。

（2）就第二产业能源强度的收敛模式而言，中国内陆地区在加速实现工业化、追赶沿海经济发展水平的过程中，在前期（2001～2009年）其第二产业能源效率向沿海地区第二产业能源效率收敛，但是收敛的速度较慢，即两个区域第二产业劳均GDP的差异每降低1%，会导致第二产业能源强度的差异缩小0.0222%，但是在后期（2010～2016年）其第二产业能源效率并未随着沿海地区第二产业能源效率的收敛而收敛，即两个区域第二产业劳均GDP的差异每降低1%，会导致第二产业能源强度的差异扩大0.1429%。

（3）内陆地区的第二产业能源效率收敛模式仍有显著的区域差异，即内陆不同地区在经济增长过程中的能源效率是提高还是下降存在差异，η 值的符号不相同，其中内蒙古、吉林、黑龙江、安徽、江西、河南、湖南、湖北、贵州、云南、陕西、甘肃、青海、宁夏、新疆等地的 η 值为正，说明在GDP增长、缩小与沿海地区劳均GDP差异的过程中这些地区的能源利用效率在不断提高。而山西和四川（含重庆）的 η 值为负，说明在劳均GDP增长的同时，这些地区的能源利用效率在下降，而山西和四川是中国内陆经济增长的龙头，近几年大量承接了东部沿海地区第二产业的转移，大有赶超东部沿海地区的趋势，但是其能源利用效率与东部沿海地区能源利用效率的差距却逐渐拉大。

（4）内陆与沿海地区第二产业能源效率差异的收敛有潜在的微观机制，即技术进步和人力资本投入存在差异。两个区域第二产业内部科技经费投入及人力资本投入的差异缩减是造成收敛的主要原因，而沿海与内陆第二产业固定资产投入的差异缩减对收敛的影响并不显著。关于人力资本的作用，其他研究涉及得较少，但是该项指标对于政府制定区域的教育和劳动政策具有十分重要的意义，因此人力资本的研究空间还有待进一步挖掘。

根据研究结果，本书提出如下政策建议。

首先，提高对能源效率的重视程度。内陆地区的能源利用效率近年来有所下降，在承接沿海产业转移、拉动内陆经济增长的同时，内陆地区对能源效率的重视程度还有待提高，同时应考虑产业结构的优化、进一步提高资源的配置效率，这样才能实现其经济的可持续发展。

其次，地方政府保持审慎态度。地方政府在关注地方区域发展的同时，应尽量避免片面追求 GDP 的增长率而忽视能源效率的改进，进而避免未来在能源和环境方面再次陷入"中部塌陷"的困境。在制定决策时，应充分结合地方特色，深度揣摩本地区能源效率收敛模式，加强本地区核心竞争力。

最后，加大资源投入力度。加大工业内部的科技研发投入及人力资本投入，促进技术创新与加大人才的引进力度，是在不破坏经济增长趋势的前提下改善能源效率的重要途径。盲目地加大固定资产投资或物质资本投资而不考虑市场制度的建立及其他因素的兼容性，以及重复投资等做法并不能显著改善能源效率。

第5章 制造业对外开放与能源效率

制造业作为中国经济的重要增长引擎，已充分融入全球分工体系，其对外贸易额和引进外资总量都保持持续强劲增长态势，对外开放程度也逐步加大。与此同时，对外贸易规模的扩大为中国经济注入了活力，外部市场和内部市场的需求增加使中国经济得以高速发展。虽然中国整体对外开放程度持续加大，但对外贸易依存度并没有迅速攀升，相反，在金融危机发生以后，人民币面临升值压力，国际贸易保护主义抬头，导致 FDI 减少。这在制造业表现得尤为明显，制造业的进出口和 FDI 总量增速放缓，但在内外市场的带动下，制造业总产值突飞猛进，其对外依存度在短暂上升之后呈回落趋势。

毋庸置疑，制造业是中国的主要能源消耗行业，其能耗占经济能耗的一半以上，改善制造业的能源利用效率对于实现节能降耗的总体政策目标至关重要。部分研究者认为，制造业实施对外开放对该行业提高能源利用效率有着积极的作用(李未无，2008；熊妍婷和黄宁，2010)。然而，对外开放对能源利用效率的影响是多方面的，一方面国外先进能源技术的溢出效应、能源价格效应等可以促进国内行业提高能源效率；另一方面盲目引进外资、片面追求 GDP、出口高能耗产品等粗放式发展模式导致能源消耗得过多，且能源效率未得到足够重视，对外开放可能会导致能源效率降低。尤其是近几年，外资开始纷纷逃离制造业，制造业的对外开放程度增速有所减缓。因此，难以简单判断两者之间的关系是否为简单的促进或者阻碍关系，需要更新数据检验结果，并考虑不断变化的政治、经济形势。

鉴于制造业对外开放程度高，是实体经济行业中能耗较大的行业，本章以制造业为研究对象，研究其对外开放程度(从外贸依存度和外资依存度两个视角衡量)对能源效率的影响及作用机制，并运用中国制造业行业面板数据，基于能源强度库兹涅茨曲线的基本思想，在充分定义中国制造业对外开放程度的基础上，检验制造业行业对外开放对能源效率的非线性影响。研究结果表明：中国制造业对外开放程度在近十多年间呈现先上升后回落的趋势，不同能耗行业在对外依存度方面存在差异，且制造业行业整体的对外开放程度对能源强度具有非线性影响，外贸依存度与能源强度呈先上升后下降的倒 U 形关系，外资依存度与能源强度则呈先下降后上升的 U 形关系。以上研究结果对提高能源效率及发展制造业具有重要的现实意义。

5.1　制造业对外开放与能源效率研究概述

5.1.1　对外开放与能源效率关系

自从 2001 年加入世界贸易组织，中国进一步加大了对外开放的力度，大力发展外向型经济，并采取了一系列鼓励出口和利用 FDI 的对外经贸政策，对外开放程度或对外依赖度逐步提高。现有研究大多关注对外开放与经济增长的关系，有关对外开放对能源效率影响的研究并不多，针对工业或制造业的文献更少。不少研究在探索能源利用效率及其影响因素时，只将对外开放作为控制变量并列为众多影响因素之一。史丹(2002)分析了中国经济快速增长条件下能源消费增速减缓的原因，认为对外开放、产业结构和经济体制是改革开放以来影响中国能源利用效率的三个主要因素。曹琦和樊明太(2016)测算了中国各地区的能源效率，认为提高对外开放程度、经济发展质量、技术水平对能源利用效率的改善有显著的推动作用。而魏楚和沈满洪(2007)却认为，从全国层面来看，对外开放对中国能源利用效率产生了负面影响。曲晨瑶等(2016)对环境约束下的制造业全要素能源效率进行了测度，认为对外开放、能源消费结构和环境规制对能源效率有显著的负面影响。

本书认为，现有文献的研究结果不一致可能是由能源效率指标估算方法不一致以及对"对外开放"指标的定义有差别导致的。熊妍婷和黄宁(2009)基于 1995～2006 年的数据从进口、出口和 FDI 三个角度研究了对外开放对能源利用效率的正面影响，并分析了区域差异。熊妍婷等(2010)进一步扩充数据到 2007 年且得出相同的结论。具体到工业或制造业层面，丁刚(2007)认为以 FDI 为载体的国际产业转移加大了中国工业能源消耗总量，但总体上降低了中国工业能源消耗强度。李未无(2008)认为对外开放对大多数工业行业提高能源利用效率具有积极影响。张少华和陈浪南(2009)构建了工业行业的经济全球化指数，证明经济全球化显著提高了中国工业能源利用效率。陈璋(2010)研究了 2001～2007 年中国 27 个制造业行业的能源消耗与对外开放的关系，但并没有进一步研究能源效率。熊妍婷等(2010)认为对外贸易依存度和外资参与度的提高对中国工业行业能源技术效率的提高起着积极的促进作用。綦建红和陈小亮(2011)发现工业部门增加出口能够提升能源消耗强度，增加进口能够降低能源消耗强度，外资投入则能明显改善能源效率。王艳丽和李强(2012)实证检验了 FDI、进出口贸易(import and export trade，IET)、环境规制和人力资本水平等因素对 1999～2009 年工业能源要素利用效率的积极影响。李锴和齐绍洲(2013)利用 1999～2008 年中国 36 个工业行业面板数据实证检验了 FDI 影响中国工业能源效率的三种渠道，研究结果表明，外资水平关联效应能够降低中国工业能源强度，而外资后向关联效应是负面的，外资前向关联效应不显著。林伯强和刘泓汛(2015)测算了中国工业两位数行业的能源环境效率，并利用 Tobit(托比特)模型实证检验了对外贸易与能源环境效率的正向反馈作用。张兵兵和朱晶(2015)认为高能耗产业其产品的出口增加是中国工业行业能源效率降低的主要原因。吴晓怡和邵军(2016)用产品关税反映对外贸易开放程度，证实关税下降有利于制造业能源效率的提高。

上述研究结果表明，行业的对外开放与行业的能源效率有着紧密的联系。然而，各个研究中对"对外开放"这一指标的定义并不一致，有的仅用进口额或者出口额来指代，有的虽然加入了 FDI 这一变量，但是对 FDI 的定义和数据选取不一致，导致研究结果有细微差别。本章尝试综合考虑行业层面的各种经济变量，运用最新数据，重新定义"对外开放"这一指标，以期得到比较稳健的结论。此外，已有的研究通常只考虑了两者之间的线性关系，而中国的对外开放经历了从初步尝试到大力推行、从创造条件引进外资到谨慎选择综合考虑的过程，单纯的线性关系并不一定能反映实际情况。1955 年库兹涅茨提出收入分配不均等与经济发展呈倒 U 形关系，即库兹涅茨曲线，这引发了学者们对经济领域其他问题的思考。环境经济学家格罗斯曼等于 1991 年和 1995 年提出了环境倒 U 形曲线，即环境库兹涅茨曲线。之后，各国学者对环境库兹涅茨曲线做了众多实证研究，有研究者开始关注能源领域存在倒 U 形曲线的可能性，如 Moon 等（1996）引入生产性能源消费，建立了适用于能源进口工业国的内生经济增长模型，刻画了经济增长与能源强度的倒 U 形关系；李政等（2006）分析了能源强度倒 U 形曲线变化趋势与产业结构演进的密切关系；丁建勋（2007）通过建立一个内生增长模型对能源消费与经济增长的关系进行了分析，证实存在能源强度倒 U 形曲线；孙浦阳等（2011）证明人均收入与能源消费强度之间存在倒 U 形关系；郝宇等（2014）发现中国人均能源/电力消费量与人均 GDP 间存在倒 U 形关系。因此，本章将从非线性关系的角度来考证制造业部门的能源效率和对外开放的关系，希望可以获得更加符合中国现实的结论，提供更有针对性的政策建议。

5.1.2　制造业对外开放与能源效率的影响机制

从理论上分析，制造业的对外开放主要通过以下途径影响能源效率。

1. 出口贸易

一般来说，对外出口增加会导致一国的总能耗增加。随着经济全球化的加深，处于全球价值链中低端的发展中国家其制造业以加工外包和代工生产为主，这种以加工贸易形式生产的产品出口附加值较低，出口量增大反而可能会导致能耗升高、能源利用效率降低。不过，随着国际竞争的加剧，各国对节能减排的要求越来越高，绿色贸易壁垒层出不穷，如果产品在节能降耗方面达不到一定的技术标准，出口就会受到极大的限制，这反而能迫使国内生产商通过各种努力提高产品的能源利用效率。

2. 进口贸易

从能耗角度来看，进口国外产品，特别是进口国外使用了先进能源技术的中间投入品，就相当于减少了该产品在国内生产环节的能源消耗，在某种意义上降低了进口国能耗。此外，因为这部分进口产品能耗低、技术含量高、成本低，因而在国内市场更具竞争力，这迫使国内生产厂家提高能源效率以降低成本。

单就技术贸易这一类型的进口而言，发展中国家由于缺乏资本及技术创新，因此会大量从国外进口先进的节能技术和节能设备,并学习利用国外先进的管理方法,这对于快速提升能源效率十分关键。

3. FDI 效应

通过技术溢出效应,FDI 可使东道国的技术和管理水平不断提高,FDI 的溢出效应主要分为三类。①行业内的溢出效应,也称为竞争和示范效应。一方面,跨国公司的技术水平较高,当地公司可进行模仿以提高自身的技术(特别是节能技术)水平,进而提高能源效率;另一方面,跨国公司的存在导致市场竞争加剧,相对处于弱势的当地公司会被迫不断提高现有资源的利用效率,以降低成本提高竞争力。②行业间的溢出效应,也称为上下游关联效应,是指跨国公司的分支机构与当地供应商和客户之间的联系。③由人员流动引起的溢出效应,主要表现为跨国公司对其当地雇员给予各种培训,以大大提升东道国的人力资本及技术创新水平,而曾受过跨国公司培训的雇员离职到当地公司或者自己创业时,可以把技术知识等传播出去,形成有形的人力资本流动。

由此可见,制造业对外开放对能源消费的影响机制可以利用进出口贸易的规模、结构以及 FDI 的各种溢出效应来进行分析,而各因素对行业能源消耗的影响存在双面性,即既有正效应也有负效应。

5.1.3 对外开放的概念界定

按照通行做法,表征一个国家的对外开放程度时,一般选择具有代表性的指标,如用一国出口额或进出口额对 GDP 的比率代表对外贸易依存度,用对外直接投资和外商对一国的直接投资对 GDP 的贡献来表征对外投资开放度,以及用服务贸易进出口额对 GDP 的比率并采取主观赋权法或客观赋权法计算出一国的对外开放程度(刘朝明和韦海鸣,2001;沈利生,2003;陈红和徐于强,2007;康继军等,2007)。

具体到行业层面的对外开放程度,现有文献并没有将它作为一个整体指标来进行综合测度与分析,而是将经济中与对外开放相关的一些零散变量作为解释变量来进行分析,如进出口额占比、FDI 企业的产出占比、三资企业的固定资产占比等(表 5.1)。

表 5.1 行业对外开放指标测度文献回顾

文献	指标	指标的定义
李未无(2008)	对外开放程度 生产非一体化指数	各工业行业中每年三资企业的工业增加值与各行业每年的工业增加值之比 出口产品所包含的进口中间投入品的比例
张少华和陈浪南(2009)	贸易一体化指数	行业进出口总额与该行业工业增加值之比
陈媛媛和王海宁(2010)	投资一体化指数 外资技术溢出效应	行业三资企业资产总额与该行业企业资产总额之比 一省外资总产值占总产值的比重
熊妍婷等(2010)	外资比例	行业进出口贸易额占该工业行业总产值的比重 行业外商投资企业的工业增加值占全部工业行业工业增加值的比重

文献	指标	指标的定义
陈璋(2010)	进口依存度	行业进口贸易额与工业总产值的比重
	出口依存度	行业出口贸易额与工业总产值的比重
黄静波和向铁梅(2010)	外资进入度 行业出口依存度、进口依存度和外贸依存度	外商及港澳台投资企业的行业增加值占全部国有及规模以上非国有工业企业的比例 行业出口值、进口值和进出口值与工业产值的比值
綦建红和陈小亮(2011)	行业进出口结构	行业进出口额占工业部门总进出口额的比重
	外资参与程度	行业内三资企业固定资产占行业总资产的比重
	行业进出口贸易额	进出口贸易额
王艳丽和李强(2012)	外资比例 FDI 水平关联效应	行业外商资本和港澳台资本在该行业固定资产净存量中的比重 行业的三资工业企业固定资产净值与规模以上工业企业固定资产净值的比值
李锴和齐绍洲(2013)	FDI 后向关联效应	下游行业中三资工业企业固定资产净值与规模以上工业企业固定资产净值的比值
	FDI 前向关联效应	上游产业中三资工业企业固定资产净值与规模以上工业企业固定资产净值的比值

　　本章将针对中国制造业行业进行分析，并参照现有文献来选取行业对外开放程度的表征指标，由于现有统计资料并没有给出各个行业在国外的投资情况以及金融银行证券机构的行业数据，且制造业本身的产出属于商品，不包含服务贸易，因此本章不考虑服务贸易和金融方面的指标，而是从两个角度来衡量对外开放程度(open)：行业外贸依存度(trade)和行业外资依存度(fdi)，具体定义见表5.2。

表 5.2　对外开放程度指标说明

一级指标	二级指标	指标的定义
行业外贸依存度	出口依存度(50%)	行业出口总额占行业总产值的比重
	进口依存度(50%)	行业进口总额占行业总产值的比重
行业外资依存度	外资投入依存度(100%)	实收外资本占总实收资本的比重

　　动态来看，中国加入世贸组织带来了制造业对外开放活动的增加，不管是进出口额还是引进外资量都在不断增长。然而，2007 年美国爆发的次贷危机导致这种增长减缓，本来逐步提高的对外开放程度也开始下降，有的制造业行业甚至低于十年之前的水平，行业的对外开放程度整体呈现出先上升后下降的趋势。与其相对应的是，各制造业行业的能源消耗随着时间的推移不断增加，但能源强度却表现为持续下降，即能源效率持续提高。可见，制造业的能源强度和对外开放程度之间的关系并不是简单的线性关系。

5.2　制造业对外开放影响研究设计

5.2.1　模型构建

基于库兹涅茨曲线的理论模型，本章采用以下公式构建实证模型：

$$\text{ei}_{it} = \psi_0 + \alpha_1 \text{trade}_{it} + \alpha_2 \text{trade}_{it}^2 + \beta_1 \text{fdi}_{it} + \beta_2 \text{fdi}_{it}^2 + \varepsilon_{it} \tag{5.1}$$

式中，ei_{it} 表示 i 行业在 t 年的能源效率；trade_{it} 和 fdi_{it} 分别表示 i 行业在 t 年的外贸依存度和外资依存度；ψ_0、α_1、α_2、β_1、β_2 为待估参数；ε_{it} 为随机误差。表 5.3 列举了不同待估参数的值域所呈现出的不同曲线形式。

表 5.3　不同参数对应的曲线形式

参数关系	曲线形式
$\alpha_1 = \alpha_2 = 0$；$\beta_1 = \beta_2 = 0$	无显著关系
$\alpha_1 \neq 0$，$\alpha_2 = 0$；$\beta_1 \neq 0$，$\beta_2 = 0$	线性曲线
$\alpha_1 < 0$，$\alpha_2 > 0$；$\beta_1 < 0$，$\beta_2 > 0$	U 形二次曲线
$\alpha_1 > 0$，$\alpha_2 < 0$；$\beta_1 > 0$，$\beta_2 < 0$	倒 U 形二次曲线

5.2.2　变量设定与数据处理

本章的研究对象为 2000～2016 年所有制造业子行业。由于《中国统计年鉴》从 2012 年起对制造业子行业的划分有所变更，故本章将 2000～2016 年分为变更前与变更后两个阶段分别进行分析。

2000～2010 年《中国统计年鉴》将中国的制造业行业分为 30 个子行业，由于 2003 年以前的统计年鉴没有工艺品及其他制造业和废旧材料回收加工业这两个行业的数据，所以在选取行业数据时剔除了这 2 个行业，剩余 28 个行业。此外，现有统计资料没有直接列出分行业的进出口额数据，而是按照进出口商品类别统计各种商品的进出口额，为了得到各行业的进出口额数据，本书参考盛斌(2002)制定的行业分类标准，并参考相关统计资料，将 28 个行业中的 6 个行业合并为 3 个行业，即电气机械及器材制造业和通信设备、计算机及其他电子设备制造业合并为一个行业，通用设备制造业和专用设备制造业合并为一个行业，农副食品加工业和食品制造业合并为一个行业，总共 25 个行业(表 5.4)。同理，本书将 2011～2016 年的数据也进行类似的处理。现阶段《中国统计年鉴》将中国的制造业行业分为 31 个子行业，与前一阶段的数据一样，与海关 HS 编码分类下的子行业进行匹配。其行业划分中将橡胶与塑料制品业合并，其他与 2000～2010 年类似，总共 24 个行业。

对于本章研究涉及的数据，需要作如下说明。

(1)制造业能源强度：本章选取能源强度作为能源效率的倒数的替代变量，用各行业的能源消耗量除以该行业的增加值获得。由于行业增加值数据只统计到 2007 年，从 2008 年开始，《中国统计年鉴》不再给出工业增加值的统计数据，因此本书根据统计局网站月度数据"工业分大类行业增加值增长速度"推算出 2008～2011 年的工业行业增加值数据，并用分行业的工业生产者出厂价格指数进行平减，得到当年价格的增加值数据(高越和王学真，2012)。此外，2004 年的工业增加值从各统计数据中无法获得，依据现有研究通常采用的处理方式，采用 2003 年和 2005 年的平均值来代替 2004 年的工业增加值(唐要家和袁巧，2012)。2012 年后期由于统计指标变化较大，本书选取各行业主营业务收入进行替代。

(2)制造业行业企业的实收资本和外资资本：数据来源于历年的《中国工业统计年鉴》中规模以上工业企业的数据，其中 2004 年的数据来自《中国经济普查年鉴 2004》。

(3)行业进出口依存度：现有的统计资料没有分行业的进出口额数据，本章以《中国统计年鉴》使用的中国工业行业分类标准为基础，参考盛斌(2002)制定的行业分类标准，整理出如表 5.4 所示的中国制造业行业分类标准与国际贸易分类标准的对应关系，并以历年的《中国统计年鉴》《中国海关统计年鉴》和《中国贸易外经统计年鉴》的统计数据为基础，汇总得到中国 25 个制造业行业在 2000～2011 年(共 12 年)的进出口额数据。2012～2016 年的进出口额数据来源于万得信息网，将海关 HS 编码分类下的子行业与本章划分的子行业进行匹配，然后根据当年中国银行公布的美元兑人民币汇率，换算成当年的人民币价格。

在计算进出口依存度时，采用 GDP 数据，GDP 数据由各行业的增加值数据加总而成，所以在行业层面有不少文献采用增加值数据来计算行业的进出口依存度。然而，如果使用增加值，会高估行业实际的进出口依存度，因为在衡量行业增加值时，通常只计算了本行业中间投入的增加值，没有计入其他行业对该行业中间投入的增加值，而出口额包括所有行业投入的增加值，这就造成依存度偏高(张神勇和肖敏，2010)。由于工业总产值等于工业增加值加上中间投入，因此有研究者认为用总产值数据更加科学(康继军等，2007a；熊妍婷等，2010)。本章采用 2000～2011 年的行业总产值来计算行业的进出口依存度，由于 2012 年统计指标进行了调整，研究 2012～2016 年时采用的是各行业主营业务收入指标。

表 5.4　中国进出口行业与产品对应关系

《中国统计年鉴》中的行业分类	对应的海关 HS 编码分类下的商品
食品加工业+食品制造业	第 2 章、第 4 章、第 11 章、第四类(除去第 22 章、第 24 章)
饮料制造业	第 9 章、第 22 章
烟草制造业	第 24 章
纺织业	第十一类(除去第 54 章、第 55 章)
纺织服装、鞋、帽制造业	第 64 章、第 65 章、第 66 章
皮革、毛皮、羽绒制造业	第八类、第 67 章
木材加工及木、竹、藤、棕、草制品业	第九类
家具制造业	第 94 章
造纸及纸制品业	第 47 章、第 48 章

《中国统计年鉴》中的行业分类	对应的海关 HS 编码分类下的商品
印刷业和记录媒介的复制	第 49 章
文教体育用品制造业	第 92 章、第 95 章、第 96 章
石油加工、炼焦及核燃料加工业	第 27 章
化学原料及化学制品业	第六类(除去第 30 章)
医药制造业	第 30 章
化学纤维制造业	第 54 章、第 55 章
橡胶制品业	第 40 章
塑料制品业	第 39 章
非金属矿物制品业	第十三类
黑色金属冶炼及压延加工业	第 26 章、第 72 章
有色金属冶炼及压延加工业	第 81 章、(第 74 章+第 75 章+第 76 章+第 78 章+第 79 章+第 80 章)/2
金属制品业	第 73 章、第 82 章、第 83 章、(第 74 章+第 75 章+第 76 章+第 78 章+第 79 章+第 80 章)/2
通用设备制造业和专用设备制造业	第 84 章
交通运输设备制造业	第十七类
电气机械及器材制造业和通信设备、计算机及其他电子设备制造业	第 85 章
仪器仪表及文化、办公机械制造业	第 90 章、第 91 章

5.3　制造业对外开放与能源效率的实证研究

　　除了分析制造业全行业，本章还把 2001～2011 年的制造业行业分为 5 个高能耗行业(石油加工、炼焦及核燃料加工业，化学原料及化学制品业，非金属矿物制品业，黑色金属冶炼及压延加工业，有色金属冶炼及压延加工业)、5 个低能耗行业(烟草制造业，电气机械及器材制造业、通信设备、计算机及其他电子设备制造业，皮革、毛皮、羽绒制造业，仪器仪表及文化、办公机械制造业，纺织服装、鞋、帽制造业)和 15 个中能耗行业，把 2012～2016 年的制造业行业分为 5 个高能耗行业(黑色金属冶炼和压延加工业，非金属矿物制品业，化学原料和化学制品制造业，石油加工、炼焦和核燃料加工业，造纸和纸制品业)、5 个低能耗行业(文教、工美、体育和娱乐用品制造业，烟草制品业，电气机械和器材制造业及计算机、通信和其他电子设备制造业，仪器仪表制造业，家具制造业)和 14 个中能耗行业。本章将把前后两个时间段进行对比分析，探讨在不同时期中国制造业各行业的能源强度与对外开放各指标的关系变化和产生变化的原因。

　　本章使用三组面板数据对式(5.1)进行系数估计，考虑到残差项可能存在截面异方差，为了得到更稳健的系数协方差矩阵估计值，本章采用横截面加权的 FGLS 以消除截面异方差的影响。利用面板数据估计的实证结果见表 5.5 和表 5.6。

表 5.5   2000～2011 年 FGLS 估计结果

	全行业	高能耗行业	中能耗行业	低能耗行业
C	2.74***	6.33**	1.62***	-1.72***
trade	9.42***	105.38***	18.66***	1.97***
$trade^2$	-5.23***	-232.37***	-18.58***	-1.05***
fdi	-10.86***	-80.23***	-12.57***	8.07***
fdi^2	7.92**	110.29***	9.02***	-8.10***
R^2	0.86	0.79	0.86	0.90
F	66.28***	28.71***	60.14***	66.95***

注：*、**、***分别表示在 10%、5%、1%的水平上显著，下同。

表 5.6   2012～2016 年 FGLS 估计结果

	全行业	高能耗行业	中能耗行业	低能耗行业
C	0.86***	1.08***	0.38***	0.11***
trade	-35.00***	-137.71***	-0.31	-2.02***
$trade^2$	271.95***	2296.40**	50.86	16.66***
fdi	2.7300***	2.5700*	-0.0900	0.0046
fdi^2	-7.22***	-6.80*	-0.05	0.34**
rate	-0.79***	1.40	-0.15	-0.14***
RD（研发投入）	0.0006	-0.0089***	-0.0002	0.0003***
R^2	0.98	0.97	0.45	0.91
F	249.82***	84.32***	4.02***	26.32***

分别对 $ei_{it} = \psi_0 + \alpha_1 trade_{it} + \alpha_2 trade_{it}^2 + \beta_1 fdi_{it} + \beta_2 fdi_{it}^2 + \varepsilon_{it}$ 中的 trade 和 fdi 求偏导，可以得到曲线的拐点值。即当 trade 和 fdi 的值分别为 $-\alpha_1/(2\alpha_2)$ 和 $-\beta_1/(2\beta_2)$ 时，能源效率曲线 ei 遇到拐点。

对于整个制造业，可以发现外贸依存度与能源强度呈先上升后下降的倒 U 形关系，曲线拐点直到外贸依存度达到 90%时才出现。目前中国制造业各行业的外贸依存度都尚未达到 90%，因此，目前中国制造业的外贸依存度与其能源强度还处于呈同向变化的阶段。也就是说，目前中国制造业的外贸依存度与能源效率呈反向变化，外贸依存度升高会导致能源效率降低。

中国整体的外贸依存度在经历了加入世贸组织之初的快速增加之后，从 2006 年的 67%开始回落，尤其是 2008 年金融危机爆发之后，国际市场萎缩，而中国内需保持强劲增长势头，导致外贸依存度连续几年降低（最低为 33%左右）。而制造业部门生产的产品是中国主要的进出口产品，其外贸依存度和中国整体的外贸依存度基本保持一致。近年来，国际市场的需求下降导致出口减少，而制造业整体水平有所提升，很多中国企业的产品在价格和质量上有了更强的竞争力，如华为、中兴等企业快速成长，其产品的质量水平已经能和外资企业的产品媲美，甚至在某些特定行业或产品功能上领先。因此，制造业整体的外贸依存度在近十年间基本处于小幅上升后逐渐下降的趋势。制造业外贸依存度整体呈下降趋势对提高能源效率有积极作用，制造业外贸依存度下降是制造业的对外开放发展到更高层次的结果。以往制造业缺乏自主性，主要依靠劳动力廉价的优势获取微薄利润，后来这一情况逐渐改善，其逐步摆脱全球价值链中低端的位置，不仅参与组装加工等环节，而且在技术研发、创新、销售、品牌维护等环节发挥更多作用，能够创造更大价值，因此其能源消耗量的增幅反而有所减小。此外，各国对节能减排的呼声越来越高，绿色贸易壁垒层出不穷，国内厂家不得不持续改进能源利用技术，提高产品的国际竞争力，这有利于制造业提高能源效率。

制造业的外资依存度与能源强度的关系正好相反，呈先下降后上升的 U 形关系，曲线拐点在外资依存度达到 69%左右时出现。目前中国制造业各行业的外资依存度都在60%以内，说明目前制造业的外资依存度与能源强度处于呈反向变化的阶段，外资依存度提高会导致能源强度降低，能源效率提高。自改革开放以来，中国制造业部门所接受的外国直接投资额不断上升，外资企业为整个制造业的发展做出了卓越贡献。虽然近年来部分外资撤离制造业，但从整体趋势来看外资依存度没有大幅降低。FDI 可以有效解决东道国国内资本不足的问题，可通过示范-模仿效应、竞争效应、关联效应、人力资本效应等，带动东道国相关产业的技术进步，并且可通过加剧市场竞争迫使东道国企业更加有效地利用现有资源以降低成本和减少对能源资源的消耗，使得能源技术效率不断改善。然而，需要注意的是，如果外资依存度高于 69%，能源效率反而会开始下降，原因是过高的外资依存度会导致国家对外资企业在节能减排上的控制力度难以加大，为了和相同领域的本地企业竞争，外资会越来越注重经济效益，由于煤炭等低效能源的价格偏低，外资会使用低效能源以节约成本，忽略使用低效能源所产生的污染问题，对能源效率的提高产生反作用。

对比三组数据的实证结果可以发现，高能耗制造业行业的情况与制造业全行业的情况类似，只是高能耗行业的曲线拐点出现得更早(其外贸依存度的拐点是 22%，外资依存度的拐点是 37%)。但是对于低能耗行业，尽管能源强度对外贸依存度的曲线形状相似，但其对外资依存度的作用方向却发生了变化，也就是说，低能耗制造业行业的外资依存度提高会导致能源强度先提高后降低，呈倒 U 形曲线。所幸，目前中国低能耗制造业行业的外资依存度已经超过了曲线的拐点值，也就是说，中国低能耗制造业行业的外资依存度处于对能源效率的提高有积极作用的阶段。

总体来看，不管是制造业全行业，还是高能耗或者低能耗行业，目前其外贸依存度的提高对能源效率的提高都起着消极的作用，外资依存度的提高则对能源效率的提高起着积极的作用。由于中国的对外开放已经度过了初级阶段，不再简单地加工制造轻工和纺织类产品，组装没有技术含量的机电产品，而是以积极承接高新技术、高附加值产品为主，大力发展新兴制造业，同时更多地转向了服务贸易和技术贸易等领域，向第三产业纵深处发展，因此制造业的外贸依存度整体而言处于缓慢下降的趋势，这有利于整个行业的能源效率提高。而制造业的外资依存度目前仍处于比较合理的阶段，能够对行业能源效率的提高起到促进作用，但是要注意不能毫无控制地放任外资依存度提高，外资依存度过高对行业发展而言终将弊大于利,因此政府应尽量引导外资流向低能耗的制造业行业或者其他行业(如服务行业等)。

5.4　本章小结

本章运用中国25个制造业行业在2000～2011年与24个行业在2012～2016年的面板数据,基于能源强度库兹涅茨曲线的基本思想,在充分定义中国制造业对外开放程度的基础上,检验了制造业行业对外开放对能源效率的非线性影响,其中对外开放程度分别用外贸依存度和外资依存度来表征。本章得出的结论如下。

(1)中国制造业对外开放程度在近十多年间呈现先上升后回落的趋势,其中外贸依存度在经历短暂的上升之后回落到低于十多年前的水平,整体而言呈下降趋势;而外资依存度经历了较长时间的增长,最近几年才开始回落,整体来看外资依存度仍然较高,且呈上升趋势。

(2)制造业行业整体的对外开放程度对能源强度具有非线性影响,外贸依存度与能源强度呈先上升后下降的倒U形关系,外资依存度与能源强度的关系则是先下降后上升的U形关系。目前中国制造业的外贸依存度和外资依存度都处在曲线拐点之前,也就是说,外贸依存度提高会导致能源强度提高、能源效率降低,而外资依存度提高则会导致能源强度降低、能源效率提高。因此,一味追求制造业进出口额增长或者货币价值上的贸易顺差可能会导致能源效率降低。

(3)对比制造业的高能耗和低能耗行业,会发现高能耗行业的情形与制造业全行业的基本一致,低能耗行业在外资依存度方面的表现则存在差异。就外贸依存度而言,不管是高能耗行业还是低能耗行业,目前保持稳中有降的发展趋势对于提高行业能源效率有着积极的作用。

根据研究结果,本书提出如下政策建议:

首先,应改善制造业产品的进出口结构。应加快外贸增长方式由粗放型向质量集约型转变,继续通过税收措施、行政手段等加强对高能耗、高污染及资源性出口产品的限制,通过技术创新增加电子、生物制品及其他高新技术产品在国际市场中的竞争力,为高新技术企业扩大出口营造良好环境。

其次,应为制造业升级换代引进外资。应重视外资企业核心技术对内资企业的溢出效应,不断增强模仿和学习能力。但是需要警惕外资依存度是否过高,保持外资依存度在拐点值之内,以避免出现无法控制外资企业利用低效能源进行恶性低成本竞争的局面。

最后,应集中整顿高能耗、高污染行业。在引进外资时,应通过制定合理的外资政策,鼓励和引导外资从制造业部门流向其他(如第一产业或第三产业等)部门、从制造业内部的高能耗行业流向低能耗行业,同时应限制外资企业开展过多高能耗业务或将高耗能业务转移给本土行业。

第6章 技术空间溢出与区域能源效率

地理学第一定律指出，任何事物在空间上都有关联，距离越近，关联程度越强，反之则关联程度越弱(Tobler，1970)。能源强度存在空间相关性已被诸多学者证实(邹艳芬和陆宇海，2005；周建，2008)，而经济活动存在外溢性是新经济地理学(new economic geography)的核心(Krugman，1991)，也是能源强度出现空间集聚现象的重要因素。

目前，有关技术扩散的研究主要集中在外国直接投资方面，对其他扩散渠道涉及得较少，但除外国直接投资外，技术扩散还包括国内技术转让、国外技术引进等其他渠道。那么，来自不同渠道的技术在国内区域间都存在溢出效应吗？它们又是如何影响能源效率的呢？此外，传统的技术扩散变量主要反映了本地区技术扩散在存量和流量上的影响，未能将技术扩散与其正外部性进行区分，估计参数不能直接反映各因素在地理空间上的影响，而地区间的技术合作与交流是推动落后地区经济发展的重要手段，也是提升能源效率的主要途径，且技术溢出效果会影响技术扩散渠道的选择。因此，研究各项技术空间溢出因素如何影响能源效率尤为重要。

本章基于新经济地理学视角，借助空间计量经济学的基本思想和方法，通过考虑地理邻近关系和引入空间影响因素，将技术在省际间的溢出效应分离出来，并采用面板数据模型深入讨论各项技术空间溢出因素对全社会能源效率的影响，进而提出有价值的政策建议。有研究表明，外国直接投资呈现由国外至东部并经中部向西部的梯次溢出效应，且该效应会随着各地区的技术进步减弱，而技术在省际间的溢出并不是全社会能源效率集聚最主要的原因。基于此，本书建议拓宽能源效率空间影响因素研究的广度，同时针对西部地区，建议注重加强其技术投资，有效促进全社会能源效率的提升。

6.1 空间溢出效应与区域能源效率研究概述

6.1.1 技术扩散的空间溢出效应

技术来源按地域大致可分为四类：本地区开发、向本国其他地区购买、从国外直接购买和通过外国直接投资引入。对应地，技术扩散(TD)渠道也有四类：作为技术知识携带者的研发人员(RDP)、国内技术转让(DTT)、国外技术引进(FCA)和外国直接投资(FDI)。由于技术会随商品的流动扩散，进出口贸易(IET)也成为重要的技术扩散渠道。Marshall(马歇尔)早在1890年出版的《经济学原理》中就提出外溢等同于外部性，技术扩散的正外部性就是技术溢出效应，包括流动效应、联系效应(培训、咨询、指导等)、竞争效应和示范效应，其贯穿技术扩散的整个过程。相对而言，技术溢出是非自愿发生、非正式和非市场化的技术转移(Eden et al.，1997)。

当以省为研究对象时，技术溢出包括省内不同企业和行业等之间的技术溢出、国外技术向本省的溢出和国内其他地区向本省的技术溢出，本章重点讨论后者，即国内省际间的技术溢出对全社会能源效率的影响。

节能技术在国内省际间的溢出效应主要有以下几种：①流动效应，指技术随科技人才在省际间的流动溢出。Almeida 和 Kogut(1999)认为，在技术领先企业中掌握或接受过先进节能技术培训的职员可能会因就职于技术落后企业而使技术流入该企业。同理，拥有先进节能技术的发达地区的人员就职于技术落后地区会使节能技术流入该地区。②联系效应，指节能技术随科技人才跨省进行直接或间接技术交流在省际间溢出，且相邻地区的科技人才面对面交流的机会更多，而通过公司衍生和参与方之间的非正式交互作用会产生知识的溢出(Kesidou and Romijn，2008)。此外，国内的同行和产业链上的企业会选择该区域的邻近地区进行生产和相关的经济活动，而采用通用程序、行业规范和采购标准会迫使落后地区的企业边学边做，使节能技术更容易向周边地区溢出。③竞争效应。技术领先企业给技术落后企业带来的竞争压力会迫使其有效地利用和升级现有技术(Kokko，1994)。同理，技术领先地区也会给技术落后地区带来竞争压力，迫使其利用和升级现有节能技术，并积极主动地采取各种措施提升本地区全社会能源效率。④示范效应。由于成本优势和地理邻近优势，落后地区可能会成为发达地区节能技术产品的高强度集散区，从而迫使其对节能新产品进行低成本复制、学习以及在此基础上进行改进。

6.1.2　区域能源效率的影响因素

外国直接投资具有显著的空间溢出效应，有助于降低本地区和周边地区的能耗强度(张贤和周勇，2007；徐士元，2009；姜磊和季民河，2011)。有研究表明，基于全要素生产率的能源效率的分布呈空间集聚趋势，FDI 有利于提高能源效率(沈能，2010)，并促进其收敛(徐盈之和管建伟，2011)，而全要素生产率是影响能源效率的因素之一，且由于数据分析方法和投入的要素等不同，所测得的效率存在差异，但采用统计年鉴中的数据直接计算出的能源生产率和能耗强度则相对准确稳定(陈夕红等，2011)。因此，一些学者将能源的全要素生产率进行分解，并认为由此得到的技术进步率、纯技术效率和规模效率对能源生产率都有显著的正面影响(李廉水和周勇，2006；王群伟等，2010；董锋等，2010)。对于全社会能源效率，国内一些学者研究发现，技术进步对国内全要素能源效率的提升具有重要贡献，而技术效率的下降是制约中国全要素能源效率提升的主要原因，且中国全要素能源效率呈现东-中-西格局，中部与东部的差距正在逐渐缩小(吴江等，2019)。此外，陈军和徐士元(2008)的研究结果显示，科技投入、人力资本和外国直接投资对提升能源效率具有长期效应。使用国际贸易技术溢出模型测算出的国际 R&D(研究与试验发展)溢出对能源效率的提升也有促进作用(高大伟等，2010)，外国直接投资企业在当地的生产经营活动带来的 R&D 溢出对东部和中部地区的能源效率有正向影响，对西部的影响不显著，而进口贸易带来的国际 R&D 溢出对东部和中部的影响不显著，对西部则有负面影响(滕玉华和刘长进，2010)。丁锋和姚新超(2018)研究发现，工业增长是影响能源效率的重要因素，而 FDI 对能源效率的影响并不显著。这一类研究没有考虑地理空间因素的影响，而距离越远的买卖双方的技术转让越慢、越少(Lester and McCabe，1993)，因此地理空间因素不可忽视。

6.2 技术空间溢出与区域能源效率研究设计

6.2.1 区域能源效率的测度

能源效率测度指标主要包括能源转换效率、单位产品能耗、能源技术效率、能源规模效率、能源配置效率、能源经济效率、能源价值效率和能源生产率，其相互之间的关系见图 6.1。

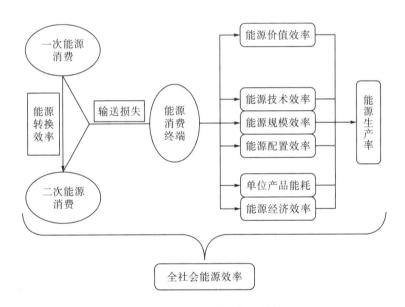

图 6.1 能源效率测度指标间的关系

由于价格数据难以获得，能源价值效率较少被采用，而能源生产率＝国内生产总值/(能源消费总量-能源生活消费量)，其涵盖的信息比其他 6 个指标全面，但仍然没有考虑能源生活消费。本书的研究目的在于分析技术空间溢出对能源效率的影响，而技术包括产品生产过程中的节能技术和产品使用过程中的节能技术，这两种技术都会在空间中进行扩散，且由设计及生产过程决定的产品使用过程中的节能技术会直接影响能源生活消费量。因此，本章采用全社会能源效率(SEE)(陈夕红等，2011)指标来衡量能源效率，即一个国家或地区每消耗一个单位的能源所产生的国内生产总值，计算公式为全社会能源效率＝国内生产总值/能源消费总量。按照 2010 年的《中国能源统计年鉴》对指标的解释，单位国内生产总值能耗(能耗强度)指一定时期内，一个国家或地区每生产一个单位的国内生产总值所消耗的能源，即单位国内生产总值能耗＝能源消费总量/国内生产总值，也就是说，全社会能源效率是官方公布的能耗强度的倒数。

6.2.2 空间计量模型的构建

不同形式的空间回归模型具有不同的经济学和实际含义，本章纳入的空间计量模型主要有空间滞后模型(spatial lag model，SLM)、空间误差模型(spatial error model，SEM)和空间杜宾模型(spatial Dubin model，SDM)，三种空间计量模型代表了三种不同的空间交互效应产生机制，其中 SLM 中的空间交互效应来自空间单元的实质性联系，通过纳入因变量空间滞后项来反映；SEM 考虑了模型构建过程中可能会遗漏的误差项所存在的空间交互效应；SDM 则涵盖了以上两种空间交互效应机制，认为空间交互效应机制来自内生、外生解释变量及空间误差。从本章的研究对象来看，包含以上两种假设，因此使用 SDM 来进行研究较为科学。

6.2.3 数据来源与变量设定

为了区分自身技术实力与相邻地区技术空间溢出的影响，依据现有文献及本章 6.1.1 的分析，将技术变量分解为技术扩散变量 TD 和技术空间溢出变量 wTD，构建全社会能源效率技术空间溢出模型：

$$\ln\text{SEE}_{it} = c + a\ln w\text{SEE}_{it} + b_j\ln w\text{TD}_{it} + d_k\ln\text{TD}_{it} + e_l\text{CV}_{it} + \mu_i + \delta_t + \xi_{it} \tag{6.1}$$

式中，w 为空间权重矩阵，按一阶邻接方法(Anselin，2003)设置，地理相邻取 1，不相邻取 0；wSEE 为全社会能源效率的空间滞后项，代表相邻地区全社会能源效率加权和对本地区的影响；wTD 代表相邻地区通过扩散渠道获得的技术加权和对本地区全社会能源效率的影响，反映了相邻地区的节能技术对本地区的溢出效应；CV 为控制变量，包括产业结构(IS)、工业结构(industrial structure，ILS)、能源消费结构(ECS)和投资结构(investment structure，ITS)。以第二产业占 GDP 的比重代表产业结构；以重工业总产值占规模以上工业企业总产值的比重代表工业结构，但由于数据缺失，采用高能耗行业总产值占规模以上工业企业总产值的比重代表工业结构，而根据国家统计局制定的划分标准，高能耗行业主要包括六个行业，即电力热力的生产和供应业、石油加工炼焦及核燃料加工业、化学原料及化学制品制造业、有色金属冶炼及压延加工业、黑色金属冶炼及压延加工业、非金属矿物制品业；以煤炭消费量占能源消费总量的比重代表能源消费结构；以国有经济能源工业固定资产投资占全社会固定资产投资的比重代表投资结构。

所需的煤炭消费量、能源消费总量和国有经济能源工业固定资产投资数据来源于《中国能源统计年鉴》，国内生产总值及其指数、规模以上工业企业总产值、全社会固定资产投资、外国直接投资、进出口总额和汇率数据来源于《中国统计年鉴》，研发人员全时当量、国内技术转让、国外技术引进数据来源于《中国科技统计年鉴》，重工业总产值数据来源于《中国工业经济统计年鉴》。所有变量及其解释见表 6.1。

表 6.1 变量及其解释

变量	指标	符号	量化
被解释变量	能源效率	SEE	国内生产总值/能源消费总量
解释变量	研发人员	RDP	社会全时研发人员数量
	国外技术引进	FCA	购买技术经费与消化吸收国外技术经费之和
	国内技术转让	DTT	购买国内技术经费支出
	外国直接投资	FDI	当地外国直接投资额乘以当年平均汇率
控制变量	产业结构	IS	第二产业占 GDP 的比重
	工业结构	ILS	高能耗行业总产值占工业企业总产值的比重
	能源消费结构	ECS	煤炭消费量占能源消费总量的比重
	投资结构	ITS	国有经济能源工业固定资产投资占全社会固定资产投资的比重

6.3 技术空间溢出影响的实证分析

为进一步验证模型的合理性，本章采用 Moran（莫兰）指数 I（Moran，1948）和 Geary（吉里）指数 C（Geary，1954）对 2005～2016 年中国 30 个省（自治区、直辖市）的全社会能源效率及技术扩散变量的空间相关性进行检验，检验结果见表 6.2。

表 6.2 空间相关性检验结果（全国）

年份	能源效率 I	C	研发人员 I	C	国内技术转让 I	C	国外技术引进 I	C	进出口贸易 I	C	外国直接投资 I	C
2005	0.508***	0.428***	0.057	0.780*	0.009	0.818	0.257***	0.617***	0.341***	0.642***	0.490***	0.478***
2006	0.490***	0.442***	0.065	0.776*	0.025	0.798	0.139*	0.714**	0.336***	0.649***	0.508***	0.474***
2007	0.489***	0.445***	0.044	0.808	0.054	0.802	0.057	0.841	0.321***	0.658***	0.587***	0.377***
2008	0.501***	0.436***	0.084	0.783*	0.059	0.758*	0.120	0.797	0.314***	0.661***	0.553***	0.412***
2009	0.506***	0.426***	0.149*	0.755*	0.165*	0.665***	0.141*	0.768***	0.341***	0.638***	0.539***	0.419***
2010	0.503***	0.438***	0.161*	0.750*	0.131	0.813	0.108	0.755*	0.356***	0.625***	0.477***	0.489***
2011	0.495***	0.439***	0.198*	0.720**	0.187*	0.719**	0.087	0.762*	0.355***	0.621***	0.471***	0.493***
2012	0.497***	0.429***	0.205*	0.720**	0.182*	0.685***	0.149*	0.729**	0.349***	0.630***	0.468***	0.483***
2013	0.466***	0.436***	0.226*	0.693**	0.338***	0.576***	0.083	0.794*	0.336***	0.648***	0.486***	0.468***
2014	0.474***	0.426***	0.239**	0.685**	0.368***	0.512***	0.160*	0.714***	0.346***	0.645***	0.488***	0.469***
2015	0.488***	0.414***	0.255**	0.672***	0.182*	0.728*	0.096	0.787*	0.393***	0.595***	0.513***	0.444***
2016	0.492***	0.407***	0.261**	0.665***	0.332***	0.624***	0.143	0.762*	0.381***	0.606***	0.545***	0.421***

注：***、**、*分别代表 1%、5%、10%的显著性水平，后同。

检验结果表明，全社会能源效率和技术扩散存在很强的空间相关性。通常，相邻地区的能源效率越高，其对本地区的示范作用就越强，且因政府实施节能政策等因素，地区间产生节能方面的竞争效应。此外，拥有较多技术人才和节能技术的邻近地区其技术溢出效应越大，其对本地区能源效率提升的贡献就越大，故以其他地区的全社会能源效率(SEE)和技术扩散(TD)变量乘以地理空间权重矩阵 w 生成的省级空间变量(spatial varibles，SV) wSEE、wRDP、wFCA、wDTT、wFDI 和 wIET 来表征邻近地区的空间效应和技术溢出对本地区全社会能源效率的影响，其中 wRDP 与其他空间溢出变量的相关系数较大，故去除该空间变量。此外，FDI 和 IET 的相关系数为 0.8817，故去掉 IET 及 wIET 变量。为了加强回归结果的可靠性，本书做了相关计量检验，检验结果见表 6.3。

表 6.3 技术空间溢出对全社会能源效率影响的估计结果

	自变量	技术扩散	空间滞后	技术溢出	空间溢出	东部	中部	西部
空间溢出变量 (SV)	$w\times$lnSEE 空间滞后		0.9112*** (8.10)		0.8974*** (7.85)	0.9675*** (6.94)	1.0003*** (5.95)	0.8601*** (4.56)
	$w\times$lnDTT 国内转让技术空间溢出			0.0038 (0.69)	-0.0014 (-0.25)	-0.0092 (-1.49)	0.0031 (0.60)	0.0071 (0.87)
	$w\times$lnFCA 国外引进技术空间溢出			-0.0097 (-1.53)	-0.0121** (-1.96)	-0.0930 (-1.27)	-0.0085 (-0.89)	0.0372*** (3.57)
	$w\times$lnFDI FDI 流入技术空间溢出			-0.0944 (-1.19)	-0.1928** (-2.47)	0.2691* (1.93)	-0.4226 (-1.05)	-0.7988*** (-4.66)
	$w\times(\text{lnFDI})^2$ FDI 流入技术空间溢出二次项			0.0141*** (2.57)	0.0169*** (3.15)	-0.0156* (-1.83)	0.0029 (0.89)	0.0553*** (3.96)
技术扩散变量 (TD)	lnRDP 研发人员	0.3764*** (15.61)	-0.0002 (-0.02)	0.0047 (0.27)	-0.0230 (-1.31)	0.0175 (0.78)	0.0394 (1.31)	0.0504 (1.18)
	lnDTT 国内技术转让	0.0105 (1.50)	-0.0011 (-0.33)	0.0029 (0.89)	0.0014 (0.43)	0.0085* (1.70)	0.0031 · (0.60)	0.0033 (0.73)
	lnFCA 国外技术引进	0.0027 (0.37)	0.0093*** (2.75)	0.0109*** (3.19)	0.0118*** (3.54)	0.0055 (1.08)	0.0028 (0.47)	0.0058 (1.06)
	lnFDI 外国直接投资	0.0611 (0.62)	-0.0828* (-1.84)	-0.0507 (-0.98)	-0.0291 (-0.58)	-0.5993*** (-4.62)	0.2284 (1.00)	0.0046 (0.06)
	$(\text{lnFDI})^2$ 外国直接投资二次项	0.0100 (1.45)	0.0050 (1.57)	0.0029 (0.81)	0.0004 (0.13)	0.0352*** (4.46)	-0.0134 (-0.91)	0.0014 (0.23)
控制变量 (CV)	IS 产业结构	-0.3370** (-2.00)	0.3764*** (4.71)	0.4326*** (5.02)	0.4984*** (5.90)	0.5200*** (3.07)	0.4703*** (3.64)	-0.3290* (-1.66)
	ILS 工业结构	-1.1551*** (-10.28)	-0.3242*** (-5.94)	-0.3325*** (-5.98)	-0.2672*** (-4.87)	-0.0762 (-0.45)	-0.0171 (-0.27)	-0.0888 (-0.77)
	ECS 能源消费结构	-0.3271* (-1.78)	-0.4769*** (-5.65)	-0.3645*** (-4.19)	-0.4041*** (-4.75)	-0.3032** (-2.51)	-1.8149*** (-7.23)	-0.6850*** (-4.47)
	ITS 投资结构	-1.5770*** (-4.80)	-0.9063*** (-5.97)	-0.9616*** (-6.19)	-0.8540*** (-5.61)	-0.0722 (-0.22)	-0.0751 (-0.22)	-1.0491*** (-3.96)
	样本容量 OBS	360	360	360	360	360	360	360
	R^2	0.6176	0.7573	0.7270	0.6959	0.4836	0.5170	0.6474

注：括号里的数值为对应的 t 值。

　　就空间溢出而言,全国和东部地区的情况一致,周边地区的技术省际溢出效果不显著,但全社会能源效率的空间效应 wSEE 的 t 值分别为 7.85 和 6.94,说明其他空间效应对提升本地区全社会能源效率的作用显著,其深层次的原因有待进一步研究。由于东部地区经济普遍比较发达,且在国内技术市场中的投入较多,因此能源效率的提升效果显著。FDI 主要集中在东部(2016 年 FDI 占全国的比重为 82.35%),但从回归结果来看,考虑了空间溢出效应之后,FDI 的一次项、二次项 t 值分别为 1.93、-1.83,即外国直接投资与东部地区全社会能源效率之间呈倒 U 形关系,说明外国直接投资对全社会能源效率提升的促进作用会随着东部地区节能技术的进步减弱,甚至会出现抑制作用。从长期来看,东部地区并不能依赖于吸引外国直接投资来提升其全社会能源效率。

　　对于中部地区,国内技术转让、国外技术引进以及外国直接投资的空间溢出效应都不显著,说明相邻地区通过扩散渠道获得的技术加成对中部地区全社会能源效率的影响不明显,主要原因在于,随着中部地区的发展,中部与东部地区在节能技术方面的差距逐步缩小,且东部地区节能技术的溢出效果逐步减弱,因此通过加强向东部地区节能技术的学习和交流来提升本地区的全社会能源效率作用不够显著。而中部地区产业结构的 t 值为 3.64,说明提高中部地区全社会能源效率可以从优化本地区产业结构入手。

　　对于西部地区,其周边地区来自外国直接投资的节能技术向本地区溢出的效果很显著,而投资结构的 t 值为-3.96,与全社会能源效率存在显著的负相关关系,这是因为西部地区有丰富的煤炭资源,在能源上的投资主要是火电投资,而增加煤炭使用的同时增加了能源加工转换损失量。此外,中国的能源资源处于“富煤贫油”状态,石油的对外依存度很高,国家从能源战略技术储备的角度考虑,引进了煤转油等煤化工技术,而这种技术的引进费用很高,对能源本身的消耗量很大,技术也不成熟,且由于西部地区人才相对匮乏,对前沿技术的消化吸收比较困难。国外技术引进的空间溢出效应为正,且 $t=3.57$,说明相邻地区从国外购买技术对西部地区提高全社会能源效率具有显著的促进作用。而 FDI 流入技术空间溢出效应的一次项为负、二次项为正,t 值分别为-4.66 与 3.96,表明对于西部地区而言,相邻地区的 FDI 与西部地区全社会能源效率之间呈 U 形关系。其原因在于,地区间的竞争使得相邻地区的 FDI 对西部地区产生抑制作用,而随着时间推移,FDI 所带来的节能技术向周边地区扩散,进而促进了周边地区全社会能源效率的提升。因此,西部地区的工作重点是通过从国外引入节能技术以及加强同周边地区的技术交流和学习,改善本地区全社会能源效率。

6.4　本　章　小　结

　　本章从新经济地理学的视角,在考虑地理空间因素和引入空间变量的条件下,构建了全社会能源效率技术空间溢出模型,并依据 2005~2016 年中国 30 个省(自治区、直辖市)的面板数据,运用面板方法,分析了技术空间溢出对全社会能源效率的影响。本章得出的结论如下。

　　(1)FDI 呈现由国外至东部并经中部向西部的梯次溢出效应,该效应会随着各地区的技术进步减弱，且由于东部地区与中部地区的技术差距缩小，东部地区的技术溢出对中部地区全社会能源效率提升的促进作用已不显著。

(2) 从全国、东部和西部的回归及空间相关性检验结果来看，全社会能源效率存在空间集聚现象，考虑技术空间溢出后，空间滞后的影响仍然显著，且回归系数较大，说明技术在省际间的溢出并不是造成全社会能源效率集聚最主要的原因。

(3) 中部与东、西部都相邻，但却在技术空间溢出及全社会能源效率空间效应方面获益很少，这是值得深思的问题。此外，交通运输业的繁荣使东部的技术能更为便利地向西部溢出，但西部大多数地区与东部各地区不相邻，采用地理空间权重不能很好地度量这一因素。

根据研究结果，本书提出如下政策建议。

首先，应加强西部地区的技术投资。对西部而言，从国外直接引进技术比从国内市场购买技术对促进西部地区能源效率的提升效果更加显著，且从长期来看，西部地区可以通过吸引外国直接投资引进较为先进的节能技术，从而促进西部地区全社会能源效率的提升。

其次，应开展有关能源效率提升的空间因素研究。有关省际间的技术空间溢出对区域能源效率影响的研究为促进能源效率的提升提供了相对广阔的思路，究竟是什么空间因素对区域能源效率产生了影响有待深入研究。同时，如何科学、合理地度量空间因素的影响也是有待深入研究的问题。

第二篇
创新、知识产权保护与区域经济发展

第7章　知识产权保护与区域经济增长

　　知识产权保护是促进技术进步的重要产权制度安排,现已成为国家或地区能否克服短期技术困境、经济能否长期增长的关键影响因素。然而纵观当前已有的研究,国内外学者大都将研究重点放在知识产权法的研究上,很少系统地结合经济、法律、科技等领域来研究知识产权保护与区域经济增长之间的关系,有关发展中国家的知识产权保护制度与经济增长关系的研究则更少。因此,从宏观层面研究发展中国家的知识产权保护对区域经济增长的影响机制具有极高的理论价值和极其重大的现实意义。

　　要想制定符合中国国情的知识产权保护战略,就必须研究知识产权保护现状以及知识产权保护程度对中国经济增长的影响机制和效应。对于中国知识产权保护现状与程度,不同的学者有不同的观点。部分学者提出过度保护论,认为实施较高程度的知识产权保护在短期内必然会对国内经济产生较大冲击。而另一部分学者提出保护不足论,认为中国的知识产权保护强度与技术创新所要求的还有很大的差距,当务之急应该加强对知识产权的保护。因此,有必要对中国知识产权保护的经济效应进行研究和评价,以帮助中国制定与实施知识产权保护战略。

　　本章首先构建了知识-生产两部门模型,分析了知识产权保护制度对经济增长的影响机制。其次,在研究单一使用专利权指数的基础上,通过引入版权指数与商标权指数,构建了知识产权保护指数(index of intellectual property rights protection, IIPRP),并据此测算了中国各地区的知识产权保护程度。最后基于所建立的知识-生产两部门模型,并利用经验数据,实证研究了中国知识产权保护制度对区域经济增长的影响。

7.1　知识产权保护与经济增长相关文献回顾

　　1957年,Solow(索洛)提出了用于确定劳动力、资本和技术对经济增长的贡献的模型。该模型突出了技术进步在推动经济增长中的关键作用。经济增长对技术水平的依赖要求对技术及知识产权进行保护。自此学术界展开了关于技术制度即知识产权保护制度对经济增长的作用的研究。Lucas(1988)和 Romer(1990)所提出的内生增长理论进一步引起了学者们对此问题的关注。

　　知识产权保护对经济增长的作用包括两方面。一方面,加大知识产权保护力度能够有效保障通过技术创新获得的利润,有效激励创新行为,促进经济增长;另一方面,加强知识产权保护会降低国家间的资源分配效率,削弱市场竞争,阻碍经济增长。Helpman(1993)检验了知识产权保护对南北地区创新的影响,认为加强知识产权保护在短期内会加快创新速度，长期来看则会降低创新速度。英国知识产权委员会(Commission for Intellectual Property Rights，CIPR)主张，在大多数科技基础设施较弱的低收入国家，《与贸易有关的知识产权保护协定》的标准不是经济增长的显著决定因素，相反弱知识产权保护往往伴随着快速的经济增长。知识产权保护在无规模效应的内生增长模型中不会提高经济增长速度，而增强的保护可通过增加垄断部门份额对经济增长产生负面影响(Furukawa，2007)。Horii 和 Iwaisako(2007)证明激励创新需要基于水平适度的知识产权保护，知识产权保护程度过高会阻碍经济增长。从长远来看，知识产权保护能够激励发展中国家的私人机构研究新知识与新技术，为消化和吸收发达国家的技术知识存量和促进经济增长奠定良好的基础(Parello，2008)。一些学者采用实证方法探究了知识产权保护与经济增长的关系，例如，Gould 和 Gruben(1996)利用 1960~1988 年 100 个国家的数据进行了实证研究，研究结果表明知识产权保护是经济增长的一个重要决定因素，且知识产权保护对经济增长的正面影响在开放经济体国家更显著。Thompson 和 Rushing(1996)得到的回归分析结果表明虽然知识产权保护对经济增长的影响系数为正，但并不显著。Park(1999)研究发现知识产权保护对经济增长没有直接影响，但在发达国家知识产权保护可通过基础建设投资和 R&D 投资对经济增长产生正向的间接影响。Falvey 等(2004)使用 80 个国家在 1975~1994 年的面板数据研究发现，知识产权保护对高收入和低收入国家的经济增长产生正影响，对中等收入国家的经济增长没有影响。Gancia 和 Bonfiglioli(2008)利用 1965~1990 年 53 个国家的面板数据进行了实证研究，研究结果表明相对于封闭经济体国家，在开放经济体国家知识产权保护促进经济增长的效果更显著。

国内相关研究文献在 2000 年后开始大量涌现，涉及理论分析与经验研究两个方面。理论分析主要是指通过建立模型来研究知识产权保护对经济发展和社会福利的影响，例如，朱东平(2004)构建了寡头垄断竞争模型，发现知识产权保护力度会影响发达国家对发展中国家的外国直接投资所产生的福利效果。杨全发和韩樱(2006)构建了涉及发明国、东道国及东道国政府的三方动态博弈模型，研究结果表明适当的知识产权保护有助于吸引外资流入和引进先进技术，使东道国的社会福利最大化。赵旭梅(2013)构建了知识产权研发企业和受让企业的博弈模型，发现在既定投资下，知识产权保护宽度的边际增加会导致受让企业的利益和社会福利水平降低。关成华等(2018)通过门限面板回归模型研究了不同经济增长阶段下知识产权保护对区域创新的影响，研究结果表明知识产权保护始终对创新存在正向作用，并且知识产权保护和区域创新之间存在着非线性关系，这一关系通常表现为随着区域经济发展水平的提升，知识产权保护对区域创新的促进作用将增强。而经验研究主要是指利用时间序列数据或面板数据检验知识产权保护对经济增长的影响，例如，刘勇和周宏(2008)利用 2001~2005 年中国 31 个省(自治区、直辖市)的面板数据进行回归分析，发现经济发展受到一定强度的知识产权保护的促进，且经济发展水平越高，这种促进作用越强。吴凯等(2010)利用中国在 1985~2007 年的时间序列数据进行了实证研究，发现在中国目前的发展水平下，加强知识产权保护可以促进经济增长。孙玉涛和杨中楷(2005)选取专利权作为研究对象，证实经济增长有助于提升专利保护水平，而专利对经济增长存在滞后效应。蔡虹等(2013)利用 1985~2005 年发达国家和发展中国家的面板数据，证实知识产权保护能激励创新，进而促进经济增长。赵喜仓和张大鹏(2018)研究了在不同的创新投入条件下知识产权保护对经济增长的影响，发现随着 R&D(研究与试验发展)投入强度门槛值增加，知识产权保护力度的增加将对经济增长产生显著的正向影响；当不断增加研发人员时，加强知识产权保护对经济增长产生的增益更大。李静晶和庄子银(2017)基于 TVP-VAR 模型分析了知识产权保护与区域经济增长之间的引导及均衡关系，发现在中国经济发达地区知识产权保护程度的提升能促进经济发展水平的提升与区域创新能力的提高，并且经济发展水平的提升有助于进一步提高区域知识产权保护程度。

纵观以上国外和国内的理论实证文献，可以发现以下问题。①在知识产权保护程度的衡量方面，衡量指标并不统一。早期采用 Rapp(1990)构建的 Rapp-Rozek 指数(R-R 指数)，后期改用 Ginarte 和 Park(1997)构建的 Ginarte-Park 指数(G-P 指数)，国内文献多采用许春明和单晓光(2008)构建的指数。②在理论研究与实证研究方面，未能很好地把理论模型与实证计量统一起来。③在知识产权保护与经济增长二者的关系方面，不同文献得出的结论截然不同。因此，本章将从这三个方面入手进行创新性研究，构建和完善版权指数、商标权指数及执法强度指数，并将其纳入知识产权总指数中，同时建立能够用于实证检验的理论模型，采用动态计量经济学建模方法，检验中国的知识产权保护与经济增长的关系，以期得出合理的结论，拓展有关知识产权保护制度与经济增长关系的研究。

7.2　知识-生产两部门模型

本章借鉴 Odedokun(1996)的模型，通过构建知识-生产两部门模型来考察知识生产部门对非知识生产部门的溢出效应问题。

假设：①经济分为两个部门，即知识生产部门(记为部门 I)和非知识生产部门(记为部门 R)；②知识生产部门的产出对非知识生产部门的产出存在外部影响；③劳动力和资本在两个部门中仍然是传统的两大投入要素；④两个部门的产出函数不同，每一种投入的相对边际产出也不同。两个部门的生产函数为

$$Y_I = f(L_I, K_I) \tag{7.1}$$

$$Y_R = h(L_R, K_R, Y_I) \tag{7.2}$$

式中，Y_I 为知识生产部门的产出；Y_R 为非知识生产部门的产出。式(7.2)的解释变量中引入了知识生产部门的产出 Y_I，表示非知识生产部门的产出受到知识生产部门产出的外部影响；生产函数满足经典假设，即劳动和资本的边际生产力递减：

$$f''_{L_I} < 0, \quad f''_{K_I} < 0 \tag{7.3}$$

$$h''_{L_R} < 0, \quad h''_{K_R} < 0 \tag{7.4}$$

由于只有两个部门，所以全部的劳动投入(L)、资本投入(K)和总产出(Y)可分解为

$$Y = Y_I + Y_R \tag{7.5}$$

$$L = L_I + L_R \tag{7.6}$$

$$K = K_I + K_R \tag{7.7}$$

式中，L_I、K_I、L_R、K_R分别代表知识生产部门、非知识生产部门的劳动投入和资本存量。

对式(7.5)求全微分，得到：

$$dY = dY_I + dY_R = f'_{L_I}dL_I + f'_{K_I}dK_I + h'_{L_R}dL_R + h'_{K_R}dK_R + h'_{Y_I}dY_I \tag{7.8}$$

经济均衡条件为两个部门的劳动边际生产力MPL_I、MPL_R（即f'_{L_I}、h'_{L_R}）与资本边际生产力MPK_I、MPL_R（即f'_{K_I}、h'_{K_R}）之比相等，即有

$$f'_{L_I} / f'_{K_I} = h'_{L_R} / h'_{K_R} \tag{7.9}$$

考虑到两个部门之间的边际生产力可能存在差异，可定义如下关系式：

$$f'_{L_I} / h'_{L_R} = f'_{K_I} / h'_{K_R} = 1 + \delta \tag{7.10}$$

即

$$MPL_I / MPL_R = MPK_I / MPK_R = 1 + \delta \tag{7.11}$$

式中，MPL_i和MPK_i（$i = I, R$）分别代表i部门的劳动和资本边际生产力；δ表示生产力导数（productivity derivative，PD）。如果$\delta = 0$，则表示劳动、资本在两个部门的边际生产力之比相等。事实上，由于多数国家存在知识产权保护对经济增长的抑制现象（Horii and Iwaisako，2007；Furukawa，2007），知识生产部门的边际生产力小于实际部门的边际生产力。知识产权保护对经济增长的抑制程度可以通过δ来反映，δ的取值区间为[-1, 0]，其值越接近0，表示两个部门的边际生产力差异越小，知识产权保护对经济增长的抑制程度越低；其值越接近-1，表示两个部门的边际生产力差异越大，知识产权保护对经济增长的抑制程度越高。

将式(7.11)代入式(7.8)，整理后得

$$dY = h'_{L_R}(dL_I + dL_R) + h'_{K_R}(dK_I + dK_R) + \frac{\delta}{1+\delta}(f'_{L_I}dL_I + f'_{K_I}dK_I) + h'_{Y_I}dY_I \tag{7.12}$$

由式(7.1)和式(7.6)得

$$f'_{L_I}dL_I + f'_{K_I}dK_I = dY_I \tag{7.13}$$

$$dL_I + dL_R = dL \tag{7.14}$$

$$dK_I + dK_R = inv \tag{7.15}$$

式中，inv为两个部门净投资流量，即投资减去折旧。将式(7.13)～式(7.15)代入式(7.12)，整理后得

$$dY = h'_{L_R}dL + h'_{K_R}inv + \left(\frac{\delta}{1+\delta} + h'_{Y_I}\right)dY_I \tag{7.16}$$

等式两边同时除以Y，整理后得

$$\frac{dY}{Y} = \frac{h'_{L_R}}{Y/L} \cdot \frac{dL}{L} + h'_{K_R}\frac{inv}{Y} + \left(\frac{\delta}{1+\delta} + h'_{Y_I}\right) \cdot \frac{Y_I}{Y} \cdot \frac{dY_I}{Y_I} \tag{7.17}$$

令$\gamma = \frac{\delta}{1+\delta} + h'_{Y_I}$，$\gamma$即为知识生产对经济增长的总贡献。

式(7.17)赋予了知识生产部门和非知识生产部门不同的产出函数，明确地假设知识生产部门对非知识生产部门的产出具有外部影响。同时，这两个部门中相关投入要素的产出不同，系数γ刻画了知识生产从外部性和生产率差异两方面对经济增长的总贡献。

上述模型说明知识生产部门会对非知识生产部门产生正向的外部影响，从而起到促进经济增长的作用。在实际的生产过程中，人力资本的增加可以通过提升资源的利用效率与生产效率起到促进经济增长的作用，此外知识产权保护力度的提升也可能会促进企业创新、扩大产能和提升生产效率。在经济飞速发展过程中，由于资本的积累与经济发展水平的提高，人力资本将得到大幅度提升，而知识产权保护水平也将随着经济发展不断提升。

7.3 知识产权保护指数

知识产权制度涉及立法、司法、执法及管理运用等多方面，直接度量难度大，缺乏定量测度方法。目前常用立法评分构建知识产权指标体系，如 R-R 指数和 G-P 指数，但这些指数仅以专利法评分为基础，未考虑执法情况。许春明和单晓光(2008)的扩展指数虽然考虑了执法情况，但是立法指数部分仍存缺陷。因此，重新构建合理的知识产权指标体系对研究知识产权与经济增长关系至关重要。

本章借鉴了许春明和单晓光(2008)构建的执法强度指数，并对其做了部分改进(表 7.1)。原因是近年来中国的人均国民收入水平不断提高，如果仍然以较低的收入水平作为临界值，那么人均国民收入的增长不会影响执法强度，这明显不符合中国国情。因为随着经济水平的提升，公众的素质提高，这可能会对执法强度有新的促进作用。此外，随着中国教育强国战略的不断深化与落实，国民人均受教育程度明显提升，高等教育在校人数不断增加，识字率这一指标已经难以衡量中国居民的平均受教育程度。因此本章使用国民平均受教育年限作为社会公众意识的代理变量，在判定各地区的执法强度时主要采用以下指标。

表 7.1 执法强度 F 的计算方法

指标	含义	计算方法
X_1	执业律师人数占总人口的比例	执业律师人数占总人口的比例超过万分之五时该项分值为 1
X_2	立法时间/100 年	立法时间超过 100 年时该项分值为 1
X_3	人均 GDP(单位：美元)/20000	人均 GDP 大于 20000 美元时该项分值为 1
X_4	人均受教育年限	人均受教育年限超过 14 年时该项分值为 1

1. 司法保护水平

司法保护是解决知识产权纠纷的主要途径，司法保护水平的高低影响着知识产权立法强度在现实中的体现。一般来说，执业律师占总人口的比例是衡量一国司法保护水平的重要指标，当执业律师人数达到总人口的万分之五时，该国司法保护已达到较高的水平(许春明和单晓光，2008)。所以，可按照万分之五来进行标准化，即该指标的分值等于实际的比例除以 5/10000。

2. 行政保护水平

行政保护及管理是保障权利人的知识产权的关键。政府行政保护和管理水平的高低取决于国家是否有完备的法律体系，法律体系越完备，行政保护和管理职责就越清晰。一般而言，立法时间越长，司法和执法实践越充分，法律体系也越完备，所以可用立法时间来度量一国法律体系的完备程度。参照各国的立法史，假设一国的法律体系需要经历 100 年才能完善，中国立法的时间是 1954 年（许春明和单晓光，2008），那么可按照 100 年来进行标准化，即该指标的分值等于实际立法时间除以 100。

3. 经济发展水平

一国的知识产权保护强度应当与本国的经济发展水平相适应，因此可采用人均 GDP 作为度量一国经济发展水平的指标。在早期的研究中，许春明和单晓光（2008）根据实际汇率及物价情况和世界银行的标准，以中等收入国家的人均 GDP（约 20000 美元）为标准进行标准化处理。而随着中国经济实力的不断增强，东部部分沿海地区的人均 GDP 已经达到中等发达国家水平，因此为反映不同经济水平对各地区执法强度的影响，本章以国际上惯用的中等收入国家人均 GDP（约 20000 美元）为标准进行标准化处理。

4. 公众意识水平

培养公众的知识产权意识是实施知识产权法的基础。公众受教育程度越高，其知识产权意识越强，可用成人识字率来度量公众的知识产权意识。发达国家的成人识字率均已超过 95%（许春明和单晓光，2008），而目前中国大部分地区的成人识字率趋于稳定，如果仍然使用该变量，则不能很好地衡量公众意识水平的变动情况，因此本章使用各地区人均受教育年限来反映各地区的公众意识水平。该变量相比成人识字率而言，能更好地反映公众意识水平。

知识产权保护总指数等于知识产权保护立法指数与知识产权保护执法指数之和，具体构成如图 7.1 所示。知识产权保护总指数的计算包括三个步骤：①利用 Park（2008）构建的指标体系分别计算出专利权指数、版权指数和商标权指数，然后使用主成分分析法确定权重，并将三个分指数合成，得到知识产权保护立法指数；②通过标准化方法改进许春明和单晓光（2008）构建的执法力度指标体系，计算出知识产权保护执法指数；③采用式（7.19）计算出知识产权保护总指数。在构造知识产权保护立法指数时，采用主成分分析法，以减少权重分配的主观随意性。该方法的特点在于具有客观性，可在保留原有变量信息量的情况下，给考察期内变差较大的变量赋予较大的权重，给变差较小的变量赋予较小的权重，从而使生成的指数更能体现各分指标在时间维度下变动的差异性。分别用 PI、CI 和 TI 代表指数化处理后专利权指数、版权指数和商标权指数的指标评分值；用 W_1、W_2、W_3 代表主成分分析法生成的各分指标值权重，则知识产权保护立法指数（LL）可由式（7.18）给出。

$$LL = W_1 \times PI + W_2 \times CI + W_3 \times TI \tag{7.18}$$

基于此，本章采用以下公式计算知识产权保护总指数（IPR）：

$$IPR_{it} = LL_t \times LE_{it} \tag{7.19}$$

式中，IPR$_{it}$ 为各地区在 t 年的知识产权保护强度；LL$_t$ 为中国在 t 年的知识产权立法强度；LE$_{it}$ 为各地区在 t 年的知识产权执法强度。

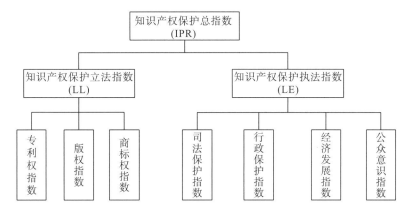

图 7.1　知识产权保护总指数的构成

图 7.2 为部分省（自治区、直辖市）知识产权保护指数的测算结果。

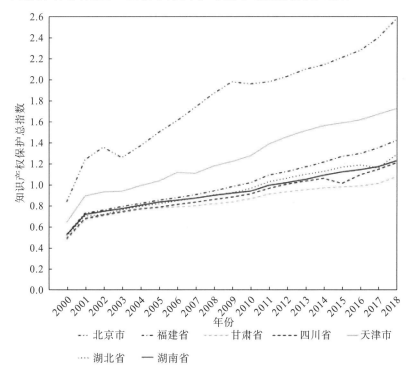

图 7.2　部分省（自治区、直辖市）知识产权保护总指数测算结果

　　从图 7.2 中可以看出，近年来中国各地区的知识产权保护强度均呈现明显的上升趋势，国家知识产权保护战略的实施对中国建设创新型国家、建立知识产权强国产生了重大而深远的影响，发挥了积极而重要的作用。在知识产权保护水平逐年提高的背景下，中国仍然

存在东部地区的知识产权保护强度明显高于西部地区的现象,但区域之间知识产权保护强度的差距呈不断减小的趋势。这是因为中国在原有的经济社会发展格局基础上,针对知识产权保护领域的许多空白进行了专项治理与改革,将资源向知识产权领域倾斜,从而使得中西部地区与东部地区之间知识产权保护水平的差距进一步缩小。

7.4　知识产权保护的增长效应实证

7.4.1　数据说明

本章的研究样本为 2000~2018 年中国各地区。

(1) Y_{it} 为各地区的总产出水平。用于衡量国民经济整体产出的指标通常采用按可比价格计算得到的 GDP,本章使用实际的 GDP(2000 年不变价)作为产出指标。

(2) HT_{it} 为人力资本。本章使用各地区劳动力人数(L_{it})与其平均受教育年限的乘积衡量人力资本。Wang 和 Yao(2003)将 15~64 岁的就业人口按照学习年限分为小学、初中、高中、职业教育和高等教育等 5 类,然后根据永续盘存法进行测度,本章简化其方法,直接使用各地区劳动力人数与平均受教育年限的乘积代表其人力资本的数量。

(3) IPR_{it} 代表各地区的知识产权保护程度,采用本章设计和构建的知识产权保护指数来进行衡量。

7.4.2　模型设定

本章采用面板向量自回归(panel vector auto regression,PVAR)模型,并利用省级面板数据研究知识产权保护对区域经济增长的影响。PVAR 模型兼具时间序列分析与面板数据分析的优势,不仅能较好地把握变量之间的内在影响机制,而且能克服个体异质性带来的估计偏差。因此,本章采用 PVAR 模型来考察中国经济政策不确定性的影响及区域效应。模型设定如下:

$$\boldsymbol{y}_{it} = \beta_0 + \sum_{j=1}^{P} \beta_j y_{i,t-j} + f_t + e_t \tag{7.20}$$

式中,$\boldsymbol{y}_{it} = (Y_{it}, HT_{it}, IPR_{it})$ 是包含三个内生变量的列向量;i 表示不同的地区;t 表示不同的年份;P 表示滞后阶数;f_t 为执法强度;e_t 为随机误差项。本模型中 $(Y_{it}, HT_{it}, IPR_{it})$ 表示变动率。

7.4.3　实证分析及结果

在应用 PVAR 模型进行分析之前,为防止出现伪回归的情况,需要检验相关时序变量的平稳性。本章根据各变量的特点分别选取 LLC(levin-lin-chu)与 IPS(im-pesaran-shin)面板单位根检验方法,对实证数据进行平稳性检验。检验结果表明,实证模型中各变量均在 1%的置信水平上拒绝原假设，说明相关数据均为平稳序列，因此本章可以使用 PVAR 模型对面板数据进行相关分析。

基于表 7.2 中的面板单位根检验结果，采用 PVAR 模型研究各变量之间的响应关系。在进行脉冲响应分析之前，需要确定样本的最优滞后阶数。根据相应信息准则，最终确定样本的滞后阶数为 3。通过 PVAR 模型得到各变量的脉冲响应函数，如图 7.3 所示。

表 7.2　面板单位根检验结果

变量	检验方法	p 值	变量	检验方法	p 值
$g(Y_{it})$	LLC	0.0000***	$g(Y_{it})$	IPS	0.0000***
$g(\mathrm{HT}_{it})$	LLC	0.0000***	$g(\mathrm{HT}_{it})$	IPS	0.0000***
$g(\mathrm{IPR}_{it})$	LLC	0.0004***	$g(\mathrm{IPR}_{it})$	IPS	0.0000***

注：***、**、*分别代表在 1%、5%和 10%的显著性水平上拒绝零假设。

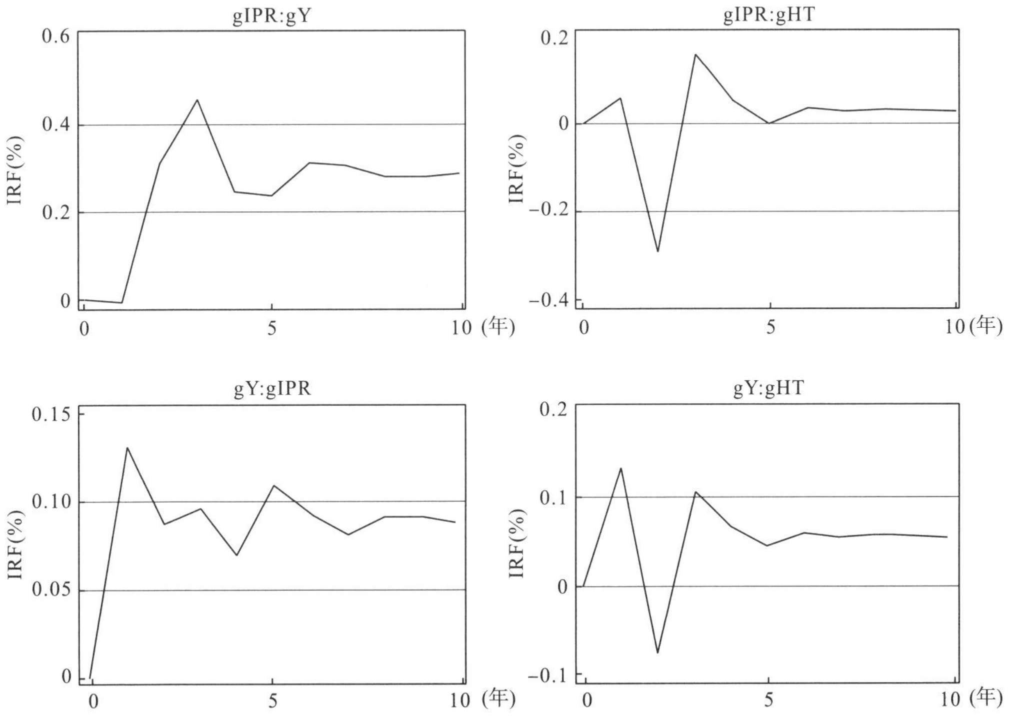

图 7.3　知识产权保护对区域经济增长的影响

从知识产权保护对经济增长的影响来看，知识产权保护能有效地促进区域经济的增长，在第三期左右达到相应的最大值，并且知识产权保护的增长效应的效果持续存在，能够在较长的期限内促进经济增长，并且其衰退速度较慢。知识产权保护对人力资本的提升在第二、三期产生负向的影响，并在随后的时间产生正向的影响并随着时间衰减。此外，区域经济增长也会明显地促进知识产权保护强度的提升，这是由于经济发展到一定的水平时，经济社会必然对知识产权保护更加重视，这样才能保护创新成果，增强创新的激励效应。

除第二期外，区域经济增长对人力资本的提升均呈现正向的促进作用，说明区域经济的发展对人力资本的提升能够起到一定的促进作用。

　　根据前面的结论，知识产权保护对经济增长起到了重要的促进作用，反过来经济增长也对知识产权保护起到了重要的促进作用。中国面积广阔，区域之间发展极不均衡，那么各因素的作用结果是否存在差异性呢？本书采用传统的东、中、西部划分方法，确定各冲击效应在各地区之间的差异性。为保证数据的平稳性，本章仍采用 IPS 与 LLC 检验方法对各区域的样本数据进行面板单位根检验，检验结果表明变量仍然平稳。

　　各区域下各因素之间的脉冲响应如图 7.4 所示。其中，东部地区包括北京、天津、河北、辽宁、上海、江苏、浙江、福建、山东、广东、广西、海南 12 个省（自治区、直辖市）；中部地区包括山西、内蒙古、吉林、黑龙江、安徽、江西、河南、湖北、湖南 9 个省（自治区、直辖市）；西部地区包括四川、重庆、贵州、云南、陕西、甘肃、宁夏、青海、新疆 9 个省（自治区、直辖市）。

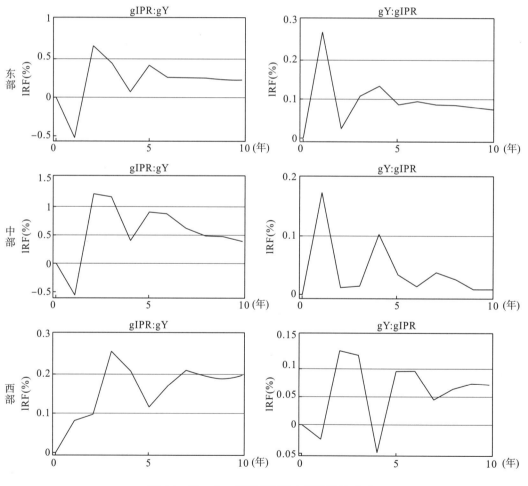

图 7.4　东、中、西部各因素之间的脉冲响应

　　从图 7.4 中可以看出，知识产权保护与区域经济增长之间的关系在东部与中部地区之

间并无明显的差异。这可能是由于东部与中部的经济发展水平较为接近，并且以地理位置来看中部地区与东部地区之间的距离较近，东部地区的发展可以给中部地区起到良好的示范性作用。而在西部地区，知识产权保护在整个观测时间内对区域经济增长始终具有正向的促进作用，但区域经济增长对知识产权保护的促进作用较中东部地区而言往往滞后一期，其正向的促进作用才能明显显现，说明知识产权保护对区域经济增长的影响在西部地区与东部、中部地区之间存在一定差异。

7.5　本 章 小 结

知识产权保护是促进技术进步的重要产权制度安排，关系到国家自主创新、国际技术转移和外国直接投资等诸多方面，最终会影响国家的经济增长。通过对知识产权保护与经济增长关系的研究，本章得出以下主要结论。

(1)本章使用 PVAR 面板向量自回归模型探究了区域经济增长、知识产权保护以及人力资本之间的动态互动关系，发现知识产权保护水平的提升能够有效地促进区域经济的增长，并且这种正向的促进作用在较长时间内存在，其衰退的速度较慢，表明就中国目前的发展模式而言，知识产权保护水平的提升能够有效地促进创新与成果之间的转化，激励万众创新，形成良好的竞争氛围，有效地提升生产效率。此外，知识产权保护水平的提升能有效地促进人力资本水平的提升，与此同时，区域经济增长也能有效地促进人力资本的提升。为检验中部地区与西部地区之间的响应关系是否存在差异，本章根据传统的区域划分方法，将所研究的 30 个省(自治区、直辖市)分为东部、中部、西部三个地区，并进行相关的脉冲响应函数分析，发现东部与中部地区其知识产权保护与区域经济增长的互动关系大致相同，而西部地区的响应关系与整体存在一定的差异，表明中国各区域的发展不均衡，知识产权保护与区域经济增长之间的关系在不同的区域存在差异。

(2)本章构建了知识产权保护总指数，并将其分为知识产权保护立法强度指数和执法强度指数。其中，在知识产权保护立法强度指数方面的创新是：采用标准化方法改进了许春明和单晓光(2008)构建的执法强度指数，更改了收入临界点标准，采用更加合理的数据度量人均受教育程度，更加精确地反映人力资本，通过计算得到改进的知识产权保护总指数；通过构建知识产权保护总指数，并结合人力资本及区域经济发展水平，定量分析三者之间的关系。

(3)本章构建的知识产权保护总指数能够很好地量化并刻画转型期中国知识产权保护进程。通过面板脉冲响应分析能较好地分析内生变量之间的作用关系，为知识产权保护与区域经济发展之间的相互促进作用提供有效的证明。分析结果表明，知识产权保护的增长效应的效果持续存在，能够在较长的期限内促进经济增长，并且其衰退速度较慢，而区域经济增长也会明显地促进知识产权保护强度的提升，说明这两者之间存在相互促进的关系。此外，本章基于东、中、西部划分方法研究发现，在东部和中部地区，知识产权保护与区域经济增长之间的相互促进关系并无明显的区别，而西部地区则表现出较大的差异性，说明由于区域内部经济的发展不平衡，经济体内部的某些作用关系发生变化，因而知识产权保护对区域经济增长的影响在西部地区与东部和中部地区之间表现出差异性。

　　基于以上研究结论，可知要想实现中国经济的可持续增长，在中国知识产权保护战略框架下，应设计和完善知识产权保护制度，使其既能够保护发明创造的积极性，又能够维护中国经济发展的独立自主性和提升国家的核心竞争力。首先，从立法的角度而言，整体层面要强调提高知识产权保护程度的重要性，充分发挥知识产权保护对区域经济增长的促进作用，在经济发展的同时逐步提高知识产权保护强度，合理适度地保护知识产权，在确保创新者利益的同时，遏制知识产权滥用所导致的垄断。其次，从执法的角度而言，要优化知识产权执法功能，建立高效、统一、精简的知识产权保护协调机构，统筹考虑涉及世界贸易规则的知识产权执法以及国际合作、争端解决、信息交流等方面的问题，逐步集中统一行政执法队伍，着力改变政出多门、各行其是的执法现状。

第8章 创客模式与区域经济发展

创客模式是当下广受关注的新生事物，追求知识成果的高度共享，其作为集聚众人智慧合力创新的模式将会给一国长尾市场的增长带来持续不断的动力，并可进一步基于知识高度共享深度释放经济增长效应，给整个社会的进步带来巨大贡献。因此，研究创客模式与区域经济发展的作用机制具有重要的理论与实践意义。

本章在梳理全球创客空间发展史并界定相关概念的基础上，通过对比传统创新模式与创客模式下创新成果生成过程的差异，构建了知识-生产两部门模型，并从理论角度阐述了创客模式，以及其所释放的经济增长效应。进一步地，本章测度了理想状态下各地区由人力资本、投资水平等不同带来的创新驱动对产业结构转型的促进作用，同时构建了创客指数，并采用省级面板计量模型来探究创新驱动对产业结构转型的促进作用。

8.1 创客模式产生背景概述

"创客"作为一个特殊群体，正受到越来越多的关注。2015年初，李克强总理走访"柴火空间"，至此，"创客空间"从真正意义上走进大众视野，获得全国民众的广泛认识。

生于加拿大多伦多的科幻小说家科利·多克托罗(Cory Doctorow)最先提出"创客"一词，他曾说："通用电气、通用磨坊以及通用汽车等大公司的时代已经终结。桌面上的钱就像小小的磷虾：无数的创业机会等待着有创意的聪明人去发现、去探索"，这是关于创客模式最早的描述。随后，菲尔普斯和埃德蒙(2013)在探讨大众创新如何制造就业机会、挑战与变化等时指出，真正的创新并非源自少数精英自上而下地推动，而是一个基于大众、草根的以人为本、自下而上的全民创造过程。

随着时间逐渐推移，克里斯·安德森(2012)对"创客"的内涵予以充分拓展。此外，安德森还指出，创客模式的核心优势在于其不仅高效整合了冗长的制造链，而且还将其直接纳入销售终端，让二者融为一体。尽管该模式已经脱离了旧模式下的大众经济学轨道，但日后必将取代传统制造业，未来的长尾市场才是其真正的主战场。

谢莹等(2015)等将创客空间细分成线上和线下两部分。线上部分是创客们的互联网虚拟平台，线下实体空间则是具有加工车间或功能开放的实验室，创客们可以在这里共享资源与知识，并自由实践自己的创意。

最初的线下创客平台是麻省理工学院比特与原子研究中心设立的个人制造实验室Fab Lab。该实验室经历了最初的个人通信、个人计算至后期的个人制造等技术发展过程，以用户为中心,高效融合了从创意、设计、制造到调试、分析及文档管理等一整个应用创新制造流程。Fab Lab 的发展壮大掀起了个人设计与制造的浪潮,嗷嗷待哺的创客们亟须这样一个平台供他们随时发布自己的创意,无缝连接最新的产品诉求,这一背景促进了线上创客空间的诞生。2007 年,“创客教父”Mitch Altman(米奇·奥特曼)在参观了以揭示重要技术安全漏洞著名的黑客空间“混沌电脑俱乐部”之后,将“创客”的理念带回美国并建立了线上创客平台 Noisebridge。至此,一个完整的创客模式正式形成。

放眼国际,早在 2012 年美国便着力推进如下项目:力争于 2016 年将美国 1000 所学校纳入“创客空间”。对此,克里斯·安德森作出评价:这是学校小组活动课在网络时代的升级版回归,只不过不再是技能型蓝领工人的课程培训,而是政府资助的高端制造业项目,旨在培养新一代的系统设计师与生产创新者。

回到国内,中国经济逐步迈入新常态,利用创新驱动经济增长已是社会共识。自 2014 年以来,国务院陆续推出一系列政策鼓励众创发展。2015 年 1 月 14 日,国务院召开常务会议,会议明确指出,应合并中央财政战略性新兴产业发展专项资金、中央基建投资资金,充分发挥政府的杠杆作用,吸纳社会与民间资本参与,形成总规模高达 400 亿元的新型产业创投引导基金。2015 年 6 月 16 日,国务院颁布《国务院关于大力推进大众创业万众创新若干政策措施的意见》(简称《意见》)。《意见》明确指出要加快推进众创空间的构建工作,大力开展互联网股权众筹(crowd funding,CF)等融资试点活动,力求实现创业与创新的有机结合。据科技部在 2018 年的相关统计数据,全国共有约 6960 个众创空间,各地区的众创空间数量如图 8.1 所示。

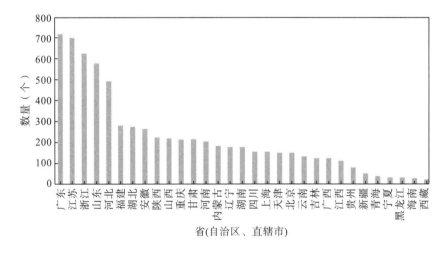

图 8.1 2018 年各地区众创空间数量分布

从图 8.1 中可以看出,众创空间在地理分布上呈现区域分布广且地区之间分布数量差异较大的特点。其中,东部沿海地区的众创空间数量明显高于内陆地区,并且西部地区的众创空间数量明显落后。这可能是因为东部地区一直作为中国改革开放和经济发展的先行示范区域,经过 40 多年的改革开放,无论在经济基础、人才培养还是市场销售渠道方面都有着独特的优势,这也造成中国众创空间在地理分布上呈现极不均衡的特点。

8.2　创客模式与传统模式

相较于传统模式下的创新方式，创客模式最大的优势在于以下三个方面：①大大缩短了冗杂的创新链条；②巧妙地解决了创新过程中的融资难题；③知识的深度共享将会释放更为强劲的经济增长动力。

传统创新模式下，创新成果往往诞生于设备精良的实验室、高校、企业研发部门及研究所等。成果的创造者通常是拥有丰富知识储备的专业人才，他们或出于兴趣，或迫于谋生需要，聚集于特定的研发场所。在研发新产品之初，研发单位需要深入市场进行广泛调研，在准确挖掘产品需求的前提下，进入研发环节。从市场需求催生出新的研发目标至创新成果成功发布，往往需要历经较长时间。随后从创新成果小范围试点应用到产品大范围投放市场，需要消费者完整反馈产品体验信息，具体流程见图 8.2。

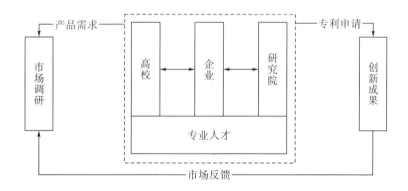

图 8.2　传统创新模式

产品生产周期长的传统创新模式遭遇市场客户频繁更换产品需求时，往往力不从心，而创客模式此时却能够借助自身的优势轻松自如地应对，这正是创客模式核心魅力所在。

与传统创新模式的不同之处在于，创客空间这一共享平台可将全球各地的兴趣爱好者汇聚在一起。在创客空间里，后来的创新者可以免费使用前辈们共享的智慧成果，依照就近原则选择距离自己最近的创客实验室，并在支付一定的会员费后，利用各种基本操作工具设计出高度贴合目标需求的产品或者寻找合作伙伴共同开发；既能够发布特定的产品需求，又能够定制喜欢的产品，除此之外，还能够及时向研发团队反馈新产品使用体验并给出改进意见或方案，以帮助目标产品实现用户体验的高度优化（Mandavilli，2006），详细流程见图 8.3。可以说，创客模式不但将需求调研与产品研发有机地结合到一起，大大缩短了产品生产周期，更为重要的是，它将发明创造从昂贵实验设备和高端研究机构的要求中解放出来。至此，发明创造不再是专业科研人员的专利，创客模式让创新成果更加平民化——任何人、任何地点只要手握创意并愿意付诸实践，或者具备足够好的点子与诉求，便可借助创客平台，让一切成为可能。

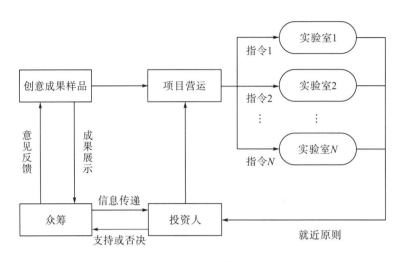

图 8.3   创客模式

在筹融资方面，创客模式与传统的创新模式存在显著区别。旧的模式下，创新项目的初始研发与后期投入往往需要数额庞大的经费予以支持，这些经费的提供者是企业自身或外来风投机构，也可能是相关政府机构。除去企业本身出资的情况，创新项目发起人必须拿着手中的创新成果或项目计划书四处游说以寻找合适的出资人，出资人在同意接受项目计划书之前需要对整个项目进行综合评估并予以严格审批。因此，就算创新项目最后可以顺利进入运营阶段，也难逃各类繁杂手续与层层审批的困扰。在传统的运营方式下，创新项目推陈出新的效率低下。

创客模式下，整个项目的主宰权则牢牢掌握在产品最终的用户手中，只要获得市场用户的认可，项目即可顺利进入运营环节。为此，项目发起人首先需要在创客空间线上平台发布其产品的详细说明书，对该产品的性能、功效及使用方法等进行全面介绍。对此不感兴趣的用户将采用用脚投票的方式选择离开，而受到吸引并想购买该产品的用户则为其投票给予支持，并通过预订方式提前支付产品费用以便于在产品正式发布后成为第一批体验用户。只要项目发起人收到的用户支付的金额总和超过创客空间线上平台设定的基准线，整个项目便可以正式投入运营，即当下受到全民追捧的众筹（CF）。在新模式下，出资人也是最终的产品用户，他们在选择产品时通过用脚投票的方式支持自己喜欢的产品。不仅如此，他们还能够和新产品的研发人员针对产品的性能改进进行实时沟通，最大限度地参与新产品的整个研发过程。创客模式不仅大大缩短了新产品的生产周期，而且实现了新产品研发与市场实时诉求的高度契合。与目前大规模进行批量生产的传统制造业相比，创客们则更像是根据用户的个性化需求完成新产品的高端定制设计。

这两大创新模式的本质区别在于知识成果的共享方式不同。传统创新模式追求智慧成果的产权归属。一项创新成果在其诞生之初就被贴上了专利、商标等类型的归属权标签，后续的创新者需要在支付许可费的前提下才能继续使用。创客模式追求的则是知识成果的高度共享：集聚众人智慧、合力创新的模式将会给一国的长尾市场的增长带来持续不断的动力。鉴于此，本章随后将构建知识-生产两部门模型，讨论两大模式下经济增长效应的差异，并基于此构建创客指数(MI)，从基础设施配置、人才综合素质、经济水平与制度安排等维度对创客模式下各地区经济增长效应的差异进行探讨。

8.3 知识-生产两部门模型与创客指数

本章通过借鉴董雪兵等(2012)构建的知识-生产两部门模型，考察传统创新模式与创客模式下由知识共享程度不同带来的经济增长差异。传统模式下，假设：①经济分为两个基础部门，即知识生产部门(记为部门 I)与非知识生产部门(记为部门 R)；②知识生产部门的产出对非知识生产部门存在外部性影响；③资本与劳动力是两大基础投入要素；④两个部门的生产函数存在差异，每一单位的边际产出也存在不同。两个部门的生产函数分别为

$$Y_I = f(L_I, K_I) \tag{8.1}$$

$$Y_R = h(L_R, K_R, Y_I) \tag{8.2}$$

式中，Y_I 为知识生产部门的产出；Y_R 为非知识生产部门的产出。式(8.2)的解释变量中引入了知识生产部门的产出 Y_I，表示知识生产部门 I 对非知识生产部门 R 产生的外部影响；生产函数满足经典假设，即劳动力与资本的生产力遵循边际递减原则。

$$f''_{L_I} < 0,\, f''_{k_I} < 0 \tag{8.3}$$

$$h''_{L_R} < 0,\, h''_{k_R} < 0 \tag{8.4}$$

由于只有两个部门，所以全部的劳动投入 L 与资本投入 K 可分解成

$$Y = Y_I + Y_R \tag{8.5}$$

$$L = L_I + L_R \tag{8.6}$$

$$K = K_I + K_R \tag{8.7}$$

式中，L_I、K_I、L_R、K_R 分别代表知识生产部门和非知识生产部门的劳动投入与资本存量。对式(8.5)求全微分，可得

$$dY = dY_I + dY_R = f'_{L_I} dL_I + f'_{K_I} dK_I + h'_{L_R} dL_R + h'_{K_R} dK_R + h'_{Y_I} dY_I \tag{8.8}$$

经济均衡条件为两个部门的劳动边际生产力与资本边际生产力之比相等，即

$$f'_{L_I} / f'_{K_I} = h'_{L_R} / h'_{K_R} \tag{8.9}$$

考虑到知识生产部门与非知识生产部门的边际生产力之间可能存在差异，定义如下关系式：

$$f'_{L_I} / h'_{L_R} = f'_{K_I} / h'_{K_R} = 1 + \delta \tag{8.10}$$

式中，δ 表示生产力导数，如果 $\delta=0$，则意味着劳动、资本在知识生产部门与非知识生产部门的边际生产力相同，δ 值越接近-1，意味着两个部门边际生产力的差距越大。

之所以会产生这种差异，主要源于知识产权保护制度。它的存在提升了后来者的创新成本，加大了创新难度，抑制了经济增长(Horii and Iwaisako，2007；Furukawa，2007)，使得知识生产部门的边际生产力小于非知识生产部门。知识产权保护对经济增长的抑制程度可以通过 δ 来体现，δ 的取值区间为(-1, 0]。将式(8.10)代入式(8.8)后整理得到：

$$dY = h'_{L_R} dL + h'_{K_R} dK + \left(\frac{\delta}{1+\delta} + h'_{Y_I} \right) dY_I \tag{8.11}$$

由此可以看出，传统创新模式下的知识产权保护制度对经济增长的抑制效应为 $\delta/(1+\delta)$。之所以会出现上述抑制效应，是由于知识产权制度实施垄断保护，使得已有的智慧成果无法充分释放其对一国经济的拉动作用。而追求智慧成果最大限度共享的创客模式却可以将知识生产所能够带来的经济增长效应最大限度地从知识产权保护制度的垄断中释放出来。相较于传统创新模式，不难发现 $\frac{\delta}{1+\delta} dY_I$ 就是创客模式深度释放的经济增长效应。

基于上述关系，本章在汪锋(2007)做法的基础上构建地区创客指数：

$$MI = SIPR / (1 - SIPR) \tag{8.12}$$

$$SIPR = \frac{IPR_{it} - IPR_{min}}{1 - IPR_{min}} \times 1 \tag{8.13}$$

式中，MI 为各地区创客指数；SIPR 表示标准化后的知识产权保护强度；IPR_{it} 表示第 i 个地区第 t 年的知识产权保护强度；IPR_{min} 则表示历年知识产权保护强度最低时的对应数值，设定知识产权保护强度指数最高为 1。

8.4　创客指数测算结果与分析

基于 8.3 节的讨论，本节在测度各地区经验数据的基础上计算 2013～2018 年的创客指数，结果如表 8.1 所示。测算结果显示，2013 年创客指数较高的区域集中在东部沿海地区，主要包括北京、天津、上海、江苏、浙江等地区，中部及西部大部分地区的创客指数并不高，这意味着创客模式的推广将会给东部沿海地区的经济增长带来更为显著的推动作用。经过五年的发展，2018 年各地区的创客指数均有所提升，说明中国近年来的创新改革成效显著，知识型、创新型社会进一步发展。

表 8.1　2013～2018 年各地区创客模式测算结果

地区	2013 年	2014 年	2015 年	2016 年	2017 年	2018 年
安徽	1.436	1.531	1.601	1.646	1.782	2.103
北京	11.574	11.433	12.594	13.812	15.416	16.438
福建	2.199	2.489	2.918	3.171	3.722	4.088
甘肃	1.287	1.342	1.367	1.401	1.480	1.726
广东	2.649	2.996	3.351	3.702	4.599	5.562
广西	1.443	1.551	1.600	1.671	1.694	1.836
贵州	1.212	1.318	1.362	1.452	1.644	1.918
海南	1.669	1.779	1.956	2.061	2.352	2.828
河北	1.675	1.696	1.817	1.884	2.028	2.251

地区	2013 年	2014 年	2015 年	2016 年	2017 年	2018 年
河南	1.572	1.703	1.765	1.860	2.024	2.303
黑龙江	1.662	1.736	1.761	1.751	1.812	2.045
湖北	1.832	1.963	2.181	2.311	2.142	3.067
湖南	1.628	1.793	1.938	2.054	2.210	2.586
吉林	1.913	2.011	2.065	2.167	2.256	2.543
江苏	3.082	3.198	3.402	3.526	3.854	4.820
江西	1.453	1.496	1.553	1.598	1.691	1.960
辽宁	2.745	2.956	3.004	2.535	2.776	3.379
内蒙古	2.594	2.881	3.089	3.244	3.089	3.716
宁夏	1.936	2.069	2.304	2.527	2.957	3.660
青海	1.475	1.575	1.562	1.651	1.714	1.971
山东	2.236	2.467	2.654	2.784	3.094	3.641
山西	1.709	1.793	1.900	1.973	2.268	2.551
陕西	1.911	2.040	2.178	2.212	2.499	3.061
上海	8.618	9.231	9.630	10.049	11.210	10.945
四川	1.562	1.666	1.480	1.812	2.062	2.449
天津	4.595	4.898	5.294	6.037	7.469	9.290
新疆	1.748	1.904	1.879	1.887	2.069	2.249
云南	1.354	1.423	1.522	1.574	1.718	1.893
浙江	3.588	4.168	3.653	4.017	4.452	4.844
重庆	1.994	2.242	4.305	2.767	3.226	3.755

之所以会出现上述分布，本书认为主要原因如下。

(1) 东部沿海地区的基础设施相对完善，交通便捷度较高，网络覆盖率更广。较之于中西部地区，东部沿海地区平台更为优良，其创客空间线下实验室能够触及更为充裕优质的资源。并且东部地区资本充足，在东部地区的众创空间进行创新之后能够较快地接触资本，并以较快的速度开始生产。譬如，由于东部沿海地区交通网络十分发达，创客实验室在新产品研发期间可以在较短时间内以更为低廉的成本接触到最新的材料，其配备的 3D 打印机与激光切割机等基础设施的日常维护与更新支出也相对低廉；从理论上讲，覆盖率更广的互联网能够借助创客空间线上平台吸纳更多的点子与创意；此外，由于创客实验室遵循基于就近原则的筛选机制，发达地区的创客空间其实体产品产出水平会更高。

(2) 东部沿海地区高素质人才集聚度更高。Jordan 和 Lande (2013) 强调拥有聪明才智、创造力、终身学习机会与熟练操作实验室设备是合格创客的必要特质。东部沿海地区人口密度较大，受教育程度相对更高，并且其终身学习机会也相对更多，因而民众的整体创造力和实验室设备熟练度要优于中西部地区。在创客空间线下实验室对外开放程度保持一致的情况下，单从实验室利用率来看东部地区显然更胜一筹，且东部沿海地区的创新成果产出率无疑更高。

(3)东部沿海地区经济水平更高,其长尾市场驱动效应也显著优于中西部地区。这是因为在经济相对发达的东部沿海地区,民众更加追求高品质的生活。经济条件的丰裕使得民众在创客空间线上平台上一旦发现自己喜欢的创意或产品,更容易通过众筹平台为其支付定金,且更愿意花费时间和精力参与新产品的性能改进活动。

(4)制度安排。在东部沿海地区知识产权保护强度高于中西部地区的情况下,出现东部地区创客模式释放出的经济增长效应显著强于中西部地区这一现象的本质原因在于:创客模式与传统制造业是并行的,二者在本质上并不矛盾。知识产权保护制度的服务对象是传统制造业下的经济体,而创客模式服务的则是长尾市场中的经济体。虽然安德森坚持认为未来创客模式必将取代传统创新模式,但是从目前的情况来看,二者在未来很长一段时间内都会保持共生状态,具体关系见图8.4。

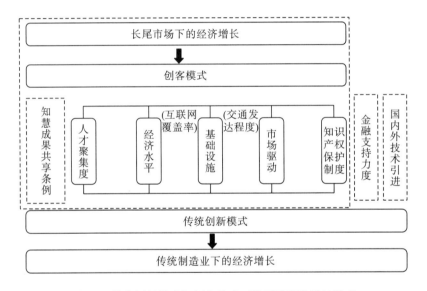

图 8.4　传统创新模式与创客模式下的区域经济增长模式

8.5　创客模式推动产业结构变化

创客模式极大地推动了创新模式的发展,创客模式的出现势必会影响产业结构。创客模式下不仅有资源的整合,还有创意产品或创意服务的推出,这一模式使得产品创新或服务创新更加高效,创客们并不全是主攻高精尖技术的发明家,还包括拥有"好点子"的实践者。因此,创客模式的发展将极大地推动中国服务业的发展。为验证创客模式是否推动了中国近年来各地区的产业结构转型,本章设计了面板计量模型进行实证研究。创客模式能够代表创新驱动力,反映当地的创新指数,而创新将极大地推动产业的发展与进步,尤其是第三产业。除此之外,人力资本水平的快速提升以及资本的积累都有可能会影响产业结构。因此,本书认为以创客模式为代表的创新驱动力、人力资本水平及投资水平的提升将促进产业结构变化。为此,本章构建了计量经济学模型,以探究以创客模式为代表的创新驱动力能否有效地促进产业结构升级，计量经济学模型如下：

$$y_{it} = \alpha + \beta_1 \text{innov}_{it} + \beta_2 \text{ht}_{it} + \beta_3 \text{invest}_{it} + \varepsilon_{it}$$

(8.14)

式中，y_{it} 表示各地区第 t 年的产业结构特征，本章使用第三产业占生产总值的比重作为产业结构特征的代理变量；innov_{it} 表示以创客模式为代表的创新驱动力；ht_{it} 表示各地区的人力资本水平；invest_{it} 表示各地区的投资水平；ε_{it} 为随机误差项。

在进行实证分析之前，本书先对所使用的数据进行描述性统计，其结果如表 8.2 所示。

表 8.2 变量的描述性统计

变量名	样本个数	平均值	标准差	最小值	最大值
y	180	0.472	0.091	0.320	0.810
innov	180	3.074	2.646	1.212	16.438
ht	180	25196.590	16049.544	2402.200	66724.080
invest	180	12971.902	8503.839	1781.607	37163.972

从 8.2 中可以看出，样本的创客指数、人力资本水平及投资水平都有着比较大的差异，其最大值与最小值之间往往存在数十倍的差异，说明中国的经济发展不均衡，经济发达地区与经济不发达地区之间的差距较为明显。

使用面板计量模型对上述模型进行实证分析，其结果如表 8.3 所示。

表 8.3 面板计量模型的回归结果

解释变量	系数值	标准误差	t 值	p 值
innov	0.029***	0.002	13.43	0.000
ht	-0.012**	0.006	-1.99	0.047
invest	0.019*	0.011	1.95	0.051
C（截距项）	0.388***	0.014	27.87	0.000

注：***、**、*分别代表在 1%、5%和 10%的显著性水平上拒绝零假设。

回归结果说明创客指数的提升能够有效地促进产业结构转型，即第三产业占比增加，这可能是因为创客们的创意通常以促进人们的生活便利化为出发点，因此其关注的领域往往不仅涉及制造业，而且涉及服务业。换句话说，通过创客们的努力孵化出的前沿行业往往能够促进第三产业的发展，而人力资本的增加将会对第三产业的增长起到负向作用。出现这一结果可能与中国的发展现状有关，众所周知，中国目前是全球产业链最为齐全的国家，人力资本水平的提升将极大地促进制造业的发展，而就目前的产业占比来看，第一产业的占比基本保持稳定，制造业、第二产业将挤占第三产业的份额。因此，人力资本水平的提升可能会导致第三产业的占比缩小。从投资对产业结构改变的作用来看，投资水平的提升能够促进第三产业占比的提高。

需要特别注意的是，尽管智慧成果共享条例要求创客们最大限度地与人进行分享，但是毫无原则地剽窃他人的智慧成果则是山寨行为。因此，创客们不仅需要遵循创客空间内的知识共享条例，而且必须在知识产权保护制度框架内进行研发活动。这样的制度安排，不但未给传统创新行为带来任何阻碍，而且还能高效地将社会富余智慧迅速汇聚到一起，使得整个社会的研发创新活动更加活跃与频繁。

8.6 本 章 小 结

本章首先对全球创客的发展历史进行了梳理，通过对比传统创新模式与创客模式下创新流程的差异，构建了知识-生产两部门模型，从理论角度测度了创客模式由于知识高度共享而深度释放的经济增长效应。然后，以上述理论模型为基础构造了创客指数，以衡量理想状态下各地区由市场、经济及制度安排等不同因素带来的经济增长效应的差异。研究结果表明，经济发达的东部地区其长尾市场驱动效应最为显著，中西部地区次之。

集全民之智慧实现工业 DIY，是创客活动的终极目标。创客空间可将全球各个角落的创意持有者紧紧联系在一起，真正实现突破地域和时间等限制的全球头脑风暴，最终将世界推入前所未有的大规模定制时代。虽然创客空间对整个社会的进步做出了巨大贡献，但仍然面临许多问题。创客模式其行业适用范围如何界定、创客平台如何保持独立运营并实现长远发展等，都是需要深入研究的问题。

第9章 知识产权保护与区域技术进步

在传统的比较优势相继消失、高度依赖资本投入的经济增长模式已经逐渐显露疲态的背景下,用创新驱动经济增长已成为社会共识。作为激励生产新知识的一项重要制度安排,知识产权保护给国家或地区的技术进步与经济增长带来的长远影响受到了日益广泛的关注。对于中国这样一个发展中国家来说,研究上述问题不仅有助于了解中国现阶段各地区的知识产权保护水平,而且能够给国家制定相关政策带来有益的参考。

"新常态"下区域创新能力正成为学术界讨论的热点问题。中国经济转型期各地区的知识产权保护强度与区域创新能力之间的作用机制是什么,是否如国外大多数文献所述,知识产权保护强度愈高愈有助于区域创新能力提升?知识产权保护与创新能力的作用机制在中国各地区之间是否存在差异?各个地区在不同时期的制度选择与其创新能力之间存在怎样的关系?这些问题的解答涉及区域发展战略和相关政策的制定,且有着较为重要的理论价值和指导意义。

本章将从理论推导与实证分析两个方面针对知识产权保护对区域技术进步的作用机制展开系统论述,探究不同条件下知识产权保护这一制度变量对技术进步的作用的差异性。与此同时,本章将使用系统广义矩估计(generalized method of moments,GMM)估计动态面板数据模型,对技术知识存量的来源渠道加以细分,以及将金融支持力度与市场规模效益纳入技术进步框架之中并展开分析。

9.1 知识产权保护与技术进步相关文献回顾

技术创新一直是学术界经久不衰的话题。作为实现技术进步的关键投入,R&D 受到各国学者的普遍关注。中国作为全球最大的发展中国家,自主研发并非其实现技术进步的唯一手段。Barro 和 Sala-i-Martin(1997)发现,发展中国家可以通过技术引进这种成本较低的方式实现本国的技术进步。林毅夫和张鹏飞(2005)认为,鉴于当下中国和技术先进国家之间仍然存在较为显著的技术差距,中国应通过引进国外技术或合作创新等方式在短期内实现技术的飞跃。宋晓梅等(2005)、朱平芳和李磊(2006)、吴延兵(2008)的研究结果都显示技术引进对中国本土企业生产效率的提高存在显著的促进作用。刘小鲁(2011)认为,一国技术进步的基本模式可以利用该国自主研发与技术引进的比例这一指标加以推测获得,一国对技术创新模式的选择将会对该国的技术进步产生十分深远的影响。作为影响技术进步模式选择的关键制度因素,知识产权保护其相关研究主要经历了如下两个阶段。

(1) 知识产权保护与技术进步二者间线性关系的讨论阶段。Chin 和 Grossman(1988)、Diwan 和 Rodrick(1991)认为知识产权保护对技术进步的作用是线性的,Helpman(1993)构建了一个相关南北地区技术进步的动态均衡模型,并分别从贸易条件、地区间的生产配置、产品的可获得性以及跨期消费配置四个维度探讨了知识产权保护对南北地区创新水平的影响,证明严格的知识产权保护强化了北方地区的垄断,并且尽管短期内可能会加速南方地区创新率的增长,但这种效应很快便会消失——这种情况类似于经济增长理论中的"水平效应",即无法成为创新力增长的长期动力。此外,Helpman(1993)还发现,北方地区会因为严格的知识产权保护而易对已有的创新成果产生高度的依赖,导致后续缺乏创新。Parello(2008)基于知识累积,发现知识产权保护可以激发技术水平落后国家的私人机构从事创新活动,为日后消化并吸收国外引进的技术知识奠定坚实的基础。Zaneta 和 Monika(2014)也通过实证研究证实了上述观点。

(2) 知识产权保护与技术进步二者间非线性关系的讨论阶段。O'Donoghue 和 Zweimüller(2004)最先从专利制度角度提出知识产权保护与 R&D 投资存在倒 U 形关联的假说。随后,Allred 和 Park(2007)从实证角度,利用国家与企业层面的数据研究发现:知识产权保护对技术创新的作用确实是非线性的,并且受到该国初始知识产权保护强度与经济水平的影响。余长林和王瑞芳(2009b)通过建立古诺竞争模型,得出了与前人一致的结论。Furukawa(2010)认为技术进步的内在动力是 R&D 投入与"干中学",严格的知识产权保护造就的高额垄断利润将会刺激 R&D 投入的增加,进而促进技术进步;然而知识产权保护水平提升之后将会使得长期的"干中学"效应显著降低,垄断的形成会使得工人能够自由使用的中间产品种类减少,工人通过经验积累获取的技能水平也会随之降低,进而引起技术进步速度放缓。在初始知识产权保护水平较低的情形下,随着 R&D 投入的增加以及"干中学"效应的累积,技术进步速度提升;而一旦超过最适宜的保护强度之后,"干中学"效应的降低将会抵消由严格的知识产权保护带来的 R&D 投入增长产生的刺激效应,技术进步率会逐渐下滑。

王华(2011)从国家层面、董钰和孙赫(2012)从产业层面进行实证研究后发现,知识产权保护与技术进步之间确实存在非线性关系。李平等(2013)则从省级层面出发,借助内生门槛法检验了中国自主研发及三大国际技术引进路径下的最优知识产权保护门槛值,并给出中国最优知识产权保护区间。屈军和刘军岭(2018)结合省际面板数据,构造了指标以衡量技术进步率,发现现阶段知识产权保护政策确实促进了技术进步,但不同的技术进步路径存在差异。韩慧霞和金泽虎(2020)使用全球 34 个发达经济体和新兴市场经济体的面板数据,并运用门限回归模型分析了不同知识产权保护水平下贸易政策的不确定性对高新技术产业技术进步的影响。方中秀和汪海粟(2021)基于 FDI 视角,考察了知识产权保护制度对中国制药产业技术进步的直接作用和调节作用。杜传忠和王梦晨(2021)将技能劳动和知识产权保护水平引入价值链分工的分析框架,并运用 CGSS(Chinese General Social Survey)调查数据和省级数据进行了实证检验,证实知识产权保护水平在技能偏向型技术进步影响制造业价值链攀升过程中存在显著的双重门槛效应,只有当知识产权保护处于适宜的水平时,技能偏向型技术进步才会对制造业价值链攀升发挥最优的促进作用。

通过以上对国内外文献研究进展的简要论述可以发现,现阶段关于知识产权保护与技术进步之间关系的实证研究文献十分丰富,然而从地区区域经济视角对二者的关系进行探讨依旧不失为相对新颖的做法。基于此,本章对各地区的技术进步模式选择给予充分关注,将自主研发与通过技术引进产生的技术知识存量加以区分,并进一步细分了不同的技术引进方式对区域技术进步产生的影响的差异。

9.2　知识驱动型两部门模型

基于 Barro 和 Sala-i-Martin(1997)、庄子银(2009)的研究,本章构建了一个包含中间产品生产部门与最终产品制造部门的知识驱动型内生技术进步模型。

关于中间产品研发制造部门的类型划分,庄子银(2009)提出划分为知识驱动型与实验室装备型。其中知识驱动型中间产品研发制造部门的主要投入为人力资本与已有的知识存量;实验室装备型研发制造部门的主要投入为人力资本,认为已有的知识存量无任何生产价值,先前全部的产品设计及其体现的思想与诀窍对于新的生产没有任何贡献。

本书认为更为贴近实际研发部门的新产品设计,既需要知识存量的投入,又不能缺少人力资本的支持。按照这个思路,修正后的内生技术进步模型如下:R&D 部门中,中间产品作为新技术的载体,$x_{i(j)}$ 表示第 i 个厂商生产的第 j 种具有差异性的中间产品,假设市场中所有厂商选用相同的生产函数,那么第 i 个厂商需要雇佣 H 单位的人力资本并投入 $\dot{A}$ 单位的技术知识,其新技术的知识产量为

$$A = \partial \dot{A} H^a \int_0^A x_{i(j)}^{1-a} \mathrm{d}i, \qquad a \in (0,1) \tag{9.1}$$

式中,$H = \sum \mathrm{BL}_i$,B 为工人 L 的技能水平。Furukawa(2010)构建的"干中学"理论认为知识产权保护强度提升之后,工人的技能水平由于中间产品使用的累积经验减少,因此产权保护在 β 强度下的工人技能为 $\hat{B} = B / (1+\beta)$ [$\beta \in (0,1)$]。除此之外,产权保护强度的提升会为厂商带来更为可观的利润空间,R&D 投入会随之增长:$\hat{\eta} = \eta \times (1+\beta)$。则第 i 个厂商的最终产品生产部门对应的生产函数为

$$Y_i = \hat{H}_i^a \int_0^N x_{i(j)}^{1-a} \mathrm{d}j \tag{9.2}$$

式中,N 为市场内所有中间产品的种类。

对于中间产品制造部门而言,其边际投入成本应等于该中间产品的边际收益,由此可获得中间产品 j 的需求函数:

$$X_j = \hat{H} \times (a / \hat{p}_j)^{1/(1-a)} \tag{9.3}$$

$$\hat{p}_j = p_j \times (1+\beta) \tag{9.4}$$

对于中间产品制造部门来说,其产出 1 单位的中间产品,则需消耗 1 单位的原料投入,因此中间产品其边际成本等于市场中该原料的销售价格,将其标准化为 1。在新的中间产品被成功研发之后,其可获取的垄断利润为

$$\tau_j = \left[\hat{p}_j - (1+\beta) \right] \times x_j \tag{9.5}$$

厂商选择继续生产该中间产品的决策条件为上述垄断利润可以弥补中间产品承载的

研发投入当期的贴现值。

$$V_t = \int_t^\infty \tau \times \mathrm{e}^{-(R_v - R_t) - (1-\beta) \times t} \mathrm{d}t \tag{9.6}$$

式中，V_t 表示中间产品制造过程中所使用的专利等排他性研发技术；$R_v - R_t$ 为 $t \sim v$ 时刻的平均利息率。

根据式 (9.5) 和式 (9.6) 并结合利润最大化的一阶条件可以得到市场内两类厂商的中间产品的价格函数：

$$\begin{cases} p_j = 1 & (竞争性厂商) \\ \hat{p}_j = (1+\beta)/\alpha & (垄断性厂商) \end{cases} \tag{9.7}$$

均衡状态下，R&D 部门的研发产出恰好可以弥补研发投入，即 $V_t = \hat{\eta}$。式 (9.6) 中对时间求导可得到关于利息率的价值函数：

$$r_t = \frac{\tau}{V_t} + \frac{\hat{V}_t}{V_t} - (1-\beta) \tag{9.8}$$

上述价值函数意味着研发投资的回报率 r_t 等于 R&D 部门的收益率与研发成果的市值变动率 $\hat{V}_t / V_t$ 之和扣除由技术遭受模仿或者剽窃引起的损失率 $(1-\beta)$ 的净值。均衡条件下研发成本固定意味着 $\hat{V}_t = 0$，综合式 (9.3) ~ 式 (9.5)、式 (9.7) 与式 (9.8) 可整理得到利息率关于产权保护强度、技能水平与研发投入的表达式：

$$r = (1-a) \cdot a^{\frac{1+a}{1-a}} \cdot \eta^{-1} \cdot \mathrm{BL} \cdot (1+\beta)^{\frac{a-2}{1-a}} + \beta - 1 \tag{9.9}$$

假定家庭部门拥有一个无界限的效用：

$$U = \int_0^\infty \left(\frac{c^{1-\theta}}{1-\theta} \right) \mathrm{e}^{-\rho t} \mathrm{d}t \tag{9.10}$$

式中，c 代表家庭消费支出；ρ 为市场内消费者其主观时间偏好率；$1-\theta$ 为跨期替代弹性。由家庭部门跨期效用最优化条件可求得消费变动率的通用表达式为

$$\frac{\dot{c}}{c} = \frac{1}{\theta} \times (r_t - \rho) \tag{9.11}$$

当经济增长实现稳态均衡时，总产出、总消费与技术存在一致的增长率 g^*，将式 (9.9) 代入式 (9.11) 可得

$$g^* = \frac{\dot{c}}{c} = \frac{\dot{Y}}{Y} = \frac{1}{\theta} \times \left[(1-a) \cdot a^{\frac{1+a}{1-a}} \cdot \eta^{-1} \cdot \mathrm{BL} \cdot (1+\beta)^{\frac{a-2}{1-a}} + \beta - 1 - \rho \right] \tag{9.12}$$

从式 (9.12) 中可以发现，技术进步受到人力资本、研发成本与知识产权保护强度等参数的直接影响。当其他参数保持不变时，将稳态技术进步率 g^* 对知识产权保护强度 β 求导，可以发现：当 $\beta \in \left(\left[a^{\frac{1+a}{1-a}} \cdot \eta^{-1} \cdot \mathrm{BL} \cdot (2-a) \right]^{\frac{3-2a}{1-a}}, 1 \right)$ 时，提升知识产权保护水平将不利于技术进步；当 $\beta \in \left(0, \left[a^{\frac{1+a}{1-a}} \cdot \eta^{-1} \cdot \mathrm{BL} \cdot (2-a) \right]^{\frac{3-2a}{1-a}} \right)$ 时，提升知识产权保护水平将有助于技术进步。

不难发现,一个国家或地区其最优的知识产权保护强度取决于该国家或地区的研发支出、人力资本、市场化程度等诸多因素的综合影响。在控制其他变量不变以及初始知识产权保护水平较低的情况下,提升保护强度之后,将会产生高额的垄断利润,这一方面会激励产权所有企业持续稳定地增加研发投入,形成研发投入产生创新成果、创新成果带来垄断利润、垄断利润激励增加研发投入的"反哺机制";另一方面会给其他企业产生显著的示范效应,提升企业层面的创新活跃程度,进而带动区域创新水平显著提升。当知识产权保护水平达到某一阈值之后,继续提升保护强度,将会大大抬升后续研发者的研发成本,从一定程度上来说,这会切断企业间创新成果自由共享的渠道,无形之中抑制区域技术的进步。基于上述论断,本书归纳总结出如下结论:知识产权保护与技术进步之间存在倒 U 型关系。本章将采用系统 GMM 建立动态面板模型来刻画知识产权保护对区域技术进步的作用机理,并展开实证检验。

9.3　知识产权保护的技术进步效应实证

9.3.1　计量模型

Jaffe(1989)认为新知识是企业的创新产出,研发经费与人力资本则是创新过程中的投入,其知识生产函数模型的一般形式为

$$Q = AK^{\alpha}L^{\beta}$$

式中,Q 表示知识产出;K 与 L 分别表示创新过程中的研发经费与人力资本投入;α 和 β 则分别为研发资本与人力资本的知识产出弹性。

一个地区的技术创新产出,不仅取决于该地区 R&D 经费支出与 R&D 人力资本投入,而且还受到本地区市场化程度与知识产权保护制度的影响(图 9.1)。

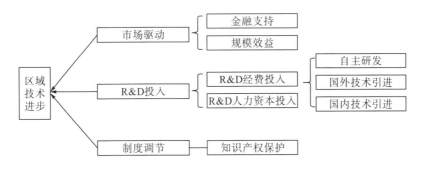

图 9.1　知识产权保护与区域技术进步的作用机制

基于上述经典技术进步函数的分析框架,本章在对知识生产函数等号两边取对数之后加入金融支持力度、市场规模效益与知识产权保护三大变量,并将研发经费投入进行拆分,建立如下实证模型:

$$\ln I_{it} = \alpha + \beta_1 \ln KAT_{it} + \beta_2 \ln KFT_{it} + \beta_3 \ln KDT_{it}$$
$$+ \gamma_1 \ln RE_{it} + \delta_1 MS_{it} + \delta_2 FIN_{it} + u_1 IPR_{it} + u_2 IPR_{it}^2 + \varepsilon_{it} \tag{9.13}$$

式中，I_{it} 表示第 i 个地区在第 t 年的技术创新水平；KAT、KFT、KDT 分别为国内自主研发经费投入、国外技术引进经费支出与国内技术引进经费支出；β_1、β_2、β_3 是前述三者对技术进步的边际贡献率；RE 为 R&D 人力资本投入；MS 为市场规模效应；FIN 为金融支持力度；γ_1 是其对区域技术进步的边际效益。

新技术能否成功运用于新产品并最终投放于市场实现资本回流，取决于其所处的市场环境。考虑到区域市场对技术进步的主要影响机制，可从以下两个角度去观测：技术研发阶段，R&D 部门需要高额的研发经费支出维系研发活动的持续进行，中期的技术向产品转化阶段以及后期的新产品市场推广阶段都离不开资金的强力支持，FIN 这一变量便用于衡量外部市场为区域技术进步提供的融资支持；此外，MS 用于测度市场对区域技术进步的另一作用机制——代表有效的市场需求对新技术研发的驱动效应的强弱。

9.3.2　知识产权保护变量设定说明

知识产权保护涉及立法、执法与司法三个方面，其中执法与司法水平内生于一个地区的经济发展水平，而立法水平则是国家相关立法部门根据中国实际的创新能力并结合国际大环境等诸多因素综合考量后的选择，它外生于地区经济水平与创新能力等因素。当国家技术水平偏低时，立法机关会倾向于选择较弱的知识产权保护强度，以促进国际上先进技术知识的传播；而当国家技术水平较高时，立法机关更偏好于较强的知识产权保护强度，这一方面有助于国外先进技术成果的引进，另一方面有利于促进国内自主研发活动的开展，进而推动国家整体技术水平提升。反过来，当一个地区的技术水平偏低时，自主研发能力较弱，这时加大知识产权保护强度将会降低源于模仿行为的技术传播频率，导致技术进步速度放缓；而当一个地区的技术水平较高时，若强化知识产权保护，则该阶段产生的高于市场平均收益的垄断利润的驱动效应便会显现出来，高额的报酬会激励研发活动的开展，进而推动区域整体技术水平提高。

鉴于数据的可获得性，本章对 2011 年和 2018 年全国 30 个地区(不含港澳台及西藏)的知识产权保护强度进行了测算，测算结果见表 9.1。对比 2011 年和 2018 年的知识产权保护强度不难发现，2011~2018 年中国区域知识产权保护强度呈现出较为明显的变化。东部沿海地区的知识产权保护强度依旧维系在全国领先水平，如浙江、广东、江苏、福建等地的知识产权保护强度不仅在 2011 年位居前列，在 2018 年仍旧处于比较靠前的位置。东北地区的黑龙江和吉林两省的知识产权保护强度在全国范围内仍然处于落后状态，辽宁则维持在全国中等水平。中部地区中湖北的知识产权保护强度显著提升。西部地区的宁夏、陕西、重庆等大部分地区的知识产权保护强度都有明显提升。研究期间，国内知识产权保护立法水平基本保持稳定，因而主要变动来自执法保护。深入探究之后发现：东部沿海地区经济发展水平较高，相应地，知识产权保护执法强度也维系在较高水平；东北地区其司法保护强度整体上呈现出弱化之势；西部地区中重庆作为后起之秀，在加强执法与司法保护的基础上，其公众的知识产权维权意识显著提升。

表 9.1 2011 年和 2018 年各地区知识产权保护强度对比分析

地区	2011 年	2018 年	差值	地区	2011 年	2018 年	差值
北京	2.00	2.60	0.60	新疆	1.04	1.20	0.16
上海	1.64	2.17	0.53	山西	1.04	1.25	0.21
天津	1.41	1.75	0.34	黑龙江	1.04	1.17	0.13
浙江	1.25	1.52	0.27	河北	1.03	1.20	0.17
江苏	1.21	1.59	0.38	湖南	1.02	1.25	0.23
广东	1.19	1.50	0.31	海南	1.02	1.28	0.26
内蒙古	1.18	1.37	0.19	河南	1.00	1.21	0.21
辽宁	1.17	1.34	0.17	四川	0.99	1.23	0.24
福建	1.12	1.44	0.32	广西	0.98	1.12	0.14
山东	1.11	1.36	0.25	青海	0.97	1.15	0.18
重庆	1.09	1.37	0.28	江西	0.97	1.15	0.18
吉林	1.06	1.25	0.19	安徽	0.96	1.18	0.22
宁夏	1.06	1.36	0.30	甘肃	0.93	1.10	0.17
湖北	1.05	1.31	0.26	云南	0.93	1.14	0.21
陕西	1.05	1.31	0.26	贵州	0.88	1.14	0.26

9.3.3 数据来源与变量描述

1. 区域技术进步

从技术创新的产出视角进行测度，一个地区技术创新水平的高低表现为该地区将新知识与新技术转化为经济价值的能力，因此本章选择新产品销售收入作为技术进步的替代指标。

2. 研发要素投入

1) R&D 经费支出

中国各地区技术知识存量分为通过自主 R&D 投资形成的技术知识存量与通过技术引进方式产生的技术知识存量两部分。现有文献通常选用永续盘存法进行测算，但在分指标的具体测算上存在一些分歧，当下学术界较具代表性的做法主要有两种。对于通过自主 R&D 投资形成的技术知识存量，以蔡虹等 (2014) 为代表的学派主张根据课题组的调研结果选用 4 年的滞后期与 7.14% 的知识陈腐化率进行处理，对于引进的技术知识存量则直接加成；而以吴延兵 (2008) 为代表的学派则提出采用 R&D 平减指数处理自主研发产生的技术知识存量，并且为通过引进方式产生的技术知识存量设置了与自主研发产生的技术知识存量不同的知识陈腐化率。对此，本书认为通过自主研发形成的技术知识存量很难于研发当年立刻投入使用，因此滞后期的选择十分必要。由于技术知识存量依照 R&D 投入间接测算而来，需考虑物价变动产生的影响，因此引入 R&D 平减指数不失为一种相对稳妥的做法。此外，本书认为技术知识存量一旦投入使用，无论是通过自主研发形成的，还是通过技术引进方式产生的，其折旧速率基本无差别，差异在于通过引进方式产生的技术知识无须经历滞后期便可很快投入使用并形成新的研发成果。因此，本章结合上述两种代表性做法的优势，并根据研究需要对通过国内技术引进产生的技术知识与通过国外技术引进产生的技术知识加以区分，具体处理方式如下：

$$KT_{it} = KAT_{it} + KDT_{it} + KFT_{it} \tag{9.14}$$

式中，KT_{it} 表示第 i 个地区在第 t 年的总技术知识存量；KAT_{it} 表示该地区通过自主研发形成的总技术知识存量；KDT_{it} 与 KFT_{it} 则分别表示国内技术引进与国外技术引进产生的总技术知识存量。其中，KAT_{it} 使用 R&D 平减指数进行处理，KDT_{it} 与 KFT_{it} 则沿用吴延兵 (2008) 的做法，使用各地区相应年份的固定资产投资价格指数进行平减。

$$KAT_{it} = KAT_{i(t-2)} + (1-\rho)KAT_{i(t-1)} \tag{9.15}$$

式中，ρ 为技术知识陈腐化率，沿用现阶段多数文献的做法，取 15%。

在本章中，与前人不同的处理方式在于通过引进方式产生的技术知识当年可以立刻投入实际应用，因此不存在滞后期问题，一旦投入应用，便面临着与自主研发产生的技术知识存量一样的陈腐率。具体公式如下：

$$KDT_{it} = KD_{it} + (1-\rho)KD_{i(t-1)} \tag{9.16}$$

$$KFT_{it} = KF_{it} + (1-\rho)KF_{i(t-1)} \tag{9.17}$$

式中，KD_{it} 与 KF_{it} 分别表示当年新引进的国内技术知识存量与国外技术知识存量。

2）R&D 人力投入

本章使用各地区 R&D 人员折合全时当量来衡量，单位为人/年。

3. 知识产权保护强度

对于知识产权保护立法指数，本章沿用董雪兵等 (2012) 的处理方式，分别从专利权指数、版权指数与商标权指数三个维度对原有的数据进行补充；关于执法指数，本章将其中的三个二级分指标进行了地区化处理，依次为司法保护水平、经济发展水平与公众意识水平。在中国，知识产权作为正式的法律用语，最早出现在 1986 年 4 月颁布的《中华人民共和国民法通则》中，因此可认为该时间点是中国知识产权保护制度雏形产生的时间点。基于此，本章对许春明 (2008) 构建的性质保护水平指标进行了修正，并在获取所有分指标数据之后，选用主成分分析法进行合成。

4. 金融支持

选用中国各地区银行机构贷存比衡量金融市场对技术进步的支持力度。

5. 规模效益

选取新产品销售收入占 GDP 的比重加以测度。

本章数据来自《中国科技统计年鉴》与万得信息网。

9.3.4 模型计算结果分析

运用 GMM 得到的动态面板参数估计结果见表 9.2 和表 9.3。

表 9.2 全国系统 GMM 回归结果

变量	系数	p 值
L1.I	0.6969	0.000
lnKAT	−0.0637	0.472
lnKFT	0.0131	0.538
lnKDT	0.0172	0.804
lnRE	0.2544	0.239
MS	0.0184	0.028
FIN	−0.0062	0.051
IPR	5.4687	0.048
IPR^2	−2.0217	0.046
Arellano-Bond test for AR(1)		0.036
Arellano-Bond test for AR(2)		0.053
Sargan 过度识别检验		0.000
Difference-in-Hansen GMM 工具变量有效性		0.700
Difference-in-Hansen IV 工具变量有效性		1.000

注：Arellano-Bond test for AR(1)检验、Arellano-Bond test for AR(2)检验、Sargan 过度识别检验、Difference-in-Hansen GMM 检验与 Difference-in-Hansen IV 检验给出的都是相应的 p 值。

表 9.2 列出了全国 30 个地区(不含港澳台及西藏)的回归结果。就研发投入而言，其知识存量的来源不同，对技术进步产生的边际效益也存在显著的差异。回归结果显示，国内技术引进、国外技术引进和 R&D 人力资本在促进技术进步的过程中呈现出正向效应。然而，自主研发经费投入这一变量对技术进步却呈现出抑制效应。究其原因，通过自主研发获取的技术知识存量难以在当下立刻投入新产品的生产过程中，不能像技术引进那样对技术进步产生迅速且明显的影响。

就金融支持力度而言，FIN 这一变量对技术进步显示出抑制效应，对于中国来说，这意味着研究期间尽管政府部门展示出其对高新技术产业大力支持，然而对于国内金融市场来说，这一产业风险高、资金回笼率较低，致使本应用于新产品研发与后期推广的资金不能得到及时供应，导致一些高技术附加值产品不得不面临"胎死腹中"的结局。

用于衡量市场需求驱动效应的变量 MS，其对区域技术进步表现出促进效应，这是符合研究预期的。

关于知识产权保护这一制度变量，在促进区域技术进步方面，IPR 变量对区域技术进步的一次项系数为正、二次项系数为负，对技术进步的影响呈现出倒 U 形趋势，印证了本章在理论论证部分的推断。在初始知识产权保护水平较低的情况下，提升保护强度有助于技术进步，当知识产权保护强度达到一定水平之后，提升保护强度反而会产生抑制效应。

中国疆域辽阔，区域间经济发展水平、创新环境有所差异，为考察不同区域技术进步的主要影响因素，分区域进行回归，回归结果如表 9.3 所示。回归结果显示，在中国东部地区技术进步主要依靠国外技术引进，原因在于：①东部地区地处沿海，与外界的技术交流较为频繁；②东部地区对新知识、新技术的消化能力较强，因而并未出现中西部地区由技术引进产生的"技术进步抑制效应"。

表 9.3　东、中、西部地区系统 GMM 回归结果

变量名称与检验	东部地区		中部地区		西部地区	
	系数	p 值	系数	p 值	系数	p 值
L1.I			1.1766	0.000	0.8093	0.003
L2.I	0.5554	0.032			-0.4523	0.094
lnKAT	-0.0721	0.611				
L1.lnKAT			0.1147	0.007		
lnKFT	0.1727	0.028	1.4470	0.111		
L1.lnKDT			-0.9259	0.131	-1.2272	0.079
lnKDT	-0.3137	0.524				
lnRE	-0.0182	0.969	3.1728	0.405	1.7600	0.008
FIN	0.0046	0.278			0.0087	0.393
MS	0.0367	0.150			0.0833	0.003
IPR	39.9287	0.080	0.000	0.000	0.000	0.000
IPR^2	-12.69647	0.094	-2.4617	0.025	-0.8012	0.083
Arellano-Bond test for AR(1)	0.018		0.000		0.000	
Arellano-Bond test for AR(2)	0.678		0.847		0.797	
Sargan 过度识别检验	0.258		0.578		0.000	
Difference-in-Hansen GMM 工具变量有效性	1.000		1.000		1.000	
Difference-in-Hansen IV 工具变量有效性	1.000		1.000		1.000	

注：Arellano-Bond test for AR(1)检验、Arellano-Bond test for AR(2)检验、Sargan 过度识别检验、Difference-in-Hansen GMM 检验与 Difference-in-Hansen IV 检验给出的都是相应的 p 值。

9.4　本章小结

本章从理论推导与实证论证两个方面针对知识产权保护对区域技术进步的作用机制展开了系统论述，考察了不同条件下知识产权保护这一制度变量对技术进步的作用的差异性；基于 2011～2018 年的省级层面数据，借助系统 GMM 建立了动态面板模型，对技术知识存量的来源渠道加以细分，并将金融支持力度与市场规模效益纳入技术进步框架之中展开讨论。本章的研究结果如下。

(1)通过国外引进方式获取的技术知识存量与通过国内引进方式获取的技术知识存量对区域技术进步存在促进作用，而通过自主研发获取的技术知识存量难以在当下立刻投入新产品的生产过程中，这不利于新产品销售收入的提高。这一结果表明，本土企业目前主要依赖于引进国外新技术、新知识。

(2)知识产权保护对区域技术进步的影响呈现出倒 U 形趋势，意味着各地区需要根据自身的实际情况选择有利于本土企业自主创新的知识产权保护强度，保护强度过高和过低都不利于实现本地区技术进步。

根据上述研究结论，本书提出以下政策建议。

首先，应搭建共享咨询平台，改进科研创新机制。鉴于通过自主研发获取的知识存量难以立刻投入生产的现状，应大力营造宽松自由的创新氛围，搭建科技信息共享与咨询平台，构造企业—高校—科研单位—政府这样一条产学研政科研链。除此之外，改进现有的科研创新机制仍是当务之急，对于发展潜力旺盛的新兴产业，应给予财政扶植，从制度上给予创新活动强力保障。

其次，应审慎引进国外先进技术。对于引进国外先进技术这一获取新技术新知识的方式，要保持审慎态度，需考虑本地区自身的实际研发能力。政府部门在实施科技引导政策时需综合考量本地区的研发经费投入、人力资本、市场状况与知识产权保护强度等诸多因素；对于技术水平较高的东中部地区，要支持其自主研发，而针对技术水平相对落后的西部地区，则应鼓励其引进技术，除此之外，还需培养其对新技术新知识的吸收与消化能力。

最后，应因地制宜地调整知识产权保护强度。由于各地区的自然资源禀赋存在差异，其所适用的知识产权保护强度存在显著不同，各地区要根据自身的实际状况及时进行调整。对于东中部地区，相关部门应切实执行知识产权的执法与司法保护任务，严厉打击通过盗版、剽窃等获取他人创新成果的违法犯罪行为；对于西部地区，则应以实现新技术新知识的有效传播为主要目标，鼓励企业间相互合作、共同研发，实施积极引进国内外先进技术的方针政策，处罚剽窃他人创新成果的犯罪行为。

第10章 经济转型与区域创新能力

随着经济全球化的迅速发展,创新已成为一个国家持续发展经济和提高国际竞争力的原动力。增强一个国家的创新能力和提高经济竞争力,已成为促进国家经济发展的关键。而区域创新能力的提高离不开区域创新环境(regional innovative milieus,RIM),只有具有良好的创新环境,才能有效地提升区域创新能力。

本章将以市场化程度和政府干预程度作为衡量创新环境的指标,研究二者对创新能力的影响,发现市场化程度和政府干预程度两个指标之间存在相关关系,政府干预程度是市场化程度指标的分指标,因此,应重点关注综合指标,考察不同代理变量对模型计算结果的影响。与此同时,为了解经过近些年的发展,中国市场化程度对创新能力的影响是否显著改变,本章将针对以市场化指数作为衡量指标的区域创新环境对区域创新能力的影响进行实证研究分析,并对比分析前期研究成果,然后在此基础上,针对分析结果提出相应的政策和建议。

10.1 区域创新相关文献回顾

10.1.1 区域创新环境相关理论

欧洲创新研究小组(Groupe de Recherche Europen sur les Milieus Innovateurs,GREMI)于1985年提出区域创新环境(RIM)的概念。该研究小组将创新环境定义为在有限的区域内,主要的行为主体通过相互之间的协同合作和集体学习,建立非正式的复杂社会关系,而这种关系提高了区域创新能力。

在建立"区域创新环境"概念的基础上,国内外学者对区域创新环境的内涵与构成展开了研究,并取得了丰富的研究成果。比较而言,国外学者更强调社会文化环境在区域创新中的重要性,认为区域创新环境是指处于商业社会环境中的企业家的常规实践和精神,该环境能够促进区域内企业组织之间关系网络的形成。在关系网络内,企业之间既有竞争又有合作,可形成既合作又竞争的特殊文化氛围,而这种文化气氛是当代技术创新发展的土壤(王德禄和宋建元,2001)。国内学者也对区域创新环境进行了广泛深入的解释,王缉慈和王可(1999)认为,创新环境是指发展高新技术产业所必需的社会文化环境,是地方行为主体(包括企业、科研院所、大学、地方政府等机构及个人等)之间在长期进行正式或非正式合作与交流的基础上所形成的相对稳定的系统。盖文启(2002)认为,区域创新环境包含静态的创新环境和动态的创新环境。静态的创新环境是指可促进区域内企业等行为主体不断创新的区域创新环境,动态的创新环境是指区域环境自身不断地自我创新和改善,促进区域创新和提高创新绩效,形成具有自我调节功能的区域创新系统。邱成利(2002)表述的区域创新环境是指在特定区域内,所有与创新相关联的创新机构与组织(主体要素)、创新所需的物质条件(非主体要素)和协调各要素之间关系的制度和政策网络。蔡秀玲(2004)提出创新环境包括国家制定的政策与法律法规、管理体制、市场和服务等。党晶晶等(2018)提出区域创新环境包括创新意识、创新链接、创新基础和再创新度四个要素。

关于创新环境的基本构成,李琳和陈文韬(2009)认为区域创新环境包括五个构成部分,即资源环境、基础设施环境、社会文化环境、制度环境、组织网络环境,而这五个环境要素又可以划分为硬环境(基础设施环境和资源环境)和软环境(制度环境、社会文化环境和组织网络环境)。

关于区域创新环境的评价指标,《中国区域创新能力报告 2012》将创新环境分为金融环境、市场环境、创新基础设施、创业水平和劳动者素质五个方面。岳鹄和张宗益(2008)认为创新环境可以从教育水平、经济发展水平、知识流动能力、制度变量四个方面来进行衡量。刘立涛和李琳(2008)则从基础环境、市场环境、人文环境、创业环境四个方面评价和研究区域创新环境。胡晓瑾和解学梅(2010)在研究基于协同理念的区域技术创新能力评价指标体系时,将区域技术创新环境分为市场需求水平、创新基础设施发达程度、金融环境、劳动者素质、创业水平五个方面。付智和黄新建(2012)在研究创新环境对江西区域创新能力的影响时将区域创新环境划分为基础设施环境、劳动者素质、金融环境、创新创业水平、知识流动水平和知识吸收水平六个构成要素。

除以上研究之外,甄美荣和杨晶照(2012)在研究区域创新环境对区域内企业群落发展的影响机制后认为,在研究区域内企业群落发展的基础上,将创新环境划分为基础设施环境、人文环境、创新服务环境、创新技术环境以及市场需求环境五个方面更为恰当。薛捷(2015)在研究科技型小微企业的创新学习时,从区域要素环境、文化环境、政策环境角度探究了区域创新环境对科技型小微企业的探索性学习的影响作用。黄颖利等(2022)在研究创新环境对区域生态资本效率的影响时,将创新环境分为基础设施环境、人力资源环境、市场环境和制度环境。曾建丽等(2022)在研究科技人才集聚与创新环境之间的协同作用时,将创新环境分为经济基础、基础设施、网络信息、环境市场、区域政策制度、区域文化、区域创新潜力 7 个维度。

10.1.2　区域创新能力相关理论

Lundvall 和 Borras(1998)将创新能力定义为对需要的知识和技能进行有效吸收、掌握和改进现有技术以及创造新技术的能力,这种能力是区域竞争力的源泉,它不能轻易地被复制和转移。《中国区域创新能力报告 2012》指出,区域创新能力是指一个地区将知识转化为新产品、新工艺、新服务的能力,包括知识创造、知识获取、企业创新、创新环境和创新绩效五个方面。

Todtling(1992)对区域资源相同地区的区域创新能力进行了研究,发现即使在区域资源相同的条件下,不同地区的区域创新能力也会不同。这一发现表明,区域创新能力不仅由资源因素决定,而且还与其他因素有关。例如,李在军等(2019)对中国区域创新能力进行了空间效应研究,发现创新综合能力年际变异程度由东向西逐渐降低,东部与中西部地区创新综合能力的差异持续扩大,其中劳动力、人均资本形成额、经济民营化程度、基础设施水平及对外开放程度是造成差异的主要因素。

党文娟等(2008)用2005年的数据对创新环境对区域创新能力的影响进行了研究,发现各个地区市场化程度的提高对提高区域创新能力具有非常明显的促进作用;政府部门对区域创新能力的影响作用并不明显,但却能积极促进具有自主创新能力和增强原创性的发明专利。岳鹄和张宗益(2008)运用1997~2006年的省级创新产出面板数据,实证检验了R&D投入及区域创新环境对以专利为测度的创新产出效率的影响,检验结果表明中国30个地区的创新能力具有显著差异,这不仅源于各地区R&D投入的差异,而且创新环境的影响也不容忽视。薛婧等(2018)运用2007~2016年中国省级面板数据进行了实证分析,发现政府与企业的研发投入、FDI等均是区域创新能力增强的重要驱动要素,收入分权和支出分权有助于R&D成果向经济增长转化,进一步证实创新环境对区域创新能力具有重要影响。王余丁等(2022)基于2001~2016年省级数据,构建了空间杜宾模型,其研究结果表明经济发展水平、市场化程度、外国直接投资都对区域创新能力起着正向作用,而且能够调节高新技术产业集聚对区域创新能力的驱动作用。庄旭东和王仁曾(2022)基于中国省级面板数据,探讨了市场化进程对区域创新能力的影响作用及其影响机制,发现市场化程度加深可通过缓解市场主体融资约束与激发市场主体创新动力发挥作用,可促进区域创新能力的提升。

庄亚明等(2010)在研究FDI、官学、产学合作对区域创新能力的影响时指出FDI、官学合作、产学合作对区域创新能力具有显著的正面影响,其中FDI的影响最大;官学、产学合作对区域创新能力的影响未达到预期,甚至还会出现负面影响。赵大丽等(2011)运用2001~2008年省级数据研究分析了知识转移方式对区域创新能力的影响,其研究结果表明以科技研发合作、技术转移和引进FDI为衡量指标的知识转移对中国区域创新能力的培育和提升具有显著的促进作用,并且由于创新能力组群和时期不同,不同的区域知识转移形式对区域创新能力的影响具有明显的差异。

具体到对某个省级行政区的研究,赵瑞芬等(2012)在以河北省为例研究创新环境对区域创新能力的贡献时指出,创新环境各要素对创新能力的影响非常明显,但影响程度不同。其中经济基础对创新能力的影响最大,市场环境其次,排第三的是基础设施环境,然后是创业水平,对创新能力影响最小的是人文环境。付智和黄新建(2012)在研究创新环境对江西区域创新能力的影响时指出,区域创新环境是促进创新能力提高的条件和保障,知识流动水平和创新创业水平这两个代表区域创新环境的要素对创新能力的影响最大;而知识吸收水平、劳动者素质、基础设施等要素的影响次之;金融环境要素并未对创新能力的提高发挥应有的作用。丁生喜和王晓鹏(2016)在调查青海省区域创新环境和创新绩效现状时发现,区域创新绩效和创新环境存在显著的相关性,其中创新基础与服务环境、创新资源与政策影响着青海省创新能力的提升。

通过回顾和梳理国内外相关研究文献可以发现,区域创新环境对区域创新能力具有重要的影响。在中国当前的经济转型阶段,经济体制市场化程度是衡量创新环境的一个重要指标，因此，应关注其对创新环境的影响，但是将市场化程度和政府干预程度作为创新环境至关重要的影响因素的研究较少。

10.2　各地区创新环境与创新能力现状

中国各个地区的经济发展不平衡，经济水平存在较大的差距，这导致中国各个地区的创新环境之间存在一定的差异。区域市场环境是创新主体赖以生存的外界环境，对区域创新活动和创新效率具有至关重要的影响。本章采用 2019 年的数据，将中国 30 个地区(不含港澳台和西藏)的市场化相对进程得分作为各地区的市场化指数，得到 30 个地区的创新环境数据。与此同时，将 2019 年专利申请数的分布情况作为衡量区域创新能力的指标。专利数据来源于《中国科技统计年鉴 2020》。表 10.1 列出了中国 30 个地区的创新环境数据和创新能力数据。在表 10.1 中，市场化指数越大代表市场化进程越快。

表 10.1　2019 年各地区创新环境数据和创新能力数据

地区	市场化指数	专利申请数	地区	市场化指数	专利申请数
北京	60.66	226113	辽宁	51.37	69732
上海	59.61	173586	河北	50.55	101274
浙江	55.37	435883	四川	50.50	131529
广东	55.01	807700	吉林	49.94	31052
天津	54.70	96045	山西	49.82	31705
江苏	54.57	594249	海南	49.67	9302
安徽	53.64	166871	黑龙江	49.59	37313
江西	53.13	91474	广西	48.63	41900
山东	52.67	263211	贵州	47.40	44328
湖南	52.60	106113	云南	46.43	35212
湖北	52.20	141321	宁夏	46.37	9275
福建	52.07	153133	甘肃	45.98	27637
陕西	51.78	92087	内蒙古	45.89	21069
重庆	51.72	67271	青海	42.18	5017
河南	51.47	144010	新疆	38.81	14771

本章按照研究惯例将影响创新的环境指数分为三级，对各地区级行政区按市场化指数进行排序，并根据排序结果将 30 个样本进行三级分类①。从表 10.1 中可见，北京的市场化指数最高，表示北京的市场化进程最快；新疆的市场化指数最低，表示新疆的市场化进程最慢。此外，北京的市场化进程得分为 60.66，是新疆市场化进程得分(38.81)的约 1.56 倍。专利申请数最多的是广东，为 807700 件，最少的是青海，仅有 5017 件，前者约为后

---

① 分类标准见《中国分省份市场化指数报告(2021)》。

者的 161 倍。此外，其他各个地区的数据之间也存在很大的差距。

根据上述分析可知，中国各个地区的区域创新能力存在着很大的差异。同时，中国沿海地区如上海、浙江、广东、江苏等的市场化水平明显高于西部地区的云南、内蒙古、青海、新疆等；从专利申请数的角度来看，专利申请数多的并非全部都在沿海地区，如沿海地区的辽宁的专利申请数只有 69732 件，与浙江、广东等地的专利申请数相差甚远，而安徽、河南等地的专利申请数相较于其他内陆地区较多。但是总体而言，沿海地区的专利申请数明显多于西部地区，各个地区的区域创新环境和区域创新能力之间存在较大的差距，区域发展很不平衡，失衡现象较为严重。

由表 10.2 可知，2010 年及 2019 年北京和上海的市场化指数均位居前列。通过对比时隔 6 年后 30 个地区的市场化指数，可以发现通过几年的发展，除天津、江苏、辽宁及新疆外，各地区的市场化程度均有所提高。

表 10.2 2010 年和 2019 年各地区市场化指数对比

地区	2010 年	2019 年	差值	地区	2010 年	2019 年	差值
北京	59.24	60.66	1.42	辽宁	53.86	51.37	-2.49
上海	56.43	59.61	3.18	河北	46.36	50.55	4.19
浙江	55.32	55.37	0.05	四川	46.35	50.50	4.15
广东	53.72	55.01	1.29	吉林	44.19	49.94	5.75
天津	58.64	54.70	-3.94	山西	43.71	49.82	6.11
江苏	56.52	54.57	-1.95	海南	49.31	49.67	0.36
安徽	49.64	53.64	4.00	黑龙江	41.76	49.59	7.83
江西	49.37	53.13	3.76	广西	47.60	48.63	1.03
山东	51.18	52.67	1.49	贵州	43.52	47.40	3.88
湖南	48.27	52.60	4.33	云南	45.63	46.43	0.80
湖北	49.72	52.20	2.48	宁夏	42.79	46.37	3.58
福建	51.52	52.07	0.55	甘肃	42.04	45.98	3.94
陕西	44.61	51.78	7.17	内蒙古	43.64	45.89	2.25
重庆	51.40	51.72	0.32	青海	37.43	42.18	4.75
河南	45.31	51.47	6.16	新疆	39.09	38.81	-0.28

10.3 区域创新环境与区域创新能力的模型及分析

在进行回归分析之前，本章首先计算市场化指数与专利申请数的相关系数，其值为 0.5366，说明市场化指数与专利申请数存在正相关性，即市场化指数越大，专利申请数越多。因此，本章假设各地区的市场化进程越快，市场化水平越高，专利申请数越多，区域创新能力越强。

为了对比之前的研究分析结果，本章仍然采用泊松回归模型来分析区域创新环境对区域创新能力的影响。所采用的计量模型如下：

$$\text{Patent} = \beta_0 + \beta_1 \ln \text{PGDP} + \beta_2 (\text{R\&D}/\text{GDP}) + \beta_3 \text{MI} + \varepsilon \tag{10.1}$$

模型中，区域创新能力用专利申请数（Patent）衡量；地区的经济发展水平用人均国内生产总值（per capita GDP，PGDP）的自然对数值衡量；各个地区对创新活动的投入用研发投入占国内生产总值的比重（R&D/GDP）衡量；区域创新活动的市场化程度则使用市场化指数（MI）刻画，市场化指数越高，说明当地的市场化水平越高（市场化指数进行归一化处理）。回归结果见表 10.3。

表 10.3　市场化指数对专利申请数的回归分析结果

变量	系数值	标准误差	Z 统计值	伴随概率
lnPGDP	0.1587	0.0021	74.57	0.0000
R&D/GDP	0.3979	0.0004	1123.16	0.0000
MI	0.0253	0.0002	123.72	0.0000
C	7.0504	0.0178	395.18	0.0000
修正的 R^2	0.7238	Mean dependent var		109350.2
Log likelihood	−697357.27	S. D. dependent var		135948.1
LR statistic	3654403.73	Prob（LR statistic）		0.0000

注：Mean dependent var-因变量的样本均值；S.D. dependent var-因变量的样本标准差；Prob（LR statistic）-似然比检验的显著性概率；Log likelihood-对数似然值；LR statistic-似然比检验统计量。

由表 10.3 可知，回归修正的 R^2 为 0.7238，模型具有较好的解释能力。人均 GDP 自然对数的系数估计值在 1%的水平下显著，回归系数为 0.1587，而人均 GDP 的自然对数值代表经济发展水平，因此该回归结果表明经济发展水平与区域创新能力之间存在正相关关系，但系数较小，意味着随着国家的经济发展水平提高，创新能力会得到一定程度的提高；研发投入（R&D/GDP）的系数估计值在 1%的水平下显著，回归系数为 0.3979，反映出研发投入与区域创新能力之间存在正相关关系，且研发投入对区域创新能力的影响较大，增加研发投入可以促使创新能力显著提升；市场化指数（MI）的系数估计值在 1%的水平下显著，系数估计值为 0.0253，反映出市场化进程对区域创新能力提高的促进作用较弱，原因可能是目前中国大部分省（市）的市场化已经处于较高水平，在这种良好的创新环境中，增加研发投入对创新能力提高的促进作用占据了主导地位。

10.4　本 章 小 结

本章运用 2019 年全国 30 个地区的数据，采用泊松分布技术模型，分析了代表区域创新环境的重要指标——市场化程度对区域创新能力的影响，分析结果表明提高市场化程度对区域创新能力的提高具有非常明显的促进作用，而进一步深化市场经济改革是提高区域创新能力的关键。根据本章的理论分析和实证建模估计结果，可以得出如下结论。

（1）创新能力和国家的经济发展息息相关，创新能力的提升离不开经济发展水平的提高。一个国家的经济快速发展，可以带动这个国家的创新能力同步发展。本章研究发现，中国的经济发展水平和创新能力之间存在显著的正相关关系，实际上中国的 GDP 在快速增长，与此同时，中国的创新能力也在提高。

(2)增加研发投入是提高创新能力的必要条件，也是促进创新的充要条件。无论是企业的研发投入增加还是国家的研发投入增加，均可以促进创新能力提高，传统的观念认为，研发投入越多，其对区域创新能力的促进作用就越明显。本章的研究结果也表明，提高研发投入会促进创新能力提高，而且效果远远大于经济发展水平对创新能力的影响。因此，即使在经济发展水平较之前有所下降的情况下，仍然可以通过提高研发投入的占比，有效提高创新能力。

(3)逐步减小区域之间的差距，实现均衡发展。从市场化指数的计算结果来看，市场化程度不高的地区基本在西部地区，国家应加强监管，扶持这些地区，以提高其市场化水平，缩小区域经济社会发展水平的差距，促进整个国家的经济均衡发展。

第11章 转型期的知识产权保护与区域创新

现阶段，中国经济进入由高速增长转向中高速增长的"新常态"，要素的规模驱动力减弱，要想实现经济行稳致远，促增长的主要推动力必须转移到科技创新上。习近平总书记明确指出要将中国经济从要素驱动、投资驱动转向创新驱动作为中国经济新常态的主要特点之一，加快从要素驱动、投资驱动发展到以创新驱动发展为主的转变，这是中国经济增长动力适应"新常态"的一个显著特征。但是长期以来，知识产权保护作为影响科技创新能力的重要因素却没有得到应有的关注和重视。

在中国经济转型背景下，知识产权保护与区域创新的互动关系问题值得关注：知识产权保护水平对区域创新是否存在一定的内生性？中国各地区创新能力不断提升是否会倒逼知识产权保护水平提高？中国经济体制市场化转型是一项重大的制度变革，经济体制市场化进程是否会对区域创新能力和知识产权保护强度带来外部效应？本书认为，在中国经济转型背景下讨论区域创新能力与知识产权保护水平的互动关系对实现创新驱动发展和产业结构调整具有重要的现实指导意义和政策指导价值。

本章从经济转型的视角切入，采用联立方程模型探讨区域创新能力和知识产权保护水平的互动作用机制，并通过替换模型中的变量和使用不同的估计方法进行稳健性检验，以更好地支持研究结论。此外，本章在实证过程中对知识产权保护水平的计算方法进行了改进，通过对知识产权保护执法强度的分指标进行相对化处理，解决了2005年以后各指标因跨越门槛值而无法反映其真实变化的问题。

11.1 知识产权保护与创新能力相关文献回顾

知识产权保护制度作为影响创新能力的重要产权制度安排(龚家勇和张亚薇，2013；诺斯等，1999)，受到国内外学者的广泛关注。Nordhaus(1969)最先开展关于知识产权保护的研究并提出了知识产权保护的双重效应，即加大知识产权保护强度一方面会阻碍竞争和容易导致产生垄断，另一方面会提高创新者的创新积极性，存在着使两种效应达到均衡的一个最优知识产权保护强度。此后，学者们对知识产权保护的研究主要集中在知识产权保护强度如何影响创新能力和经济增长方面。

在国家间的比较研究方面，Thompson 和 Rushing(1996)利用1970～1985年112个国家的数据进行了实证，发现严格的专利保护制度对发展中国家的经济增长没有显著作用，但是显著促进了发达国家的经济增长。Schneider(2005)使用1970～1990年发达国家和发展中国家的面板数据证实加强知识产权保护能够促进发达国家的创新，但会抑制发展中国家的创新。Chen 和 Puttianun(2005)采用 64 个国家的面板数据并通过实证分析证实知识产权保护强度对发展中国家和发达国家的创新能力的影响都是正向的,且知识产权保护强度与经济发展水平存在 U 形关系。王华(2011)利用 27 个发达国家和 57 个发展中国家的面板数据,检验了开放条件下知识产权保护与创新的系统性关联,发现发达国家适用的最优知识产权保护强度显著高于发展中国家。尹志锋等(2013)从微观角度,基于世界银行企业级数据,通过实证分析检验了知识产权保护与创新的传导机制,即提高知识产权保护水平能通过增加研发投入和吸引外资两个渠道影响企业创新。李黎明(2016)通过测度中国专利司法保护强度指标,证实专利保护强度与经济发展和产业利润间均存在倒 U 形关系,专利保护强度的提升对专利密集型产业利润率的增长和区域经济的发展有显著的促进作用。

在中国经验的研究方面,董雪兵等(2012)认为就转型期的中国而言,较弱的知识产权保护强度更有利于经济发展。郭春野和庄子银(2012)通过构建一个扩展的具有自主创新能力的南北周期模型,发现发展中国家存在最优知识产权保护强度,且最优强度取决于南方技能水平和市场竞争程度。邱德馨等(2017)基于中国省级面板数据,并将全国分为东、中、西部地区,实证分析了知识产权保护对经济增长的影响,分析结果表明东部地区提高知识产权保护力度对促进该地区经济的发展有显著的正向作用,但在中、西部地区其作用并不显著。田珺(2016)从创新型经济发展的角度研究后指出,创新要素只对经济水平较高的东部地区的知识产权保护强度有影响,对经济发展相对落后的中西部地区的影响不明显,后者对人均收入提高的反应更强烈。余长林(2009)基于封闭经济下技术溢出的视角,通过理论和实证分析发现知识产权保护强度与创新能力呈现出倒 U 形关系。关成华等(2018)在进行综合考虑和借鉴以上结论的基础上,实证分析了创新驱动、知识产权保护与区域经济发展的关系,并提出新的观点,即知识产权保护在创新驱动发展过程中始终有正效应,且与区域创新间存在非线性关系,随着区域经济发展水平的提升,知识产权保护对区域创新的促进作用增强。胡凯等(2012)基于技术交易市场的视角,利用 1997~2008年的省级面板数据,以技术市场成交额占当地 GDP 的比重衡量了区域知识产权保护水平,发现中国大部分地区已经跨越知识产权保护水平的门槛值,加强知识产权保护能够显著促进技术创新。

根据以上研究结果可以看出,不仅知识产权保护强度可以通过不同机制影响区域创新能力,而且其他诸多因素也会对区域创新能力产生影响,制度因素是其中一项重要的影响因素。周兴和张鹏(2014)通过 1998~2009 年的省级面板数据分析了中国市场化进程对技术进步和区域创新能力的影响,实证分析结果表明市场化改革所释放的“制度改革红利”是推动区域创新能力不断提升的重要要素。在制度变量的选择方面,现有研究的做法主要包括两类:①以单一指标作为市场化程度的代理变量,该方法简单易行,缺点是不能很好地从不同维度全面反映经济体制市场化改革过程;②采用综合性的市场化指标并从不同维度来衡量制度变迁过程,其中樊纲等(2003)构建的中国各地区市场化进程相对指数应用得较广。

综合以上研究可以发现,早期的研究主要讨论知识产权保护水平对技术创新和经济增长的影响机制,主要从国家发展水平、市场结构、行业异质性等角度切入。较少有关于知识产权保护水平与创新能力互动机制的研究,本章将从市场化经济转型的视角,探究知识产权保护与区域创新能力的互动影响机制。

11.2 转型期知识产权保护与区域创新的互动影响机制

在制度变量的选择方面，樊纲等(2003)首先作出了系统性的阐述，并基于政府与市场的关系、非国有经济发展、产品市场的发育程度、要素市场的发育程度、市场中介组织和法律制度环境五个维度构建了中国各地区市场化进程相对指数。很多文献在使用樊纲等(2003)构建的市场化指数进行研究时往往不加以分析，直接将其作为制度代理变量，这种做法值得商榷。

在经济转型过程中并非上述所有方面都会对区域创新能力和知识产权保护强度产生影响，本书认为经济转型对区域创新能力和知识产权保护强度的影响主要体现在以下几个方面：首先，企业市场化是经济体制市场化的重要内容，反映了非国有经济的发展规模与活跃度，而非国有经济的兴起提高了中国工业企业的技术效率(姚洋，1998)，迫使全体企业提高技术效率与创新能力，以便能在激烈的市场竞争中存活下去。其次，政府是市场规则的制定者，政府对科技的支持力度是影响区域技术创新的一个显著因素(李习保，2007)，所以政府与市场的关系会对区域创新能力产生影响。最后，对外开放程度也是影响区域创新能力的重要因素，国外产品的引入会导致市场竞争加剧，促进企业创新，同时国外先进技术的引入会在短期内引发国内企业竞相模仿，不利于知识产权保护强度提升。

在模型方面，本章通过分析文献发现现有研究多采用普通的单一方程模型研究知识产权保护强度对区域创新能力的影响，建模时没有考虑二者之间可能存在的内生性和互动作用关系，以及由此带来的模型误设问题。基于此，本章利用图 11.1 所示的作用机制，通过理论机制分析构建包括区域创新能力和知识产权保护强度的联立方程模型。

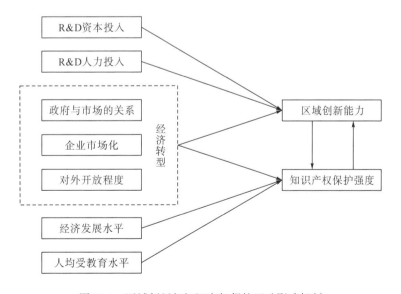

图 11.1 区域创新与知识产权保护互动影响机制

11.3　知识产权保护与区域创新互动实证

11.3.1　模型构建

在用于研究创新能力来源的工具模型中，以 Griliches-Jaffe（格里利谢斯-贾菲）知识生产函数最具有代表性（Jaffe，1989）。基于投入产出的基本思想，本书认为创新能力主要由研发经费投入和研发人员投入两大要素决定，基本模型为

$$Y = AK^{\alpha}L^{\beta} \tag{11.1}$$

式中，Y 表示创新能力的产出；K 表示研发经费投入；L 表示研发人员投入；α、β 分别为研发经费和研发人员的创新产出弹性；A 为常数项。本章以该模型为基础模型，并对其进行拓展和改进。

由于一个地区的创新产出不仅取决于研发经费投入和研发人员投入，而且还受到知识产权保护强度与市场化程度的影响（潘雄锋和刘凤朝，2010），而且经济体制的市场化转型是一个综合性的制度变迁过程，其中企业市场化、政府与市场的关系和对外开放是影响区域创新能力的三个重要制度因素。基于以上知识生产函数的基本模型框架，本章对式(11.1)两端同时取对数后，在右边加入企业市场化和衡量政府与市场关系的市场化经济转型变量。部分文献认为知识产权保护强度与创新能力呈线性关系，但根据 O'Donoghue 和 Zweimülle(2004)、王华(2011)的研究结果，本书认为非线性模型更适合用来描述知识产权保护强度与创新能力之间的关系，据此将基本模型扩展为如下实证模型：

$$\begin{aligned}\ln Y_{it} = &\beta_0 + \beta_1 \ln RD_{it} + \beta_2 \ln RE_{it} + \beta_3 IPR_{it} + \beta_4 IPR_{it}^2 + \beta_5 GOV_{it} \\ &+ \beta_6 MAR_{it} + \beta_7 OPE_{it} + \varepsilon_{it}\end{aligned} \tag{11.2}$$

式中，Y_{it} 表示第 i 个地区在第 t 年的创新能力；RD_{it} 表示第 i 个地区在第 t 年的研发经费投入；RE_{it} 表示第 i 个地区在第 t 年的研发人员投入；IPR_{it} 表示第 i 个地区在第 t 年的知识产权保护强度；MAR_{it}、GOV_{it} 和 OPE_{it} 分别表示第 i 个地区在第 t 年的企业市场化程度、政府与市场的关系、对外开放程度；ε_{it} 为随机误差项。

Chen 和 Puttitanun(2005)率先通过模型和实证检验了知识产权保护强度的内生性，认为知识产权保护强度取决于该地区的经济发展水平、教育水平、贸易发展情况和经济自由度，且经济发展水平对知识产权保护强度的影响为非线性的 U 形，基本模型为

$$IPR = f(RGDP, RGDP^2, EDU, TRADE, EF, WTO) \tag{11.3}$$

式中，RGDP 表示地区经济发展水平；EDU 表示地区受教育水平；TRADE 表示地区外贸依存度；EF 表示地区能源效率。

考虑到本章研究的对象是中国省级区域，省(自治区、直辖市)之间的贸易额数据难以

获取，且变量 WTO 对不同省（自治区、直辖市）没有影响，所以将变量 TRADE 和变量 WTO 剔除，对于变量 EF，基于康继军等（2007）、汪锋等（2006）对各地区市场化的研究结果，从政府与市场的关系（GOV）、企业市场化程度（MAR）和对外开放程度（OPE）三个维度衡量各地区的市场化程度，改进的模型为

$$\text{IPR} = f(\ln \text{RGDP}, \ln \text{RGDP}^2, \text{GOV}, \text{MAR}, \text{OPE}, \text{EDU}) \tag{11.4}$$

由于近年来创新能力与经济发展水平迅速提升，不仅知识产权保护强度的内生性体现在经济发展水平等方面，而且创新能力的提升也会倒逼知识产权保护强度提高。随着创新能力增强，企业和研发部门会提出对自身所拥有的知识产权的维权诉求，进而会促进从提高知识产权保护执法力度方面来提升知识产权保护强度。因此，本章将创新能力加入知识产权保护强度决定的模型中，以检验区域创新能力对知识产权保护强度的作用机制，改进后的实证模型为

$$\begin{aligned}
\text{IPR}_{it} &= \theta_0 + \theta_1 \ln \text{RGDP}_{it} + \theta_2 (\ln \text{RGDP}_{it})^2 + \theta_3 \ln Y_{it} + \theta_4 \text{GOV}_{it} \\
&\quad + \theta_5 \text{MAR}_{it} + \theta_6 \text{OPE}_{it} + \theta_7 \text{EDU}_{it} + \varepsilon_{it}
\end{aligned} \tag{11.5}$$

式中，RGDP_{it} 表示第 i 个地区在第 t 年的经济发展水平；EDU_{it} 表示第 i 个地区在第 t 年的受教育水平；其他变量的定义同前。

11.3.2　变量设定

模型中的主要变量设定如下。

（1）区域创新能力。创新产出能力有着多种度量方式，如专利申请数量、专利授权数量、新产品销售比重等。国内外不少学者主张利用专利数量来衡量创新能力（Krammer，2009；李蕊和巩师恩，2013），考虑到专利从申请到审批需要经历很长一段时间且具有很大的不确定性，本书认为采用专利申请数量来衡量地区的创新能力相对而言更加合理。使用专利数量来衡量创新能力有一定的缺陷，因为有些专利并不能产生经济价值，而现有研究一般将能产生经济价值的发明界定为创新，因此借鉴吴延兵（2009）和李勃昕等（2013）的研究结果，本章使用能够反映创新的经济价值的新产品销售收入作为稳健性检验变量。

（2）知识产权保护强度。最早对知识产权保护水平进行定量研究的是 Ginarte 和 Park（1997），他们构建的 G-P 指数是国内外学者进行知识产权保护测度时常用的指标，国内学者以 G-P 指数为基础测度了中国立法保护水平，并从经济发展水平（X_1）、司法保护水平（X_2）、社会公众意识（X_3）、国际监督（X_4）和行政保护水平（X_5）五个维度测算了中国执法强度 F，同时以立法保护水平与执法保护水平的乘积来衡量中国知识产权保护强度并进行了区域化处理（韩玉雄和林怀祖，2005；许春明和单晓光，2008）。

$$\text{IPR}_{it} = \text{GP}_t \times F_{it} \tag{11.6}$$

式中，GP 代表 G-P 指数，采用 Ginarte 和 Park（1997）构建的方法计算得到，由于中国各

地区在立法强度上不存在差异，所以各个地区每年的 G-P 指数相同，执法强度 F 利用上述五个方面的指标进行算术平均得到，具体计算方法如表 11.1 所示。

表 11.1　执法强度 F 的计算方法

指标	计算方法	说明
X_1	人均 GDP(美元)/2000	人均 GDP 高于 2000 美元时该项分值为 1
X_2	执业律师人数占总人口的比例	执业律师人数占总人口的比例超过万分之五时该项分值为 1
X_3	成人识字率[①]	成人识字率超过 95%时该项分值为 1
X_4	(年份-1986)×0.05[②]	2005 年以后该项分值为 1
X_5	立法时间[③]/100	立法时间超过 100 年时该项分值为 1

上述方法在测算执法水平时使用阶段划分方式，本书认为 2005 年以后大部分地区都跨越了门槛值，其执法强度在 2005 年后基本保持不变，现有方法不能很好地衡量不同地区执法强度的变化。为了体现出不同地区的执法强度在 2005 年以后的变化情况，本章对 X_1、X_2 和 X_3 三个分指标进行相对化评分处理，具体修改方法如下：

$$X'_{jit} = \frac{X_{jit} - \min X_{jit}}{\max X_{jit} - \min X_{jit}} \tag{11.7}$$

式中，j、i 和 t 分别为执法强度涉及的维度、地区和年度，以修正后的指数来衡量区域知识产权保护水平；max 表示最大值；min 表示最小值。从图 11.2 和图 11.3 中可以看出，通过本章的修正，执法强度的变化情况能够更加明显地反映出来。

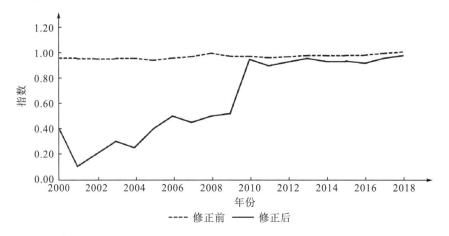

图 11.2　全国社会公众意识变化情况

[①] 15 岁及 15 岁以上识字人口占 15 岁及 15 岁以上总人口的比重。
[②] 从 1986 年我国复关谈判至正式加入世界贸易组织第五年，国际监督水平从 0 均匀变化至 1。
[③] 1954 年新中国首部宪法确立，以此为立法起点，以立法 100 年为终点。

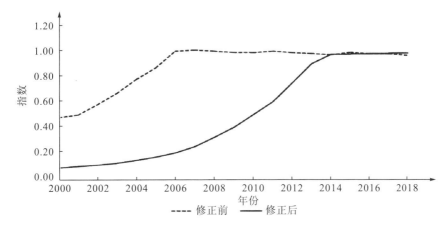

图 11.3　全国经济发展水平变化情况

(3)经济转型。经济转型是本章的核心解释变量，关于市场化经济转型，已有很多学者进行了较为深入的研究。樊纲等(2003)率先构建了 1997～2009 年较为详细的各地区市场化相对指数。随后，汪锋等(2007)、康继军等(2007b，2012)沿用樊纲等(2003)的指数设计思路，选取其中若干重要指标构建了全国市场化指数。樊纲等(2003)构建的市场化相对指数主要强调的是地区间的"相对"，不包括时间上的"相对"，且指数只更新到 2009年，若使用外推法进行计算，则计算得到的 2009～2014 年的指数可能会失去准确性。此外，由于调查成本的限制，樊纲等(2003)构建的指标体系中较有特色的分指标大多只进行了 1～2 次调查，多年来这些指标基本上没有变化，在一定程度上失去了设置意义。因此，客观地说，该指数并不能很好地满足本书的研究需要。基于此，本章参考汪锋等(2007)建立的指数设计方法进行了设计并计算了各地区的市场化相对指数，即改进的多维市场化指数，同时将樊纲等(2003)构建的市场化相对指数作为稳健性检验工具。鉴于经济体制的市场化转型可以从多个维度进行衡量，而本章着重研究的是经济转型对创新能力的影响，故选取政府与市场的关系、对外开放程度和企业市场化三个维度的指标来衡量各地区经济体制市场化转型进程。

模型中的控制变量设定如下。

(1) R&D 经费投入：为了考察 R&D 经费的累积效应对创新能力的影响，本书借鉴吴延兵(2009)、严太华和刘焕鹏(2014)的做法，用 R&D 存量来表示各地区研发经费投入的累积效应，并采取永续盘存法来计算 R&D 资本存量，具体的计算方法为

$$\text{RD}_{it} = (1-\delta)\text{RD}_{i,t-1} + E_{it} \tag{11.8}$$

式中，RD_{it} 和 $\text{RD}_{i,t-1}$ 分别表示第 i 个地区在第 t 年和第 t-1 年的 R&D 资本存量；δ 表示折旧率，借鉴 Ang(2011)的做法将其设为 15%；E_{it} 表示第 i 个地区在第 t 年的 R&D 流量。同时，根据朱平芳和徐伟民(2003)的做法，给居民消费指数和固定资产价格指数分别赋55%和45%的权重以构造 R&D 价格指数，然后用此指数将各地区每年的 R&D 存量调整到2000 年不变价的实际值。初始 R&D 资本存量的计算公式为 $\text{RD}_{i2000} = E_{i2000} / (g_i + \delta)$，其中 g_i 表示第 i 个地区 R&D 经费投入的年平均增长率。

(2)研发人员投入：本章参考白俊红(2013)的研究，选取各地区 R&D 人员全时当量来衡量研发人员投入。

(3)教育水平：本章参考陈钊等(2004)的做法，用 6 岁及以上人口受教育年限的加权平均值来反映地区受教育水平，具体的计算方法为

$$EDU_{it} = 6PRIM_{it} + 9MID_{it} + 12HIG_{it} + 16UNI_{it} \tag{11.9}$$

式中，$PRIM_{it}$、MID_{it}、HIG_{it} 和 UNI_{it} 分别表示第 i 个地区在第 t 年的小学、初中、高中和大专以上教育程度的居民人数占总人口的比重。

(4)经济发展水平：选取地区人均国内生产总值(PRGDP)来进行衡量。以 2000 年为基期，根据各地区人均 GDP 指数计算得到 2001～2014 年各地区的 PRGDP。

11.3.3　数据处理

本章选取 30 个地区(不含港澳台和西藏)在 2002～2018 年的数据作为考察对象。数据主要来源于国家知识产权局、国家统计局，《中国科技统计年鉴》《新中国六十年统计资料汇编》《中国统计年鉴》及各地区统计年鉴。表 11.2 给出了各变量的描述性统计结果。

表 11.2　各变量的描述性统计结果

变量	观测值	平均值	标准差	最小值	最大值
lnPRGDP	508	1.004	0.783	−1.127	2.983
$(lnPRGDP)^2$	508	1.621	1.615	0.000	8.900
EDU	508	5.179	1.467	2.429	8.960
MAR	508	0.778	0.135	0.401	0.993
OPE	508	0.100	0.080	0.000	0.435
GOV	508	0.886	0.067	0.574	0.975
IPR	508	1.073	0.279	0.687	2.595
IPR^2	508	1.229	0.766	0.472	6.736
lnRE	508	10.740	1.230	6.743	13.545
lnRD	508	13.856	1.577	9.403	17.113
lnINNO	508	8.970	1.617	5.298	13.067

注：INNO 指区域创新能力。

11.4　实证结果分析

11.4.1　联立性检验

根据联立方程的阶条件和秩条件可以判断式(11.2)和式(11.5)都是过度识别的，在使用参数估计方法对联立方程模型进行估计之前需要对方程的联立性进行检验，目前检验联立方程联立性的方法主要为 Hausman 检验，本章也使用 Hausman 检验对知识产权保护强

度和区域创新能力的联立性问题进行检验，具体做法为：首先对式(11.2)中的 $\ln Y_{it}$ 与前定变量进行普通最小二乘法(ordinary least squares，OLS)回归估计，然后计算估计方程的残差 ε_{it}，最后将 ε_{it} 加入式(11.5)中并对 IPR$_{it}$ 进行回归，回归结果如下(括号内为 t 值)：

$$\text{IPR}_{it} = 0.028\ln\text{INNO}_{it} + 0.080\text{EDU}_{it} + 0.108\text{MAR}_{it} - 0.256\text{OPE}_{it} + 0.282\text{GOV}_{it}$$
$$\qquad(3.13)\qquad\qquad(12.55)\qquad\quad(3.83)\qquad\quad(-3.55)\qquad\quad(3.10)$$
$$+ 0.115(\ln\text{RGDP}_{it})^2 - 0.031\ln\text{RGDP}_{it} - 0.039\varepsilon_{it} + 0.757 \qquad (11.10)$$
$$\quad(19.18)\qquad\qquad\quad(-3.89)\qquad\quad(-3.67)\qquad(10.57)$$

从以上结果可以看出 ε_{it} 的 t 值较大，且在 1%的水平下显著，说明知识产权保护强度与区域创新能力存在互动影响关系，即方程存在联立性。

11.4.2　联立方程估计结果分析

对于联立方程的估计方法，目前主要有两阶段最小二乘法(2SLS)和三阶段最小二乘法(3SLS)，3SLS 在 2SLS 的基础上在第三阶段使用了可行广义最小二乘法(FGLS)对方程进行估计，且 3SLS 是一种系统估计方法，在回归过程中考虑了方程的联立性，提高了估计结果的可靠性。基于以上分析，本章采用 3SLS 对联立方程进行参数估计，在估计方程时需要设置相应的工具变量，设置原则是选用所有先决变量作为工具变量。

表 11.3 给出了联立方程模型的估计结果，估计结果显示知识产权保护强度一次项的系数 $\beta_3 = 2.062$，在 1%的水平下显著，知识产权保护强度二次项的系数 $\beta_4 = -0.781$，在 1%的水平下显著，这在一定程度上说明知识产权保护强度对创新能力的倒 U 形影响在省级层面同样成立，即只有在知识产权保护强度较低时加强知识产权保护才能促进创新能力提升，当知识产权保护强度较高时，加强知识产权保护反而会降低创新速率。

创新能力对知识产权保护强度具有正向作用，其带动效应约为 0.029，且在 1%的水平下显著，这可以在一定程度上说明区域创新能力的提升"倒逼"知识产权保护强度提升。随着中国各地区创新能力的提升，企业和科研部门拥有的专利数量不断增长，为了保护自身的创新成果，企业和科研部门会采取更多的维权措施来保护自身的知识产权，这种自下而上的维权诉求"倒逼"知识产权保护强度提高。例如，各大音乐视频网站和出版商在拥有大量创新产品后均会通过各种渠道对盗版产品进行举报，以维护自身的权益等。

通过以上分析可以看出知识产权保护强度和创新能力之间存在互动影响机制，知识产权保护水平具有某种程度的内生性，其不仅取决于国家制定的有关知识产权保护的法律法规，而且与各地区的创新能力和发展程度有关。

经济转型对知识产权保护和创新能力有显著的外生性影响，其中企业市场化程度对创新能力的带动效应为 2.238，对知识产权保护强度的带动效应为 0.045，即企业市场化程度的提高能有效促进该地区提升创新能力和知识产权保护强度。这可以通过中国各地区的创新能力分布得到体现，如北京、深圳和上海等企业市场化程度较高的地区明显拥有较强的创新能力和较高的知识产权保护强度。政府与市场的关系对创新能力和知识产权保护强度的影响系数为正，创新作为影响经济发展质量的关键因素，近年来得到政府的高度重视，财政科技支出所占比例逐渐提高给区域创新能力的提升提供了强有力的支撑和保障。而对外开放程度对创新能力和知识产权保护强度具有负向作用，就一般的情况来说，对外开放可以吸引国外的资源和技术，但是会致使部分本土企业和研发部门竞相模仿，这不利于其进行创新和知识产权保护。

表 11.3　联立方程回归结果

指标	专利申请数量		新产品销售收入	
	IPR	lnINNO	IPR	lnINNO
C	0.199***	−5.173***	0.742***	−1.500***
	(4.22)	(−9.69)	(8.26)	(−2.73)
ln INNO	0.029***		0.009***	
	(7.13)		(3.85)	
IPR		2.062***		0.082***
		(3.08)		(4.10)
IPR^2		−0.781***		−0.133***
		(−3.62)		(−3.54)
lnPRGDP	−0.122***		−0.330***	
	(−10.68)		(−6.62)	
(lnPRGDP)^2	0.089***		0.178***	
	(23.39)		(11.62)	
EDU	0.002***		0.132***	
	(3.45)		(12.32)	
MAR	0.045***	2.238***	0.154***	2.964***
	(4.26)	(8.61)	(2.98)	(8.02)
OPE	−0.144***	−0.482**	−0.512***	0.018
	(−3.23)	(−2.09)	(−4.66)	(0.04)
GOV	0.669***	0.500***	0.236***	4.815***
	(10.37)	(3.83)	(2.14)	(7.12)
lnRD		0.459***		0.635***
		(4.51)		(4.73)
lnRE		0.489***		0.236***
		(4.12)		(3.51)
修正后的 R^2	0.9583	0.9156	0.8840	0.9267

注：*、**、***分别表示在 10%、5%、1%的水平下显著，括号里的数值为对应的 t 值。

11.4.3　稳健性分析

为了保证估计结果的可靠性，本节通过调整代理变量的选择来对模型进行估计，对区域创新能力的代理变量进行替换，具体做法为：用新产品销售收入代替专利申请数量作为区域创新能力的代理变量，并使用 3SLS 进行估计。从表 11.3 最右侧一列的估计结果可以看出，除个别回归系数有所差异外，结果基本相同。

11.5　本 章 小 结

本章首先通过理论机制分析针对市场化进程各个维度对区域创新能力和知识产权保护强度的影响进行了阐述，并提出了区域创新能力和知识产权保护强度的互动影响机制，然后基于 2002～2018 年的省级面板数据，建立了实证模型，将经济转型、知识产权保护和区域创新能力纳入同一个系统进行研究，最终得出以下结论。

(1)在中国市场化经济转型过程中知识产权保护强度与区域创新能力存在互动影响机制，知识产权保护强度对区域创新能力的影响为倒 U 形，创新能力对知识产权保护强度具有显著的正向影响，即当知识产权保护强度较低时，加大知识产权保护力度能有效促进创新，而当知识产权保护强度较高时，加大知识产权保护力度对创新并无明显的促进作用，同时创新能力的提升能够带动知识产权保护强度提高。

(2)经济体制市场化转型是影响区域创新能力和知识产权保护强度的重要因素。具体来说，企业市场化和政府管制对创新能力和知识产权保护强度有显著的正向影响，而对外开放程度对创新能力和知识产权保护强度有负向影响。

基于本章的研究结果，本书提出如下政策建议。

首先，应注重政策引导。一方面，在当前推进供给侧结构性改革的背景下，应针对各地区的创新水平和发展情况，调整该地区的知识产权保护力度，有效引导企业创新，这有利于更好地完成产业的结构性调整；另一方面，政府应提供相应的维权渠道，充分发挥市场的能动性，推动形成自下而上的“倒逼”机制。政府在作为政策制定者的同时应做好市场监督工作，确保企业和科研部门能够有效地维护自身的权益，推动实施科教兴国战略。

其次，应着力推进企业市场化进程。应逐步完善国有企业的重组计划，同时在实体经济和经济制度两个层面实现更高水平的对外开放，减少对外资的依赖，增加自主研发投入，建立高效的知识产权保护执法体系，以创新带动经济增长。

第三篇
经济集聚、新型城镇化与区域发展

第12章　经济集聚与多极增长效应

经过前面对能源效率与区域经济发展的关系和创新、知识产权保护与区域经济发展关系等的系统讨论，可以认为，始于1978年的改革开放使中国的经济发展呈现出自东到西、自南到北递次推进的态势，区域经济发展战略取得了巨大成功。自1979年实施东部沿海开放战略以来，东部沿海地区的发展已经成为带动整个国家经济增长的引擎，形成了京津冀经济区、长江三角洲经济区和珠江三角洲经济区(以下简称长三角经济区和珠三角经济区)三大经济增长极。然而，东、中、西部地区的经济发展水平并不同步，改革和发展的效益并没有在区域间实现公平分享。

在经济集聚的趋势下，经济的全局化发展和区域平衡可以做到短期二者兼顾和长期统一发展，区域经济学认为从经济集聚走向平衡发展是当下中国可以选择的区域经济发展道路。在此背景下，西部地区哪些经济区或者城市群具备成为多极增长新格局中新增长极的基本条件？是否可以找到西部地区某些具体的经济区或者城市群样本，并对其收敛与溢出特征进行计量建模检验？对于符合基本的集聚与溢出特征的样本经济区或城市群，是否可以进行政策实验，即运用相关政策评估方法考察经济政策的实施是否可以显著促进及能够在多大程度上促进样本经济区域城市群的经济增长？为了解答以上问题，本章首先将针对改革开放以来中国对区域经济政策的实施情况进行回顾和评论。其次，本章将以西部大开发战略中三个重点经济区之一的成渝经济区为研究对象，采用空间面板计量方法实证分析其区域经济增长及空间收敛情况，探讨成渝经济区各区(县)之间的空间相关性，研究结果证实成渝经济区和长三角、珠三角一样其区域内部存在经济增长的空间相关性，表明西部地区确实存在空间经济集聚区域。最后，本章使用国际上较为流行的公共政策分析和工程评估研究方法——双倍差分(difference-in-differences，DID)法针对统筹城乡政策对成渝经济区宏观经济行为的影响进行科学评价，建立一个动态面板模型，并运用系统广义矩估计(generalized method of moments，GMM)对成渝经济区的经济增长和条件收敛情况进行实证检验，同时将双倍差分法嵌入经济增长模型，对影响成渝经济区经济发展的因素进行分析，以及对统筹城乡政策的实施情况进行科学评价。

12.1　西部大开发背景下的区域经济发展战略

12.1.1　西部大开发与区域经济发展新格局

千禧年以来，区域经济增长的差异问题受到了政府和学术界的广泛关注。为了加快中国西部地区的经济发展，缩小东部地区与西部地区经济发展的差距，促使中国区域经济协调发展，中央政府于 1999 年做出了实施西部大开发战略的重大决策，涉及重庆、四川、贵州、云南、西藏、山西、甘肃、青海、宁夏、新疆、内蒙古和广西 12 个省（自治区、直辖市），目标是建设成渝、关中—天水和北部湾三个重点经济区，以带动长江上游成渝经济带、南贵昆经济区、西陇海—兰新线经济带和呼包—包兰—兰青线经济带的发展。随后，2007 年 6 月国家发展改革委报请国务院批准，设立重庆市和成都市为统筹城乡综合配套改革试验区；2008 年 11 月国务院批准设立重庆两路寸滩保税港区，这是中国首个内陆保税港区；2009 年 2 月，国务院发布《国务院关于推进重庆市统筹城乡改革和发展的若干意见》并制定了促进重庆城乡经济社会一体化发展的五大战略措施；2009 年 9 月，西部承接沿海产业转移示范区规划编制工作启动，重庆和广西两地入选；2010 年 2 月，住房和城乡建设部编制《全国城镇体系规划》，将重庆与北京、天津、上海、广州一并确定为国家五大中心城市。

国家级新区的设立促成新一轮区域开发和区域发展新格局。2010 年 5 月，国务院批复重庆"两江新区"总体方案，其成为继上海浦东新区（1992 年 10 月）和天津滨海新区（2006 年 3 月）之后中国第三个副省级新区。随后，浙江舟山群岛新区（2011 年 6 月）、兰州新区（2012 年 8 月）、广州南沙新区（2012 年 9 月）、陕西西咸新区（2014 年 1 月）、贵州贵安新区（2014 年 1 月）、青岛西海岸新区（2014 年 6 月）、大连金普新区（2014 年 6 月）、四川天府新区（2014 年 10 月）、湖南湘江新区（2015 年 4 月）、南京江北新区（2015 年 6 月）、福建福州新区（2015 年 9 月）、云南滇中新区（2015 年 9 月）、哈尔滨新区（2015 年 12 月）、长春新区（2016 年 2 月）、江西赣江新区（2016 年 6 月）、河北雄安新区（2017 年 4 月）陆续获批设立。截至 2017 年 4 月，国家级新区共有 19 个。中央政府推进区域平衡战略的实施，有利于促进区域经济协调发展，提升经济内在发展潜力。

党的十七大报告明确指出，要遵循市场经济规律，突破行政区划界限，形成若干带动力强、联系紧密的经济圈和经济带；要以特大城市为依托，形成辐射作用大的城市群，培育新的经济增长极。党的十八大报告指出，要处理好政府和市场的关系，更加尊重市场规律，更好地发挥政府的作用。通过长江经济带等轴带的发展，不仅可以连接众多的经济区，还可以辐射带动中西部及东北等欠发达地区后发崛起。

2010 年 7 月，胡锦涛在中共中央、国务院在京召开的西部大开发工作会议上指出，今后 10 年，深入西部大开发的总体目标是：西部地区综合经济实力上一个大台阶，进一步提升发展保障能力、调整产业结构、保障和改善民生、增强发展动力和活力、维护社会和谐稳定等。2017 年 1 月 5 日，国务院批复了《西部大开发"十三五"规划》，规划指出西部地区既是全面建成小康社会的重点与难点，也是中国发展的重要回旋余地。自 2000 年 1 月国务院成立西部地区开发领导小组至今，西部大开发取得了巨大成就。"十三五"时期，西部地区进入爬坡过坎、转型升级的关键阶段。今后，应在以习近平同志为核心的党中央坚强领导下，贯彻落实新发展理念，以供给侧结构性改革为主线，适度扩大总需求，持续实施好西部大开发战略，推动西部经济社会持续健康发展。

总的来说，在西部地区构建区域性增长极、发挥政策优势和推动整个西部地区经济增长的设想对达成深入推进西部大开发战略的总体目标具有十分重大的意义。

12.1.2　争当"第四极"现象

一些学者在有关东、中、西部地区经济发展情况的传统研究基础上，对沿海三大增长极的区域经济发展的特点和原因，以及三大增长极对内陆地区经济的外溢性影响进行了研究，主要的学术观点如下：①珠三角、长三角和京津冀经济区的开放开发使这三个地区成为带动中国经济发展的三大增长极，长三角和珠三角区域内部的经济增长存在空间相关性，两个地区都存在经济增长的 β 收敛，珠三角呈现出更强的收敛性(苏良军和王芸，2007)；②东部沿海地区经济发展对内陆地区的溢出效应并不明显，甚至不及内陆地区对沿海地区的溢出效应(潘文卿和李子奈，2007)；③京津冀(环渤海)、长三角、珠三角三大增长极对内陆地区的溢出效应只有 10.9%，而且主要集中体现为对中部地区的溢出效应，对西部地区的溢出效应十分有限(潘文卿和李子奈，2008)；④西部大开发使得西部地区的经济增长速度从落后于中东部地区转变为领先于中东部地区，在促进中国区域经济收敛方面发挥了至关重要的作用。但西部大开发促进西部地区经济增长的机制主要通过实物资本特别是基础设施投资实现，教育发展、科技发展环境及软环境并没有得到显著改善(刘生龙等，2009)。

世界银行 2007 年的研究指出，积极的增长溢出效应比消极的遮蔽效应影响更大：某个地区的发展往往会带动而非遏制邻近地区的发展。同时，在地区发展过程中，经济中心周围的市场也有重要的作用，通过前向和后向联系，会出现不可忽视的增长溢出效应。因此，促进地区经济一体化具有积极的意义。

由于目前已有的三大经济增长极都位于东部沿海地区，而且已有的研究表明三大增长极对西部地区经济发展的溢出效应并不明显，因此在中国西部欠发达地区打造一个区域经济增长极，不但符合时代发展的迫切要求，而且具备可解决东部与西部经济发展不均衡问题的重要国家战略意义。在这个思路之下，大约 10 年前国内出现了争当"第四极"的热潮，在这个热潮之中，不仅西部经济较为发达的省及省会城市、西部大开发战略中的三大经济带城市组合、各经济区的城市组合加入了竞争，连中部的省及省会城市、城市组合等也加入了竞争，一时间相关职能部门、新闻媒体和学术界对第四增长极的讨论如火如荼，比较热门的"候选人"包括以成都、重庆为核心的成渝经济区，以陕西、甘肃为核心的关中—天水经济带，以武汉、长株潭、南昌为支点的中三角区域，以郑州、洛阳为核心的小中原经济区及以郑州、太原、西安为支点的大中原经济区，以及以沈阳、大连为核心的沈大经济带等。这一股争当第四增长极的热潮，无论是在当时金融危机爆发的国际背景下，还是在扩大内需、促进区域经济协调发展的国内背景下，都有其合理性。

习近平总书记于 2014 年 11 月在北京召开的亚太经济合作组织(Asia-Pacific Economic Cooperation，APEC)会议上正式提出"一带一路"倡议。其中，"一带"指的是丝绸之路经济带，"一路"指的是 21 世纪海上丝绸之路。从国家区域发展与全球化战略角度来看，可以认为"一带一路"倡议是中国区域发展战略和对外开放政策在新形势下的延伸和拓展，实际上是"多极增长"战略的升级版。

在经济集聚的趋势下，经济的全局化发展和区域平衡可以做到短期二者兼顾和长期统一发展，区域经济学认为从经济集聚走向平衡发展是当下中国可以选择的区域经济发展道路。在此背景下，本章的研究主要围绕以下几个问题展开：首先，西部地区哪些经济区或者城市群具备成为多极增长新格局中新增长极的基本条件？现有研究表明，长三角和珠三角经济区具备区域经济集聚发展的特征，其区域内部在空间上具备经济增长的收敛条件与空间溢出效应，那么是否可以找到西部地区某些具体的经济区或者城市群样本，并对其收敛与溢出特征进行计量建模检验呢？其次，对于具备基本集聚与溢出特征的样本经济区或城市群，是否可以进行政策实验，并运用相关政策评估方法，考察经济政策的实施是否可以显著促进及能够在多大程度上促进样本经济区域城市群的经济增长？如果相关经济政策的实施可以显著促进样本经济区或城市群获得比东部沿海发达地区更快的增长速度，则说明可以通过相关政策的制定与实施，促使这些样本经济区或城市群朝着增长极发展，最终实现多极增长新格局。

本章的研究内容及主要贡献如下：首先，针对改革开放以来中国对区域经济政策的实施进行了回顾和评价；其次，以西部大开发战略中三个重点经济区之一的成渝经济区为研究对象，采用空间面板计量方法实证分析了区域经济增长及空间收敛情况，探讨了成渝经济区各区(县)之间的空间相关性，研究结果证实成渝经济区和长三角、珠三角经济区一样其区域内部存在经济增长的空间相关性，表明西部地区确实存在空间经济集聚区域；最后，使用国际上较为流行的公共政策分析和工程评估研究方法——DID 法针对统筹城乡政策对成渝经济区宏观经济行为的影响进行了科学评价，建立了一个动态面板模型，并运用系统广义矩法对成渝经济区的经济增长和条件收敛进行了实证检验，同时将双倍差分法嵌入经济增长模型，对影响成渝经济区经济发展的因素进行了分析，以及对统筹城乡政策的实施情况进行了科学评价。此外，已有的大多数文献使用的是省级或地级数据，本章收集整理了 1999～2008 年成渝经济区所有区(县)的经济数据，据此构建面板数据集并进行了计量分析，深层次地探讨了成渝经济区内部各区(县)的经济增长特点，并与长三角经济区的经济增长方式进行比较，探讨通过区域经济一体化将成渝经济区这类具备增长极的集聚与溢出特征的区域打造成区域增长极的理论与实践基础，为深入实施"一带一路"框架下的区域经济发展战略提供政策建议。

12.2　西部大开发与区域经济发展战略研究概述

区域经济增长问题一直是学术界关注的热点，关于中国经济增长和地区间差距演变的文献较多，这些文献一致认为中国的经济增长呈现出较强的地域性，中国经济存在"收敛的俱乐部"，以及东、中、西部三大区域间的差距逐步拉大，但在区域内部呈现出收敛趋势(蔡昉和都阳，2000)。在中国经济的"收敛的俱乐部"中，东部沿海地区呈现出强劲的收敛趋势，中部地区的收敛趋势较弱，而西部地区则出现差距逐步拉大的趋势(林毅夫和刘明兴，2003)。东部与中部地区内部的差异在缩小，即存在收敛现象，这印证了中国存在明显的俱乐部收敛特征，而且这种俱乐部收敛主要体现在东部地区与中部地区，而东部地区尤为明显(潘文卿，2010)。

西部大开发战略实施至今已 20 多年，一些学者对西部大开发战略的实施效果进行了评价，认为西部大开发提高了经济增长的速度，但并没有缩小东部与西部地区经济发展的差距(魏后凯和孙承平，2004)。西部大开发在促进中国区域经济收敛方面发挥了至关重要的作用，但其促进西部地区经济增长的机制主要通过实物资本特别是基础设施投资实现，教育环境、科技发展环境及软环境并没有得到显著改善(刘生龙等，2009)。刘瑞明和赵仁杰(2015)基于 PSM[①]-DID 模型的实证研究结果认为西部大开发战略的实施使西部地区的经济社会发展取得了一定的成果，但对地区 GDP 和人均 GDP 并没有明显的提升作用。西部大开发战略能促进西部地区产业结构合理化，但未能有效推动西部地区产业结构转型升级，结构趋优演化效应有限，转型升级拖累效应明显(袁航和朱承亮，2018)。

西部地区的经济发展一直受到中央政府的高度重视，1999 年国家提出实施西部大开发战略，西部地区中四川、重庆、内蒙古和陕西这几个地区受益最大，其与东部地区的发展差距逐步缩小。但通过计量模型可以发现，西部与其他地区之间仍然存在较为明显的发展差距(彭曦和陈仲常，2016)。特别是川渝两地的经济增长率连年保持高速增长，基础设施不断完善，人们的生活水平显著提高，形成了以重庆和成都为双核心的经济区域，对周边地区的经济发展产生了溢出效应，并辐射到整个西南地区。自成渝统筹城乡综合配套改革试验区获批设立以来，成渝经济区特别是重庆市实施了一系列重要的经济政策。2015年 3 月 28 日，国家发展改革委、外交部、商务部联合发布了《推动共建丝绸之路经济带和 21 世纪海上丝绸之路的愿景与行动》，西部地区的发展迎来重大机遇。2016 年，《长江经济带发展规划纲要》正式印发，确立了长江经济带"一轴、两翼、三极、多点"的发展新格局，力图发挥上海、武汉、重庆的核心作用。一般认为成渝统筹城乡综合配套改革试验区获批设立是一个非常重要的经济政策实施节点，因此，本章将基于成渝经济区的统筹城乡试验进行经济政策的成效评估，并对成渝经济区经济增长的空间相关性进行检验，以寻求成渝共谋发展的依据。除了成渝经济区之外，本书考虑过是否将以西安为中心的关中—天水经济带作为研究样本，但是两个方面的原因让本书排除了该项选择：①陕西没有公开区(县)的统计数据；②关中—天水经济带没有可用于政策评估的重大经济政策。

总体而言，国家已出台的区域发展规划更倾向于培育经济增长极、提升综合国力和国际竞争力，以及推进国际区域合作和增强对外开放能力。2007 年成为区域发展规划政策转变的分界点。此前的区域划分多为政策补给形式，而 2007 年后则更注重实质性的"合作"。区域规划突破行政区划限制，强调地区"同质"，并将打造区域经济"增长极"作为核心目标。因此，2007 年 6 月重庆和成都统筹城乡综合配套改革试验区的设立就具有特殊的重要意义，可以将其视为现阶段深入实施西部大开发战略过程中成渝经济区的一项政策试验。如果统筹城乡政策能够促使成渝地区的经济增长明显加速，并促进区域经济收敛，则有利于促进经济一体化、培育新的区域经济增长极，更好地带动西部地区的经济发展。

从统计数据来看，自 2007 年设立统筹城乡综合配套改革试验区以后，川渝两地的经济增长明显加速。2007～2008 年，重庆、四川年均 GDP 增长率分别为 14.95% 和 11.85%，

---

① PSM 指倾向得分匹配(propensity score matching)。

分列全国第 5 位和第 25 位，考虑到 2008 年世界金融危机的影响，可以认为这种增长尤其明显。但是，中国自 2002 年开始处于新一轮高速经济增长阶段，川渝两地的经济增长在多大程度上是由统筹城乡政策带来的呢？目前只有少量文献对统筹城乡政策的成效进行了量化评估，关于统筹城乡政策量化评估较新的研究进展可参见第 12 章的介绍。

12.3　双倍差分法与空间计量模型

12.3.1　双倍差分法

评估政策实施效果时，传统的方法是通过设置虚拟变量直接比较政策实施前后经济体的经济行为是否存在系统性差异，但是这种处理方法所得到的政策实施前后的经济行为差异有可能是由其他因素引起的，或者仅仅是一种周期性趋势所引致，即存在潜在的识别问题。双倍差分法便为在控制其他因素影响下评估政策的实施效果提供了途径。

自 Ashenfelter 和 Card(1985) 首次使用双倍差分法以来，该方法已经被广泛应用于政策实施效果的评价研究中。双倍差分法将研究对象按照是否发生了政策变动分为两组，一组为处理组(treatment group)，另一组为控制组(control group)。在研究中设定处理组在 t 时刻发生了政策变动，而控制组在该时刻没有发生类似的政策变动，然后对比处理组和控制组在政策实施前后的经济行为变化情况，如果处理组的变化明显大于控制组的变化，则表明该政策确实产生了显著的效果(Meyer，1995)。

对于面板数据，双倍差分法的具体做法是通过设置两个虚拟变量 du 和 dt 来度量政策实施效果，其中区域虚拟变量 du 用于区分处理组与控制组，处理组取 1，控制组取 0；时间虚拟变量 dt 用于区分政策实施前与政策实施后，政策实施前取 0，政策实施后取 1。计量模型具体设定如下：

$$g_{it} = \beta_0 + \beta_1 \mathrm{d}u_{it} + \beta_2 \mathrm{d}t_{it} + \beta_3 \mathrm{d}u_{it} \times \mathrm{d}t_{it} + \varepsilon_{it} \tag{12.1}$$

式中，i 和 t 分别表示个体和时间；g 和 ε 分别表示经济行为的变化率和随机扰动项。区域虚拟变量 du 和时间虚拟变量 dt 交叉项的系数 β_3 表示差分再差分的估计结果，用于度量政策的实施是否对处理组经济体的经济行为产生了显著影响。具体说明如下。

对于控制组，$\mathrm{d}u_{it} = 0$，由式(12.1)可知控制组经济体在政策实施前后的经济行为变化为

$$\mathrm{dif\_con} = (\beta_0 + \beta_2 + \varepsilon_{it}) - (\beta_0 + \varepsilon_{it}) = \beta_2 \tag{12.2}$$

对于处理组，$\mathrm{d}u_{it} = 1$，由式(12.1)可知处理组经济体在政策实施前后的经济行为变化为

$$\mathrm{dif\_tre} = (\beta_0 + \beta_1 + \beta_2 + \beta_3 + \varepsilon_{it}) - (\beta_0 + \beta_1 + \varepsilon_{it}) = \beta_2 + \beta_3 \tag{12.3}$$

因此，按照双倍差分法，政策的实施对处理组经济体经济行为变化的净影响为

$$\mathrm{DID} = \mathrm{dif\_tre} - \mathrm{dif\_con} = (\beta_2 + \beta_3) - \beta_2 = \beta_3 \tag{12.4}$$

即区域虚拟变量 du 和时间虚拟变量 dt 交叉项的系数 β_3 反映了政策变动效果，系数 β_1 反映了处理组和控制组之间任何不随时间变动的差异，而系数 β_2 则反映出如果没有政策变动，两组经济体的经济行为如何随时间变动。需要指出的是，式(12.1)中的一个关键假设

是当不存在政策变动时，$\beta_3 = 0$，这一假设只有在控制组和处理组在性质上非常接近时最为合理(Meyer，1995)。

由于双倍差分法逻辑清晰、操作简单，因此成为国际上较为流行的公共政策分析和工程评估方法。近年来，国内学者也开始使用该方法进行政策评价，例如，周黎安和陈烨(2005)采用该方法考察了中国农村税费改革政策的成效；史宇鹏和周黎安(2007)运用该方法研究了行政放权对经济效率的影响；黄玲文和姚洋(2007)运用该方法和倾向分值匹配方法研究了中国国企改革对就业的影响；刘生龙等(2009)运用该方法评价了西部大开发对西部地区经济增长的促进作用；聂辉华等(2009)基于面板数据，使用该方法考察了增值税转型政策对企业固定资产投资、雇佣和研发行为以及生产率的影响，并讨论了企业行为对产业结构优化和就业形势的影响；徐现祥和王贤彬(2010)运用该方法定量分析了政治激励对中国经济增长的促进作用。

12.3.2　动态面板估计方法

本节在进行统筹城乡政策成效评估与区域经济收敛研究时，将双倍差分法引入动态增长模型，由于模型的解释变量包含被解释变量的滞后项，导致解释变量与随机扰动项相关，形成内生性。此外，其他一些影响经济增长的因素(如城镇化率等)与经济增长可能存在双向格兰杰因果关系，以及一定程度的内生性，而内生性的存在将导致固定效应和随机效应等静态面板的 OLS 估计量有偏和非一致。

为了克服动态面板模型中滞后被解释变量的内生性问题，Arellano 和 Bond(1991)提出了一阶差分广义矩(first-difference generalized method of moments，FD-GMM)估计法，该方法通过对模型进行差分计算并在一定的假设条件下设定解释变量差分值的工具变量，可以有效克服解释变量的内生性及残差的异方差问题。但差分广义矩估计法会导致一部分样本信息损失，并且滞后的水平工具变量相对于一阶差分方程是较弱的工具变量，这将会影响估计的渐近性和小样本差分估计的表现。对此，Arellano 和 Bover(1995)以及 Blundell 和 Bond(1998)建议采用系统 GMM 法，即将包含变量水平值的估计方程与进行了一阶差分计算后的方程纳入同一个系统。在系统 GMM 法中，解释变量的滞后值将作为一阶差分方程的工具变量，而解释变量一阶差分的滞后值则作为水平变量估计方程的工具变量。该方法纳入了所有矩条件，因此系统 GMM 法的估计结果将在统计上更加有效，更适用于对动态面板数据的估计。

Blundell 和 Bond(1998)通过 Monte Carlo(蒙特卡罗)试验发现当原始数据的持续性较高且时间维度较短时，系统 GMM 法相对于差分 GMM 法来说有着更好的有限样本特征，其估计结果更加有效。因此，本节使用系统 GMM 法进行动态面板模型估计，其估计的一致性取决于误差项无自相关假设的有效性和工具变量的可靠性。Arellano 和 Bover(1995)、Blundell 和 Bond(1998)提出了两种统计检验方法，用于检验系统 GMM 的工具变量是否有效。第一种方法为基于工具变量的过度识别约束检验，对于一步估计或非稳健估计应使用萨根检验(Sagan test)，但是萨根检验在随机扰动项异方差或自相关的情况下会失效，因此，对于稳健估计或两步估计应使用汉森检验(Hansen test)，这两种检验方法主要用来判断在估计过程中所使用的矩条件工具变量在总体上是否有效，如果不拒绝零假设，则工具变量有效。第二种检验方法是自回归检验，主要用来判断残差项在差分回归和差分-水平回归中是否存在二阶序列相关，即残差项允许存在一阶序列相关，但不允许存在二阶序列相关。

12.3.3　空间相关性及空间面板模型

中国的城乡区域发展是在全球化、市场化与城市化背景下展开的，而在讨论中国城乡和区域协调发展时需要关注的核心问题是：什么是最优的城市规模？什么是合理的城市发展布局？如何在工业集聚过程中实现区域经济平衡发展？空间经济地理的进展为这些问题提供了答案。

正如《2009 年世界发展报告：重塑世界经济地理》所指出的，空间经济的发展存在"3D"规律：人口向更具有密度(density)的地方移动、距离(distance)减短以及国家间的分割(division)现象依然存在。"3D"规律反映了经济活动中集聚效应与规模经济的重要性，经济集聚的地区可能会获得更快的经济增长，进而形成区域增长极，这有助于正确看待中国各区域间经济集聚与平衡发展的关系[①]。

区域经济学、城市经济学和经济地理学等学科都关注空间经济地理问题。新经济地理学(new economic geography，NEG)把被主流经济学长期忽视的空间因素纳入一般均衡理论的分析框架中，研究了经济活动的空间分布规律，揭示了现实中存在的不同规模、不同形式生产活动的空间集中机制，并通过对这种机制的分析探讨了经济增长规律与途径(安虎森，2009)。区域经济学主要研究地区及地区间的经济发展境况，由于在区域经济系统内，相邻地区存在明显的空间自相关现象，所以不能将各地区的变量视为外生变量。空间经济计量学通过引入空间权重关系，较好地解决了这一问题，其采用空间面板模型等得到的实证结果较好地消除了空间自相关性带来的偏差和异质性。

Anselin(1988)对空间经济计量学进行了系统深入的研究，认为几乎所有的空间数据都具有空间依赖性，且在研究区域经济学中的经济增长问题时使用空间计量方法非常必要。Rey 和 Montouri(1999)研究了美国各地区经济的收敛性，并通过空间计量模型估算得出美国地区间经济增长收敛的结论。Fingleton(1999)对欧洲地区生产力的增长进行了研究，发现技术变化和更新的外溢性导致地区间经济增长具有显著的空间依赖性。Lim(2003)研究了 1969~1999 年美国国内人均资本的收敛情况，发现人均收入在区域中的分配不是随机的，而是具有集聚效应，证明存在显著的空间收敛现象。

在对中国经验的研究中，林光平等(2005)引入了地理空间权重矩阵和经济空间权重矩阵，发现中国 28 个省(自治区、直辖市)在 1978~2002 年的人均 GDP 存在 β 收敛，且收敛速度随时间推移放慢。吴玉鸣(2007)对 2000 年中国 2030 个县域的截面经济数据进行了空间分析，认为各县域间存在较强的空间集聚和空间依赖现象。苏良军和王芸(2007)利用空间计量方法发现"长三角"和"珠三角"两地内部的经济增长存在空间相关性，两个地

---

① 该报告特别指出：在城市化迅速发展的地区，除制度以外，政府还必须保证连接性基础设施的建设，以扩大不断增长的经济密度所带来的利益的受惠范围，一个典型的例子是中国的重庆。

区都存在经济增长的 β 收敛，且空间面板模型的估计结果明显优于普通面板模型。

进行空间计量经济学分析时，首先应通过计算被解释变量的 Moran's I 指数检验其空间自相关性，如果存在空间自相关性，则应通过空间权重矩阵将地区间的相互关系引入模型，建立空间计量经济模型，并进行估计和检验。

空间计量学研究的空间效应主要包括空间自相关和空间异质性。空间自相关表现为不同地区样本数据之间可能存在的空间关联，即相邻地区的经济变量值可能相互影响；而空间异质性则体现在不同地区之间存在显著的经济结构或政策差异。常用的空间计量模型有两类，即空间自回归模型（spatial autoregressive model，SAR）和空间误差模型（spatial error model，SEM）。

SAR 主要用于探讨变量在一个地区是否存在溢出效应，以及研究相邻地区对整个系统中其他地区产生的影响。其数学表达式如下：

$$y = \rho W y + X\beta + \varepsilon \tag{12.5}$$

式中，X 为外生解释变量；W 为空间权重矩阵，Wy 为空间滞后因变量；ρ 为空间回归系数，用于衡量地理溢出程度。空间权重矩阵权数通常依据空间是否相邻来设定[①]，即

$$\begin{cases} W_{ij} = 0 & (i = j) \\ W_{ij} = 0 & (i \neq j \text{ 且区域} i \text{与区域} j \text{不相邻}) \\ W_{ij} = 1 & (i \neq j \text{且区域} i \text{与区域} j \text{相邻}) \end{cases}$$

理论上要求在实践中采用行标准化的空间权重矩阵，即 W 中每行元素之和均为 1，以保证 ρ 的真值位于 $(-1,1)$ 范围内。

空间误差模型（SEM）主要用于地区间的相互作用因所处的相对位置不同而存在差异的情况。其数学表达式如下：

$$y = X\beta + \varepsilon, \qquad \varepsilon = \lambda W_\varepsilon + \mu \tag{12.6}$$

式中，ε 为随机误差向量；λ 为空间误差系数，用于衡量空间依赖作用，其值位于 $(-1,1)$ 范围内；μ 为呈正态分布的随机误差向量。

空间滞后模型（spatial lag model，SLM）与空间误差模型是空间计量研究中经常使用的两类模型。Anselin 和 Rey（1991）指出为了确定观测对象间的空间依赖性，空间面板数据需要引入因变量的空间滞后项，即需要建立空间滞后模型，或者在误差项中引入空间自回归过程，即建立空间误差模型。由于空间误差是由遗漏解释变量在空间上的相互依赖性所导致的，如果简单地将空间滞后模型（SLM）与空间误差模型（SEM）结合进行估计，（Brueckner，2003），会导致存在参数无法识别的问题（Manski，1993）。LeSage 和 Pace（2009）认为在这种情况下，排除空间自相关误差项最好的方式是使用包含空间滞后解释变量和被解释变量的空间杜宾（Durbin）模型，以此无偏的系数估计量。

相对于早期的空间计量模型，空间 Durbin 模型最大的优势在于，除了控制了被解释变量的空间滞后过程和空间误差之外，还考虑了解释变量可能存在的空间自相关问题。由于空间 Durbin 模型引入了空间滞后解释变量，误差项的空间自相关来源于遗失变量的空

[①] 在空间权重矩阵的处理方面有许多方法，除本书所使用的常规方法外，常用的方法还有距离倒数函数等，由于本书的研究对象为县域经济体，且目前尚无文献确定空间影响力的距离极限值，因此本书仍然使用空间相邻设定法。

间自相关，而空间滞后解释变量则与空间自相关的遗失变量相关，从而在一定程度上解决了误差项的空间自相关问题。因此，根据 LeSage 和 Pace(2009)的研究结果，空间 Durbin 模型适用于绝大多数数据空间过程，是一个更为一般的空间模型形式。空间 Durbin 模型的另一个优势在于模型的选择具有严密性，以往的研究在选择模型(包括面板的选择和空间模型的选择)时大多仅比较似然值或者拟合优度的大小，判断上较为主观。根据 Elhorst(2010)提出的方法，可以使用下述检验程序，以更加准确地判断模型：①通过联合 LR 检验确定空间固定效用与时间固定效用是否存在；②通过拉格朗日乘子检验(LM)和稳健的拉格朗日乘子检验(Robust LM)，在非空间模型、空间滞后模型和空间误差模型之间进行选择；③如果非空间模型被检验拒绝，则估计空间 Durbin 模型，然后通过 Wald 检验和 LR 检验判断是否可以简化为空间滞后模型或空间误差模型。如果检验被拒绝，则选择空间 Durbin 模型更好，因为这种模型更具一般化。

12.4　模型设定与数据来源

12.4.1　计量模型与变量设定

1. 成渝经济区区域经济增长空间相关性研究

本章采用空间计量方法分析成渝经济区区域增长的空间相关性。首先，将人均 GDP 增长率作为被解释变量，并构建基本模型，以研究成渝经济区的区域经济收敛性及增长方式。

$$g(\text{pcgdp})_{it} = \alpha_0 + \alpha_1 \ln(\text{pcgdp})_{i,t-1} + X\beta + \varepsilon_{it} \tag{12.7}$$

式中，$i=1,2,\cdots,148$；$t=1,2,\cdots,10$；样本期为 1999~2008 年；ε_{it} 可具有单向或双向误差结构。对基本模型[式(12.8)]使用两种面板数据模型进行估计：①地区单向固定效应模型；②地区和时间双向固定效应模型。解释变量 X 同前，其他解释变量见式(12.10)。

在式(12.7)基础上引入空间滞后变量，得到空间自回归模型：

$$g(\text{pcgdp})_{it} = \alpha_0 + \alpha_1 \ln(\text{pcgdp})_{i,t-1} + X\beta + \rho\sum_{j=1}^{n} W_{ij} g(\text{pcgdp})_{jt} + \varepsilon_{it} \tag{12.8}$$

式中，空间滞后变量 $Wg(\text{pcgdp})_{jt}$ 的系数 ρ 用于度量地理上邻近的其他地区的经济增长加权和对某一地区经济增长的影响程度，即度量集聚效应[①]。

在式(12.7)基础上引入空间误差变量，得到空间误差模型：

$$g(\text{pcgdp})_{it} = \alpha_0 + \alpha_1 \ln(\text{pcgdp})_{i,t-1} + X\beta + \varepsilon, \qquad \varepsilon = \lambda W_\varepsilon + \mu \tag{12.9}$$

式中，空间误差系数 λ 用于衡量空间依赖作用的大小，其作用机制与空间自回归模型不同，它反映了影响某一地区周边地区经济增长率的不可测因素影响该地区经济增长率的程度。

由于存在空间相关关系，引入空间权重矩阵后的模型如果使用最小二乘法(OLS)进行

---

① 这里度量的空间集聚效应与 Wheeler 和 Mody(1992)定义的集聚经济不同，后者定义的集聚是指一个地区内的集聚，而本书研究的空间集聚效应是指某一地区与周边地区因在空间上相互联系而产生的区域集聚。

估计，则系数估计值会有偏或无效，本章借鉴 Elhorst(2003)的方法使用最大似然估计 (maximum likelihood estimate，MLE)法进行固定效应的空间面板模型估计[①]。

2. 统筹城乡成效与区域经济收敛性

如前所述，本章的研究目的是研究统筹城乡政策是否促进和在多大程度上促进了川渝地区的经济增长，以及成渝经济区经济增长的影响因素，探讨成渝经济区经济发展对地区经济收敛的促进作用和对中国经济发展不平衡的改善作用，缩小东部与西部的经济差距。借鉴以往有关经济增长及收敛研究的文献(林毅夫和刘明兴，2003；苏良军和王芸，2007；刘生龙等，2009)，本章把双倍差分法嵌入经济增长模型，具体如下：

$$g(\mathrm{pcgdp})_{it} = \alpha_0 + \alpha_1 g(\mathrm{pcgdp})_{i,t-1} + \alpha_2 \mathrm{dwest}_{it} + \alpha_3 \mathrm{d2007}_{it} \\ + \alpha_4 \mathrm{dwest}_{it} \times \mathrm{d2007}_{it} + X\beta + f_i + \varepsilon_{it} \tag{12.10}$$

式中，g 和 ε 分别表示经济行为的变化率和随机扰动项；i 和 t 分别表示个体和时间，$i=$ 1,2,…,223，$t=$1,2,…,7，样本期为 2002～2008 年[②]。被解释变量 $g(\mathrm{pcgdp})$ 为人均实际 GDP 增长率(2000 年为基期)，解释变量包括被解释变量的一阶滞后变量 $g(\mathrm{pcgdp})\_1$、区域虚拟变量 dwest、时间虚拟变量 d2007、交叉项 dwest×d2007，以及解释变量 X，f_i 表示个体 i 的固定效应(固定效应的回归目的是消除地区间不随时间变化的固定差异的影响)。参考相关文献的研究结果，并考虑数据的可获得性，本章最终选择的解释变量 X 包括：①初始人均 GDP(单位：元)，2000 年不变价，使用滞后一期人均 GDP 的自然对数，变量名为 lnpgdp_1，其系数为负时，说明经济发展水平越高的地区经济增长率越低，区域经济满足 β 收敛条件；②投资总额占 GDP 比重(%)，变量名为 inv_gdp，代表资本积累速度，预期系数符号为正；③出口总额占 GDP 比重(%)，变量名为 exp_gdp，从外贸出口方面衡量对外开放对经济增长的作用，预期系数符号为正；④实际利用的外资金额占 GDP 比重(%)，变量名为 fdi_gdp，用于衡量外资及投资环境对地区经济增长的影响，预期系数符号为正；⑤地方财政支出占 GDP 比重(%)，变量名为 gov_gdp，用于衡量政府的平均规模及对市场的干预程度，控制政府支出对地区经济增长的影响，过多的政府干预会导致资源配置扭曲，对经济发展有害，预期系数符号为负；⑥产业结构，用第二、三产业生产总值占地区生产总值比重(%)表示，变量名为 rgdp2 和 rgdp3，用于衡量产业结构对地区经济增长的影响，预期系数符号为正，需要指出的是，一般仅使用其中一个指标衡量产业结构；⑦人口密度(单位：人/km^2)，取自然对数，变量名为 lndpop，用于衡量市场规模大小，预期系数符号为正；⑧非农业人口占总人口比重(%)，变量名为 urban，用于衡量城市化程度，预期系数符号为正。

自 2007 年设立统筹城乡综合配套改革试验区以后，川渝两地的经济增长明显加速。由于中国经济自 2002 年以后加速增长，2003～2008 年中国年均 GDP 保持近 10% 的增长速度，因此西部地区(包括川渝两地)经济增长的加速有可能是经济进入上升周期所致(刘

① 本章进行空间面板模型的估计时使用 LeSage(勒萨热)基于 MATLAB 的 Panel SAR 和 Panel SEM 程序进行估计。
② 本章在应用双倍差分法进行统筹城乡政策评估时选择长江三角洲经济区作为控制组，成渝经济区作为处理组。考虑到西部大开发战略对川渝两地的区域经济发展有政策性影响，本章在评估统筹城乡政策时选择样本期为 2002～2008 年，而在进行成渝战略经济区空间收敛分析时选择样本期为 1999～2008 年。

生龙等，2009）。基于此，本章使用双倍差分法，将川渝两地经济增长过程中经济周期的影响分离出来，以对统筹城乡政策的成效作出客观的评价。如前所述，双倍差分法的一个关键假设条件是处理组和控制组在性质上非常接近（Meyer，1994），而在实际中要想找到两个完全同质的个体几乎是不可能的，为了控制处理组和控制组之间的异质性问题，国外学者引入了其他一些控制变量。

本章设置区域虚拟变量 dwest 以区分处理组与控制组，处理组为成渝经济区 148 个县级以上地区，控制组为长三角经济区 75 个县级以上地区。由于地处同一个国家，具有相同的政治、文化、经济和法律制度环境，处理组和控制组的性质比较接近。同时，参考国外学者的处理方法，通过引入一些控制变量来控制处理组和控制组之间的异质性，并且使用固定效应模型来消除处理组和控制组间不随时间变化的固定差异的影响。

本章设置时间虚拟变量 d2007 以控制统筹城乡时间对区域经济增长的影响。模型中最重要的解释变量是交叉项 dwest×d2007，其系数即为式（12.1）中的系数 β_3，亦即双倍差分法的估计结果，该系数的估计值反映了成渝经济区经济增长速度的变化在统筹城乡政策实施后是否明显大于其他地区经济增长速度的变化，如果该系数的估计值显著大于 0，则表明统筹城乡政策显著地促进了成渝经济区的经济增长，有助于位于西部地区的成渝经济区的经济发展趋同于位于东部地区的长三角经济区，缩小中国区域发展的差距。

12.4.2　数据来源及处理

成渝经济区包括四川省的成都、德阳、绵阳、眉山、资阳、遂宁、乐山、雅安、自贡、泸州、内江、南充、宜宾、达州、广安 15 个市和重庆市的万州、涪陵、渝中、大渡口、江北、沙坪坝、九龙坡、南岸、北碚、万盛、渝北、巴南、长寿、江津、合川、永川、南川、双桥、綦江、潼南、铜梁、大足、荣昌、璧山、梁平、丰都、垫江、忠县、开县、云阳、石柱 31 个区（县）。本章使用成渝经济区 148 个县级以上地区作为处理组。

长江三角洲经济区是指由沪、苏、浙三省（市）中 16 个地级以上城市组成的区域，包括上海市，江苏省的南京、无锡、苏州、常州、镇江、南通、扬州和泰州，以及浙江省的杭州、宁波、嘉兴、湖州、绍兴、舟山和台州。本章使用长三角经济区 75 个县级以上地区作为控制组。

成渝经济区和长三角经济区的数据来自 1999～2008 年的《重庆统计年鉴》《四川统计年鉴》《上海统计年鉴》《江苏统计年鉴》《浙江统计年鉴》《长江和珠江三角洲及港澳特别行政区统计年鉴》《中国县（市）社会经济统计年鉴》《中国城市统计年鉴》《重庆市国民经济核算历史资料汇编数据篇》，以及部分地级市统计年鉴。对于个别地区在个别年份缺失的数据，本章采用插值估算方法进行处理。由于少数数据未在年鉴中查找到，因此采取结合网上搜索的方式对各地区的政府公告等相关文件进行查找。其中，涉及汇率的指标（如出口总额、投资总额等），均采用当年全国平均汇率，数据取自历年的《中国统计年鉴》。

需要指出的是，在所考察的 1999～2008 年，部分区（县）的行政管辖区域发生了变化。对于此问题，本章的处理方法如下：如果某地区行政管辖区域的变化仅涉及管辖范围缩小或增大，或者地区地位有变化，则本章仍然使用该地区的数据，因为模型中各变量均为人均指标或者比率，回归结果对这种变化不敏感；如果某地区的行政管辖区域进行了拆分，分成了 2 个以上的区域，则按拆分后第一年 GDP 的占比对各区域拆分前的数据进行估算。

本章进行统筹城乡成效与区域经济收敛性研究时使用成渝经济区、长三角经济区 223 个县级以上地区在 2002~2008 年的统计数据构建面板数据集，描述性统计结果见表 12.1[①]。

表 12.1　统筹城乡成效与区域经济收敛性研究中模型变量的描述性统计结果

变量	观测值个数	平均值	标准差	最小值	最大值
g(pcgdp)	1561	12.115	4.382	-47.324	27.335
lnpcgdp	1561	9.387	0.847	7.537	11.967
inv_gdp	1561	44.256	25.333	5.913	255.375
exp_gdp	1561	13.337	22.614	0	213.354
fdi_gdp	1561	2.657	3.498	0	26.805
gov_gdp	1561	10.393	8.766	1.252	219.286
rgdp2	1561	47.254	12.493	8.685	87.923
rgdp3	1561	34.059	8.786	9.375	91.315
lndpop	1561	6.353	0.850	2.880	10.216
urban	1561	27.859	19.451	5.521	100
dwest	1561	0.664	0.473	0	1
d2007	1561	0.286	0.452	0	1
dwest×d2007	1561	0.190	0.392	0	1

12.5　实证结果分析

12.5.1　成渝经济区区域经济增长空间相关性

1. 估计结果与分析

为探讨成渝经济区的区域经济增长是否存在同长三角经济区一样的空间相关性，以及研究成渝经济区的区域经济增长是否存在空间集聚与溢出效应，本章采用空间面板计量方法实证研究成渝经济区经济增长和区域经济空间收敛情况，在研究中需关注空间滞后变量 $Wg(\text{pcgdp})_{it}$ 的系数 ρ 和空间误差系数 λ 是否显著。表 12.2 为 1999~2008 年成渝经济区经济增长模型的估计结果，模型分别采用基于面板数据的地区单向固定效应模型（模型 2-1）、基于面板数据的地区和时间双向固定效应模型（模型 2-2）、基于空间自回归的地区单向固定效应模型（模型 2-3）、基于空间自回归的地区和时间双向固定效应模型（模型 2-4）、基

① 本章进行成渝经济区区域经济增长空间相关性研究时使用成渝经济区 148 个县级以上地区在 1999~2008 年的统计数据构建面板数据集，限于篇幅，省略了描述性统计结果。

于空间误差的地区单向固定效应模型(模型 2-5)、基于空间误差的地区和时间双向固定效应模型(模型 2-6)。各模型的估计结果如表 12.2 所示。

根据表 12.2 中的模型估计结果,可以发现空间滞后变量 $Wg(\text{pcgdp})_{jt}$ 的系数估计值 $\hat{\rho}$ 在基于空间自回归的空间单向固定效应模型(模型 2-3)和基于空间自回归的空间和时间双向固定效应模型(模型 2-4)中在 1% 的检验水平下显著为正,系数值分别为 0.5010 和 0.3060,与预期结果一致,证实在成渝经济区内部县级以上地区的经济增长的确存在正的空间相关性,区域内经济发达地区对经济欠发达地区有正向的带动作用。成渝经济区经济增长的空间单向固定效应模型(模型 2-3)其空间相关系数大于空间和时间双向固定效应模型(模型 2-4)的空间相关系数,体现出更高程度的空间相关性。此外,成渝经济区经济增长模型的 R^2 较长三角、珠三角经济区经济增长模型的 R^2 高,模型的估计结果令人满意。

表 12.2   1999~2008 年成渝经济区经济增长模型的估计结果

	模型 2-1	模型 2-2	模型 2-3	模型 2-4	模型 2-5	模型 2-6
lnpcgdp_1	-0.0140** (-2.103)	-0.3967*** (-21.961)	-0.0123** (-2.170)	-0.3717*** (-22.268)	-0.0195** (-2.519)	-0.3952*** (-23.216)
inv_gdp	0.0334*** (8.005)	0.0131*** (3.688)	0.0261*** (7.218)	0.0113*** (3.518)	0.0265*** (7.226)	0.0099*** (3.051)
exp_gdp	0.0032** (2.283)	-0.0009 (-0.765)	0.0030*** (2.598)	-0.0001 (-0.095)	0.0036*** (3.122)	0.0004 (0.380)
fdi_gdp	0.0021* (1.659)	0.0032*** (3.114)	0.0025** (2.373)	0.0031*** (3.328)	0.0021* (1.929)	0.0032*** (3.347)
gov_gdp	-0.0028*** (-18.714)	-0.0031*** (-24.379)	-0.0018*** (-13.554)	-0.0025*** (-20.027)	-0.0019*** (-11.314)	-0.0027*** (-20.198)
rgdp2	0.0035*** (9.202)	0.0034*** (10.528)	0.0029*** (8.982)	0.0032*** (10.933)	0.0024*** (6.865)	0.0033*** (10.943)
rgdp3	0.0038*** (9.123)	0.0026*** (7.034)	0.0026*** (7.387)	0.0023*** (6.913)	0.0019*** (4.689)	0.0023*** (6.591)
lndpop	-0.1059*** (-5.010)	-0.3697*** (-18.250)	-0.0982*** (-5.487)	-0.3378*** (-18.007)	-0.0982*** (-4.968)	-0.3671*** (-18.686)
urban	0.0006** (2.006)	0.0011*** (4.059)	0.0012*** (4.286)	0.0013*** (5.671)	0.0022*** (7.078)	0.0016*** (6.045)
ρ			0.5010*** (18.792)	0.3060*** (10.501)		
λ					0.5690*** (21.830)	0.3510*** (10.833)
调整后的 R^2	0.428	0.631	0.486	0.616	0.478	0.617

注:***、**、*分别表示在 1%、5%、10%的检验水平下显著,括号中的数值为 t 值。

空间误差模型(SEM)中空间误差系数 λ 用于衡量空间依赖作用的大小,与空间自回归模型不同,空间误差模型主要反映影响某一地区周边地区经济增长率的不可测因素对该地区经济增长率的影响程度。从成渝经济区经济增长模型的估计结果来看,空间误差模型的空间单向固定效应模型(模型 2-5)估算出的空间误差系数大于空间和时间双向固定效应模型(模型 2-6)的空间误差系数。这表明在成渝经济区的经济增长过程中,空间单向固定效应模型所体现的空间依赖作用更为显著。证实了成渝经济区内部各地区的经济增长率受到其周边地区经济增长的不可测因素的影响，因此各地区各级政府部门在制定区域发展战略时不仅需要从成渝经济区总体发展目标出发，还要兼顾周边地区对本地区的溢出效应[①]。这一估计结果与空间自回归模型的排序相一致。

在表 12.2 的模型估计结果中，变量初始人均实际 GDP 其对数(lnpcgdp_1)的系数估计值在所有模型中都显著为负，表明在考虑空间相关性后，成渝经济区的经济增长仍然存在和长三角经济区一样的 β 收敛现象。从变量 lnpcgdp_1 的系数估计值来看，地区单向固定效应模型(模型 2-1、模型 2-3 和模型 2-5)的估计结果基本一致，地区和时间双向固定效应模型(模型 2-2、模型 2-4 和模型 2-6)的估计结果也基本一致，但和地区单向固定效应模型的估计结果有所不同。

从模型的总体估计结果来看，地区单向固定效应模型(模型 2-1、模型 2-3 和模型 2-5)的系数估计值及其符号基本一致，地区和时间双向固定效应模型(模型 2-2、模型 2-4 和模型 2-6)的系数估计值及其符号也基本一致(除变量 exp_gdp 外)。并且，除了变量 lnpcgdp_1、exp_gdp 和 lndpop 之外，其他变量的系数估计值及其符号在所有模型中基本完全一致。

变量 exp_gdp 在地区和时间双向固定效应模型的基本模型即模型 2-2 和空间自回归模型即模型 2-4 中的系数估计值在符号正负性和结果显著性上较对应的地区单向固定效应模型的基本模型即模型 2-1 和空间自回归模型即模型 2-3 不同，不仅符号相反，而且结果不显著。变量 exp_gdp 在地区和时间双向固定效应模型的基本模型即模型 2-2 和空间自回归模型即模型 2-4 中的系数估计值为负即且不显著，这一结果与预期不符，而且变量 exp_gdp 在空间误差模型即模型 2-6 中的系数估计值虽然为正，但仍然不显著。根据现有的研究结果(林毅夫和刘明兴，2003；苏良军和王芸，2007)，系数估计值的符号在单向(地区)固定效应模型和双向(地区和时间)固定效应模型之间存在反向的变化，其原因有待深入研究，在模型的选取上应全面考察模型的各项估计结果。

由于空间自回归模型和空间误差模型的 R^2 较基本模型有所提高，而且空间相关系数 ρ 和空间误差系数 λ 都十分显著，因此，使用空间计量模型研究成渝经济区的经济增长较使用单向和双向固定效应模型(即基本模型)效果更佳。此外，虽然双向(地区和时间)固定效应模型的 R^2 较单向(地区)固定效应模型有一定程度的提高，但是考虑到个别解释变量(如 lnpcgdp_1、exp_gdp 和 lndpop)估计结果的稳健性，本书趋向于认为在研究成渝经济区的区域经济增长问题时采用单向(地区)固定效应模型更佳，即采用空间自回归模型即模型 2-3 和空间误差模型即模型 2-5 更佳。诚然，尽管就计量结果而言，两个模型并无实质区别，但考虑到经济增长的溢出效应，在考察成渝经济区的经济集聚问题时，使用空间自回归模型即模型 2-3 可能更为合适。

使用表 12.2 中空间自回归模型即模型 2-3 和空间误差模型即模型 2-5 的估计结果考察在考虑空间相关关系后对成渝经济区的经济增长存在显著影响的因素，可以发现与表 12.5 中的估计结果基本一致，其他解释变量的系数估计值基本符合经济学解释，投资总额占

[①] 由于苏良军和王芸(2007)的研究没有使用空间误差模型，所以无法就空间误差模型的估计结果对成渝经济区和长三角、珠三角经济区进行比较。

GDP 比重(inv_gdp)对经济增长有显著的正向影响,在各模型中都通过了 1%检验水平下的显著性检验;出口总额占 GDP 比重(exp_gdp)以及实际利用的外资金额占 GDP 比重(fdi_gdp)对区域经济增长有显著的正向影响,说明贸易和投资对成渝经济区的区域经济增长有显著的促进作用;政府支出对经济增长有显著的负向影响,过多的政府干预往往会导致资源配置扭曲,因而对经济增长有害;第二产业生产总值占地区生产总值比重(rgdp2)在 1%的检验水平下显著为正,表明第二产业对区域经济增长有显著的正向促进作用;与表 12.5 中的结果不同,在考虑空间相关性以后,第三产业生产总值占地区生产总值比重(rgdp3)的系数显著为正,但 rgdp2 的系数估计值在两个模型中都略大于 rgdp3 的系数估计值,反映出目前成渝经济区的第二产业相比第三产业而言对区域经济增长有更强的促进作用,实证结果支持目前成渝经济区的服务业发展水平相对落后的结论,这与中国作为经济发展中国家的经济现状相符。

表 12.2 中各个模型的估计结果与表 12.5 的不同之处在于,人口密度的自然对数(lndpop)和非农业人口占总人口比重(urban)这两个变量的系数估计值显著,变量 lndpop 的系数估计值的符号为负(预期为正),变量 urban 的系数估计值的符号为正,系数估计值的正负性结果与表 12.5 中的结果相比,保持不变。人口密度的自然对数(lndpop)的符号不符合预期,部分学者如林毅夫和刘明兴(2003)基于省级数据的类似研究也得到了相似的结果,对此目前尚无一致的结论,市场规模对人均 GDP 增长的贡献机制有待今后做进一步的研究。

总体而言,空间计量模型的估计结果优于传统的面板模型,基于空间自回归的单向(地区)固定效应模型和基于空间误差的单向(地区)固定效应模型的估计结果几乎一致。而模型的估计结果说明成渝经济区的区域经济增长呈收敛趋势,并且相邻地区的经济增长之间存在正向的影响,即存在积极的溢出效应。这一结论为进一步研究成渝经济区的区域经济增长提供了参考。

2. 成渝经济区和长三角经济区的区域经济增长和空间相关性比较

目前,仅苏良军和王芸(2007)对长三角、珠三角经济区的空间相关性进行了对比研究,尚未有其他学者针对成渝经济区进行类似的研究及有关成渝经济区与长三角、珠三角经济区这两个增长极的比较研究。因此,本章将成渝经济区与长三角、珠三角经济区进行比较分析。需要指出的是,苏良军和王芸(2007)在研究中所使用的解释变量及样本期和本章采用的不完全一致(表 12.3),但是可以对估计结果进行大致的比较。

表 12.3　本章与苏良军和王芸(2007)的研究在研究对象、样本期、解释变量方面的异同

	成渝经济区(本章)	长三角经济区 [苏良军和王芸(2007)]	珠三角经济区 [苏良军和王芸(2007)]
样本期	1999~2008 年	2000~2005 年	2002~2005 年
相同的解释变量	lnpgdp_1, inv_gdp, exp_gdp, gov_gdp, rgdp2, rgdp3, lndpop, urban		
不同的解释变量	fdi_gdp	lnfdi_inv, DI_industry	lnfdi_inv

表 12.4 列出了本章计算得到的成渝经济区的空间相关系数以及苏良军和王芸(2007)

计算得到的长三角、珠三角经济区的空间相关系数。通过比较可以看出，无论是基于空间自回归的单向(地区)固定效应模型还是基于空间自回归的双向(地区和时间)固定效应模型，三地的空间相关系数均为成渝经济区＞珠三角经济区＞长三角经济区，说明成渝经济区内部各区(县)的经济增长存在更大的空间相关性。关于这一结果，可以部分地从各区(县)的行政隶属关系进行解释：长三角经济区内部各区(县)在行政区划上隶属于上海市、江苏省和浙江省；珠三角经济区内部各区(县)在行政区划上均隶属于广东省；成渝经济区内部各区(县)在行政规划上隶属于重庆市和四川省，由于重庆市在 1997 年直辖之前隶属于四川省，成渝两地内部各区(县)间的经济联系较长三角地区更为紧密。

本章使用苏良军和王芸(2007)构建的方法计算 Z 统计值，以检验成渝经济区、长三角经济区、珠三角经济区这三个区域的空间相关程度在统计意义上是否存在明显的不同。检验采用的假设及 Z 统计值的构建方法参见苏良军和王芸(2007)的研究，本章不再赘述。计算得到的三个地区的空间相关系数、标准差及 Z 统计值的检验结果见表 12.4。

从表 12.4 中 Z 统计值的计算结果来看，无论是地区单向固定效应模型还是地区和时间双向固定效应模型，Z 统计值的 p 值都较大，表明在 1%～10%的检验水平下均不能拒绝原假设。因此，可以认为尽管从空间相关系数看，成渝经济区、长三角经济区和珠三角经济区区域经济增长的空间相关性有所不同，但从统计意义上看，其差异并不显著。

表 12.4 成渝经济区与长三角经济区、珠三角经济区空间相关系数检验结果

	单向固定效应模型					双向固定效应模型				
	成渝经济区	长三角经济区	珠三角经济区	成渝-长三角	成渝-珠三角	成渝经济区	长三角经济区	珠三角经济区	成渝-长三角	成渝-珠三角
空间相关系数估计值	0.5010	0.1930	0.2169			0.3060	0.2350	0.2650		
标准差	0.0267	0.0588	0.1006			0.0291	0.0516	0.0843		
Z 统计值				4.7706	2.7298				1.1981	0.4597
p 值				0.9999	0.9968				0.8830	0.6772

12.5.2 统筹城乡成效与区域经济收敛性

1. 估计结果及分析

表 12.5 列出了统筹城乡成效与区域经济收敛性的系统 GMM 估计结果以及差分汉森 GMM 工具变量有效性的检验值，估计结果表明，系统 GMM 估计所采用的工具变量有效，过度识别条件成立；在 5%的检验水平下，差分方程得到的残差服从 AR(1)，拒绝 AR(2)，矩条件的使用合理。

表 12.5 中的估计结果与经济学理论相符，根据经济增长理论中有关经济收敛性的研究，经济增长的 β 收敛是指初始人均产出水平较低的经济体趋向于更快的经济增长，即不同经济体的人均产出增长率与初始人均产出水平负呈相关。表 12.5 中的统计结果显示，

变量初始人均实际 GDP 对数(lnpcgdp_1)的系数估计值在所有模型中都显著为负(在 1%的检验水平下),说明成渝经济区的经济增长存在和长三角经济区一致的 β 收敛,这一结论与先前大多数学者基于中国各地区省级数据进行实证研究后得出的结论一致(蔡昉和都阳,2000;林毅夫和刘培林,2003)。

其他解释变量的系数估计值基本上都符合经济学解释,投资总额占 GDP 比重(inv_gdp)在所有模型中对区域经济增长有着显著的正向影响。出口总额占 GDP 比重(exp_gdp)以及实际利用的外资金额占 GDP 比重(fdi_gdp)对区域经济增长有显著的正向影响,说明贸易和投资除了能够解决投资资金问题外,还能够带来更加先进的技术和管理经验,是"有效率的投资",对区域经济增长有显著的促进作用。该结论与大多数学者基于省级数据得到的研究结论相一致(魏后凯,2002;孙力军,2008)。

政府支出对经济增长有着显著的负向影响,这与本章的预期以及先前大多数学者基于省级数据得到的研究结论一致。例如,刘生龙等(2009)研究后认为,一个地区的政府支出占 GDP 的比重越高,说明该地区的政府支出规模越大,地方政府的干预程度往往越严重。而过多的政府干预往往会导致资源配置扭曲,因而对经济增长是有害的。本章的研究结果支持这一观点。

表 12.5　统筹城乡成效与区域经济收敛性的系统 GMM 估计结果

变量	模型 1-1	模型 1-2	模型 1-3	模型 1-4
g(pcgdp)_1	0.363***	0.345***	0.338***	0.352***
	(7.80)	(7.72)	(7.71)	(7.92)
lnpcgdp_1	-3.961***	-4.144***	-3.905***	-3.573***
	(-3.24)	(-3.49)	(-3.44)	(-3.97)
inv_gdp	0.0279***	0.0326***	0.0355***	0.0370***
	(3.90)	(4.51)	(4.47)	(5.18)
exp_gdp	0.0227***	0.0287***	0.0275***	0.0226**
	(2.61)	(2.84)	(2.73)	(2.44)
fdi_gdp	0.165***	0.177**	0.190**	0.161**
	(2.67)	(2.48)	(2.52)	(2.03)
gov_gdp	-0.313***	-0.313***	-0.315***	-0.312***
	(-6.54)	(-6.73)	(-6.73)	(-6.59)
rgdp2	0.0811**	0.1220***	0.0884***	0.0742***
	(2.35)	(2.76)	(2.79)	(2.90)
rgdp3	0.0197	0.0722		
	(0.36)	(1.34)		
lndpop	-0.752**	-0.617*	-0.265	
	(-2.66)	(-1.83)	(-0.76)	
urban	0.0335			
	(0.98)			
dwest	-2.983***	-2.446***	-2.564***	-2.623***

续表

变量	模型 1-1	模型 1-2	模型 1-3	模型 1-4
	(−3.11)	(−4.55)	(−4.13)	(−5.24)
d2007	0.00995	0.12000	0.21700	0.09710
	(0.03)	(0.31)	(0.50)	(0.25)
dwest×d2007	2.882***	2.826***	2.503***	2.538***
	(8.23)	(7.43)	(6.15)	(6.48)
Constant	46.58***	44.17***	43.80***	39.65***
	(4.07)	(5.41)	(5.34)	(5.10)
Arellano-Bond AR(1)检验	−2.64***	−2.60***	−2.53**	−2.57***
Arellano-Bond AR(2)检验	−1.78*	−1.80*	−1.80*	−1.78*
Hansen 过度识别检验	221.80	220.60	212.35	204.78
Diff-in-Hansen GMM 工具变量有效性检验	7.48	16.95	16.95	20.40
Diff-in-Hansen IV 工具变量有效性检验	−0.11	2.84	1.85	1.78
有效样本数	1338	1338	1338	1338
F	21.32***	22.51***	22.97***	26.16***

注:***、**、*分别表示在 1%、5%、10%的检验水平下显著,括号中的数值为 t 值,Diff-in-Hansen GMM 工具变量有效性检验为 GMM 工具变量子集(包括内生变量和前定变量)的有效性检验,Diff-in-Hansen IV 工具变量有效性检验为 IV 工具变量子集(即外生变量)的有效性检验。

第二产业生产总值占地区生产总值比重(rgdp2)在 1%的检验水平下显著为正,说明第二产业对区域经济增长有显著的正向促进作用,但是第三产业生产总值占地区生产总值比重(rgdp3)并不显著为正。进一步比较模型 1-1 和模型 1-2 可知,rgdp2 的系数大于 rgdp3 的系数,本书认为这一结果反映出目前成渝经济区的第二产业相比第三产业而言对区域经济增长有更强的促进作用。尽管从经济学理论上讲,服务业发展水平高的地区产业结构更为合理,且生产效率更高,但实证结果反映出目前该地区的服务业发展水平相对落后,这与中国作为经济发展中国家的经济现状相符。需要指出的是,本章对成渝经济区区域经济增长的空间相关性进行研究后发现,考虑空间相关性后,rgdp3 的系数显著为正,但仍小于 rgdp2 的系数。

在各模型中,系数估计值不显著的变量有人口密度的自然对数(lndpop)和非农业人口占总人口比重(urban)。前者用于衡量市场规模,后者用于衡量城市化程度,理论上二者对区域经济增长都有正向的促进作用,但是模型中这两个变量的系数估计值都不显著。而且,人口密度的自然对数的系数为负,且在对成渝经济区区域经济增长空间相关性的研究中,各模型中该变量的系数也都为负。林毅夫和刘明兴(2003)认为人口密度对中国经济增长的影响在不同模型间会发生相反的变化,目前学术界对此尚无一致的结论,市场规模对人均 GDP 增长的贡献机制也有待今后做进一步的研究。

表 12.5 中最重要的参数估计结果是用于衡量统筹城乡政策对经济增长的影响的差分

内差分估计结果，政策变动的影响由区域虚拟变量与时间虚拟变量的交叉项(即差分内差分变量 dwest×d2007)的参数估计值表示，差分内差分变量的系数反映了 2007 年成渝经济区实施统筹城乡政策前后经济增长率的变化是否比长三角经济区同期的经济增长率的变化更大。在表 12.5 所示的模型估计结果中，差分内差分变量的系数在 1%的检验水平下显著为正，表明统筹城乡政策的实施加速了成渝经济区的经济增长，使得位于西部地区的成渝经济区与位于东部地区的长三角经济区之间的收入差距缩小。模型 1-4 中差分内差分变量的系数为 2.538，表明统筹城乡政策的实施使得成渝经济区的经济增长速度比长三角经济区的经济增长速度提高了 2.538%。刘生龙等(2009)研究后证实西部大开发使得西部地区的经济增长速度比中东部地区提高了约 1.5%，由此可见，统筹城乡政策在西部大开发战略的基础上进一步促进了中国区域经济的收敛。

2. 控制变量差分内差分估计结果分析

为了检验统筹城乡政策影响成渝经济区经济增长的机制，本节使用双倍差分法来估计统筹城乡政策对其他影响成渝经济区区域经济增长的控制变量的影响。表 12.6 中给出了这些控制变量的差分内差分估计结果，包括投资总额占 GDP 比重(inv_gdp)、出口总额占 GDP 比重(exp_gdp)、实际利用的外资金额占投资总额比重(fdi_gdp)、地方财政支出占 GDP 比重(gov_gdp)、第二、三产业生产总值占地区生产总值比重(rgdp2、rgdp3)、人口密度(dpop)、非农业人口占总人口比重(urban)、交通基础设施条件(transport)[①]。

表 12.6　控制变量的差分内差分估计结果

变量	成渝经济区(处理组)			长江三角洲经济区(控制组)			双倍差分法(DID)
	2002~2006 年	2007~2008 年	前后变化(dif_tre)	2002~2006 年	2007~2008 年	前后变化(dif_con)	
$g(\text{inv\_gdp})$	9.68	9.34	−0.33	8.93	0.50	−8.44	8.10
$g(\text{exp\_gdp})$	11.91	3.47	−8.43	14.61	5.62	−8.99	0.56
$g(\text{fdi\_gdp})$	0.30	8.62	8.31	8.03	−13.07	−21.09	29.41
$g(\text{gov\_gdp})$	5.16	20.78	15.61	1.50	6.69	5.19	10.42
$g(\text{rgdp2})$	2.30	4.99	2.69	2.28	0.54	−1.74	4.44
$g(\text{rgdp3})$	−1.03	−5.77	−4.74	−0.20	1.15	1.35	−6.09
$g(\text{dpop})$	0.84	0.84	0	0.27	0.28	0.02	−0.02
$g(\text{urban})$	3.97	2.36	−1.61	1.05	5.18	4.13	−5.74
$g(\text{transport})$	12.21	12.72	0.51	16.29	10.15	−6.14	6.65

注：按双倍差分法[式(12.1)]，各控制变量均使用实际增长率。

[①] 本节使用各区域公路路网密度来衡量交通基础设施条件，比较理想的做法是使用各区域的铁路、公路和水路路网密度来进行综合衡量，但由于数据难以获得，因此本节在进行统筹城乡成效与区域经济收敛性研究时并未使用该变量，仅在表 12.6 中列出，以衡量统筹城乡政策给各区域交通基础设施条件带来的改善。

表 12.6 中最后一列即为影响经济增长的控制变量的差分内差分估计结果(DID＝dif_tre-dif_con)，反映了统筹城乡政策对这些控制变量的影响。从估计结果可以看出，统筹城乡政策使成渝经济区的投资总额占 GDP 比重(inv_gdp)、出口总额占 GDP 比重(exp_gdp)、实际利用的外资金额占 GDP 比重(fdi_gdp)、地方财政支出占 GDP 比重(gov_gdp)、第二产业生产总值占地区生产总值比重(rgdp2)以及交通基础设施条件(transport)均有显著的改善，但是第三产业生产总值占地区生产总值比重(rgdp3)、人口密度(dpop)以及用于衡量城市化程度的非农业人口占总人口比重(urban)并没有得到显著的改善。

投资仍然是目前影响中国经济增长的重要因素，统筹城乡政策给成渝经济区带来了较其他地区更高的资本积累速度。尽管 2000 年以后中国的投资增长率较之前有所下降，如 2007~2008 年长三角经济区的平均投资增长率较 2002~2006 年的平均投资增长率下降了 8.44%，但是同期成渝经济区的平均投资增长率仅略有下降(约为 0.33%)。诚然，绝对数值的大小与长三角经济区资本存量基数较大有一定关系，但是统筹城乡政策确实在一定程度上使投资向成渝经济区倾斜。

随着世界一体化进程加快，一个国家或地区的对外开放程度与其经济社会发展水平的关系日趋密切，且对经济增长和社会发展起到了不可或缺的作用。自改革开放以来，中国对外贸易的增长速度远高于 GDP 的增长速度，外国直接投资也呈快速增长势头。但是，中国各地区的经贸发展和外国直接投资区位分布严重不平衡。外贸明显集中分布于东部地区，2000~2006 年东部地区的进口额、出口额和进出口总额均占全国的 86% 以上，且有逐年上升之势；中、西部和东北三大地区各项指标所占比重之和不足 14%，中部地区所占比重最低，其次是西部地区，这三大地区在中国外贸中所占的比重相差不大，中部地区所占比重无明显的变化，西部和东北地区都呈下降趋势(张曙霄等，2009)。中国外国直接投资的区位分布也极不平衡，1980~2000 年中国引进的外国直接投资中 87.80% 的外国直接投资集中分布在东部沿海地区，其中长三角、珠三角和环渤海地区共占 66.8%。2000 年以来中央政府提出的西部大开发战略及中西部地方政府实施的一系列引资优惠政策使得部分外国直接投资向中西部地区转移，但是约 85% 的 FDI 依然主要集中分布在东部沿海地区(金相郁和朴英姬，2006；何兴强和王利霞，2009)。

根据表 12.6 中双倍差分法的计算结果，可知受国际宏观经济形势影响，2007 年后成渝经济区和长三角经济区的出口增长率均有所下降，但是成渝经济区的出口增长率下降得较少，统筹城乡政策使得成渝经济区的出口增长率增加了 0.56%。在吸引外国直接投资方面，由于受全球经济危机的影响，长三角经济区的外国直接投资增长率出现了较大幅度的减少，而根据表 12.6 中的计算结果，统筹城乡政策使得成渝经济区的外国直接投资增长率提高了 29.41%。传统经济学理论已经证实对外贸易是影响经济增长的重要因素，许多学者的研究也证实 FDI 可以显著促进经济增长，因为外国直接投资通常都是有效率的投资，能够弥补当地资金的不足，同时有助于引进先进的生产技术和管理经验。从这个角度而言，外国直接投资反映了一个地区的综合投资环境，包括制度环境、基础设施环境和对外开放环境，即反映了该地区经济增长的"软环境"。由此可以认为，统筹城乡政策显著地改善了成渝经济区的软环境。

　　根据经济学理论，适度的政府支出有助于建立良好的法治环境和产权保护制度，但是过多的政府支出将导致资源配置扭曲和效率损失，因而对经济增长不利（Mitchell，2005）。而从表 12.5 中的计算结果来看，政府支出规模对经济增长的影响在所有模型中均显著为负向影响，支持上述观点。根据表 12.6 中计算结果，成渝经济区在 2002~2006 年的政府支出占 GDP 的比重平均每年增加 5.16%，2007~2008 年年均增加 20.78%，增加率上升了 15.62 个百分点，而长三角经济区年均增加 5.19 个百分点。就政府支出而言，成渝经济区的政府支出规模在实施统筹城乡政策之后增加，政府支出规模过大最终会导致经济增长率降低。因此，减小政府支出规模和发挥市场配置资源的基础性作用是成渝经济区在实施统筹城乡政策过程中努力的方向。

　　合理的产业结构是发展中国家经济增长的基础之一，根据表 12.6 中的计算结果，成渝经济区第二产业的增长速度在实施统筹城乡政策后有了显著的提高，但是长三角经济区第三产业的增长速度明显高于成渝经济区[1]，这意味着在第二产业持续高速发展的同时，要努力提高成渝经济区的服务业水平和生产效率，以促进经济发展。

　　根据表 12.6 的结果，本章得出结论：统筹城乡政策在促进成渝经济区经济增长和缩小与东部沿海发达地区经济差距方面发挥了重要作用。统筹城乡政策通过投入实物资本和基础设施等有形资本来促进地区经济增长，并显著改善对外开放等制度软环境。制度软环境是经济增长潜力的重要体现，对长期经济增长具有重要意义，因此统筹城乡政策对改善制度软环境、促进区域经济增长具有重大意义。

12.6　本 章 小 结

　　本章首先应用双倍差分法评估了统筹城乡政策对促进成渝经济区经济增长及缩小中国区域经济增长的差距所发挥的作用，研究结果表明统筹城乡政策的实施加速了成渝经济区的经济增长，使得位于西部地区的成渝经济区与位于东部地区的长三角经济区的收入差距缩小，成渝经济区的经济增长速度比长三角经济区的经济增长速度增加了约 2.538%，成渝经济区的经济增长率在 2007 年以后超过了长三角经济区，统筹城乡政策在西部大开发战略的基础上进一步促进了中国区域经济的收敛。同时研究结果证实，统筹城乡政策主要通过增加实物资本投资和交通基础设施投资促进成渝经济区的经济增长，并且使得可反映成渝经济区经济增长质量和软环境的外国直接投资环境、对外开放环境、产业结构等得到了显著的改善，但是市场规模与城镇化程度等的变化不明显。其次，本章采用空间面板计量方法，基于 1999~2008 年成渝经济区 148 个县级以上地区的宏观经济数据，检验了成渝经济区经济增长和区域经济空间收敛情况，探讨了成渝经济区的县域经济增长是否存在同长三角经济区一样的空间相关性的问题。本章得出的主要结论如下。

　　（1）成渝经济区的区域经济增长的确存在与长三角经济区一样的空间相关性。空间自回归模型的估计结果证实成渝经济区内部各县域的经济增长率存在显著的空间溢出

----

[1] 由于本章使用第二、三产业生产总值占地区生产总值比重来衡量产业结构，rgdp2 和 rgdp3 在数值上的变化存在类似"挤出效应"的现象。

效应，地区集聚效应显著；空间误差模型的估计结果证实成渝经济区内部各县域的经济增长率受到其周边地区经济增长的不可测影响因素的影响，因此各地区各级政府部门在制定区域发展战略时不仅要从成渝经济区总体发展目标出发，还要兼顾周边地区对本地区的溢出效应。

（2）在考虑空间相关性后，成渝经济区和长三角经济区、珠三角经济区一样，内部各县域存在经济增长的 β 收敛。

（3）考察成渝经济区经济增长的主要影响因素，在考虑空间相关关系前后其基本保持一致，但个别因素有所不同，如非农业人口占总人口比重的系数估计值显著为正，符合预期，但人口密度的自然对数的系数估计值显著为负，不符合预期，对此目前尚无一致的结论，而市场规模对人均 GDP 增长的贡献机制还有待今后做进一步的研究。

根据上述结论，针对统筹城乡、构建城乡经济一体化、促进经济集聚与经济溢出、形成区域经济增长极、实施西部大开发战略，本书提出如下建议。

首先，应深入实施西部大开发战略。国家要继续加大对西部地区实物资本和基础设施建设的投入，特别是要加大对成渝经济区的投资，构建区域经济增长极以促进积极的经济增长溢出效应，通过区域经济一体化带动西部经济起飞。成渝经济区乃至整个西部地区在整体上仍然处于投资驱动经济发展阶段这一事实是西部大开发战略实施 20 多年来，经济增长主要依靠实物投资的深层次原因。本章证实统筹城乡政策使得成渝经济区的投资力度和基础设施建设力度有了进一步的提高，但是与东部沿海地区（特别是三大增长极）相比还有很大的差距，在未来 10 年甚至更长的时期内，国家对成渝经济区乃至整个西部地区的实物投资还需要继续加强，以确保目前已经开始的区域经济收敛得以持续。

其次，应健全管理协调机制。成渝两地省级政府应在国家发展改革委指导下，建立两地一体化的管理协调机制，发挥市场配置资源的基础性作用，积极推进重庆、成都统筹城乡综合配套改革试验，统筹推动两地的经济社会协调开放、共同发展，把成渝经济区建设成为西部地区综合实力最强的区域，成为全国重要的经济增长极。本章证实目前成渝经济区的第二产业显著地促进了区域经济增长，应进一步提升自主创新能力，形成以先进制造业为主的产业结构，同时大力发展现代服务业以保障制造业的生产效率。实证结果表明贸易和投资对成渝经济区的区域经济增长有显著的促进作用，应进一步显著提升对内对外开放水平，把成渝经济区建设成为内陆开放型经济高地；此外，实证结果也表明现阶段政府支出大幅度增长，已经对经济增长产生不利影响，说明政府过度参与和介入经济领域是导致经济增长质量不高的深层次原因之一。因此，国家要推动各级政府从经济增长型转变为公共服务型，把公共财政、行政体制、绩效管理等改革列为重点，减小政府支出规模，发挥市场配置资源的基础性作用。

再次，应加快新型城镇化建设。应构建城乡经济一体化发展新格局，进一步统筹城乡发展，使成渝经济区成为全国统筹城乡发展示范区。实证结果表明，统筹城乡政策在促进成渝经济区的经济增长、缩小和东部沿海发达地区的经济发展差距方面发挥了重要的作用。除了通过实物资本和基础设施等有形资本的投入促进地区经济增长以外，还显著改善了对外开放等制度软环境。需要注意的是，在促进成渝经济区乃至西部地区经济发展的同时，必须加强生态环境建设，构筑国家生态安全屏障，不能以牺牲生态环境为代价追求短期经济增长。

最后，应优化空间结构，推动重点地区发展。经济集聚的地区可能会获得更快的经济增长，进而形成区域增长极，产生积极的经济增长溢出效应，带动区域平衡协调发展。对成渝经济区的空间分析实证结果证实成渝经济区区域内部存在空间相关性，区域经济增长存在集聚与溢出效应。因此，应重点建设重庆和成都，充分发挥其引领区域发展的核心作用，打造可带动成渝经济区发展的双引擎和对外开放的门户城市；推动重点地区的发展，加快形成辐射作用大的城市群，依托重庆、成都和区域性中心城市，加强与周边城市之间的联系，形成若干辐射带动能力强、经济联系紧密、体系结构合理的城市群。

第 13 章　区域经济转型的增长效应

在研究和讨论中国过去 40 多年改革开放的诸多文献中，学者们在解释为何中国的改革取得了成功，进而促进中国经济取得了高速增长方面做出了相当多的贡献，但是鲜有研究尝试对中国改革的发生过程及其成功给出实证性的理论解释。制度经济学认为资本的积累和技术的进步都代表经济增长，而不是经济增长的原因，经济增长的真正原因是制度变迁，所以完整的增长理论应当将制度变量引入增长模型中，并能够解释制度对增长率的长期影响（即制度内生）。

中国的经济体制改革极大地释放了潜在的生产力，促进了经济持续快速增长，但这种增长在地区之间并不均衡，中西部地区的经济发展水平远远落后于东部发达地区，巨大的地区差距对中国经济未来的持续健康发展提出了巨大挑战。之所以会出现地区经济发展不平衡的现象一方面是由于计划经济时期遗留的制度障碍在经济转型过程中继续阻碍欠发达地区的经济发展，另一方面则是由于在地区之间制度变迁的速度和节奏存在差异。因此，在研究中国经济转型期制度变迁与经济增长的关系问题时，仅就全国总体情况进行研究是不够的，本章拟从中国各地区市场化演化角度，进一步研究与中国过去近 40 多年的经济增长相伴的制度变迁过程，并通过测度各地区经济体制市场化相对程度，对中国经济体制的市场化转型进程进行进一步的回顾和总结，研究区域经济转型对区域经济增长的水平效应和增长效应，全方位、多角度地系统考察改革开放这一制度变迁与制度创新过程对经济增长的影响，以弥补实证理论的空白。

13.1　经济转型与区域经济增长关系研究文献综述

国家或地区间经济发展差异是发展经济学和区域经济学的重要研究内容。经济增长的影响因素可分为两个层次：第一层次是资本、劳动投入及技术进步等直接因素；第二层次是地理、开放和制度等潜在决定因素（钱颖一，2003）。本章重点分析开放和制度因素变革对经济转型的影响。

转轨经济学主要研究苏联、东欧等社会主义国家从计划经济向市场经济转型过程中存在的经济问题，以及涉及制度创新的经济体制转型问题。目前有关苏联和东欧等国家经济转型的研究主要采用以下两种研究方法。

（1）第一种方法是用改革实施的连续性来界定制度是否成功，而不管改革的性质如何（Pereira et al.，1993）。这种方法认为评价制度成功与否的标准是该制度能否采纳并实施体现制度设计者最终设想的政策，更多体现的是行政体制的效率问题而非经济改革的基本依据。因此，即使这些制度被确定为以某种经济思想为基础，也无法根据其应用经济思想的程度对其进行评估。

（2）第二种方法基于以新古典经济学理论为基础的"华盛顿共识"（Washington Consensus），使用各种用于评价制度变迁的指标来衡量转型的总体水平。其中最有影响的是欧洲复兴开发银行（European Bank for Reconstruction and Development，EBRD）在《转型报告》中所设计的改革进展指数（index of progress reform，IRP）和世界银行设计的经济自由化累积指数（cumulated index of economic liberalization，CIEL）。前者对中东欧、波罗的海三国（爱沙尼亚、拉脱维亚、立陶宛）和独联体国家的转型进程进行了研究，后者对转型国家的经济绩效进行了专题评估，但专题评估报告既不连续也不全面，没有形成系列成果。此外，加拿大 Fraser 研究所（Fraser Institute）等机构各自编制的经济自由度指数（index of economic freedom，IEF）有比较广泛的影响力，其目的是在全球范围内对不同国家和地区的经济自由度进行评分和排序。

由于第二种方法可以量化测度改革进程，所以为大多数研究机构和学者所采用。但是这种方法包含一些不合理的假设（张曙光和赵农，2000；舒元和王曦，2002；康继军等，2007b）。首先，这种方法假定所有国家都朝着同一个方向发展，在此基础上得出各国具有共同的转型目标的错误假设。其次，由于这种方法所采用的所谓客观、可量化的指标实际上在主观上往往可以有多种解释，因此指标的可靠性存在争议。再次，这种方法在大部分情况下假设所采用的指标覆盖了转型的全过程，而事实上指标体系中的许多分指标只能应用于转型过程的部分阶段。最后，这种方法假设统一的衡量标准在所有国家和地区具有同等的重要性，这不符合实际情况。尽管存在这些缺陷和不足，但是目前大多数机构及学者在评价转型程度的研究中仍主要采用这种方法。

学者们利用经济自由度指数等各种用于评价制度变迁的指标研究了经济自由与经济增长的关系，例如，Easton 和 Walker（1997）研究后认为加入经济自由变量后提高了新古典增长模型的解释能力，经济自由对人均收入具有水平效应。随后涌现的大量文献针对经济自由的水平效应达成了共识，但是对于经济自由是否存在增长效应存在分歧[①]。Dawson（1998）认为经济自由存在增长效应，经济自由可通过提升全要素生产率、刺激投资对经济增长速度产生影响，同时经济自由度越高，则人力资本投资越多，进而会促进劳动投入产出能力的增长。值得注意的是，认同经济自由具有增长效应的学者对于经济自由是否与经济增长具有因果关系以及因果关系的方向存在分歧。Farr 等（1998）使用混合横截面时间序列数据对经济自由度、政治自由度与经济绩效进行了因果关系研究，研究结果表明，无论是在工业化国家还是在非工业化国家，这些变量间均存在双向格兰杰因果关系，经济绩效显著地影响着政治自由度，但是政治自由度不是经济绩效的格兰杰原因，而在经济绩效和经济自由度之间则存在双向格兰杰因果关系。Gwartney 等（1999）研究后认为经济自由是经济增长的格兰杰原因，而经济增长则不是经济自由的格兰杰原因。

与前述的经济自由促进经济增长的观点相反，Sturm 和 Haan（2001）去掉异常数据后使

---

① 经济增长理论非常强调增长效应和水平效应。增长效应指参数值的变化能改变经济稳态增长率，即使处于平衡路径上的经济增长率也会发生变化；而水平效应指参数值的变化能提高或降低稳态增长路径，但不能改变稳态增长路径的斜率，即不能改变稳态增长率。

用加权二乘法得到的估计结果表明经济自由对经济增长没有显著的贡献,认为经济自由没有增长效应。

尽管在经济自由是否具有增长效应方面存在分歧,但学者们一致认为经济自由的变动(增量)对经济增长具有增长效应(Dawson,1998;Sturm and Haan,2001;黄怡胜和舒元,2007)。在研究经济自由及其变动的增长效应的基础上,黄怡胜和舒元(2007)对二者的因果关系进行了研究,认为经济自由是经济增长的格兰杰原因,而后者不是前者的格兰杰原因。

综上所述,在已有的经济转型与经济增长关系研究中,对于经济自由存在水平效应基本达成一致,而对于经济自由是否存在增长效应以及二者是否存在因果关系则存在分歧;对于经济自由的变动存在增长效应基本达成一致,而对于经济自由的变动与经济增长的因果关系则研究得较少。另外,目前尚没有有关中国经济转型期经济体制市场化水平与经济增长的水平效应、市场化水平及其变动的增长效应及因果关系的研究文献。

13.2 理论、模型与方法概述

13.2.1 中国经济转型的水平效应

Solow(1956)认为投资率、人口增长率和技术进步率为经济增长的外生变量。假设在一个经济系统中有资本投入和劳动力投入两项投入,并且这两者都会得到边际产出。Mankiw 等(1992)证明人力资本积累同样在经济增长过程中起决定性的作用,并提出加入人力资本扩展的索罗模型(Mankiw-Romer-Weil 模型),该扩展模型在对经济增长的研究中被广泛应用。本章以索罗模型为基础,加入制度变量以考察制度因素的影响。

假设 t 时刻的产出可表示为

$$Y(t) = K(t)^{\alpha} H(t)^{\beta} [A(t)L(t)]^{1-\alpha-\beta} \qquad (0 < \alpha, \beta < 1) \tag{13.1}$$

式中,Y 为产出;K 为物质资本积累量;H 为人力资本;L 为劳动力;A 为广义技术进步,包括技术、制度、资源禀赋等要素。

在该模型中,定义 $A(t)L(t)$ 为有效劳动力,即认为广义技术进步通过提高单位劳动的产出来提高整个经济系统的产出,假设经济体中劳动力和技术水平分别以外生的速率 n 和 g 增长,并考虑各地区的制度因素对广义技术进步的影响,则有

$$L(t) = L(0)e^{nt} \tag{13.2}$$

$$A(t) = A(0)e^{gt} I^{\theta} \tag{13.3}$$

式中,I 为制度变量;g 为外生的技术进步率;θ 为制度因素对广义技术进步的弹性。

假设投资率由政府政策和经济人行为外生决定,则物质和人力资本的积累由以下方程决定:

$$\dot{K}(t) / K(t) = \mathrm{d}K(t) / \mathrm{d}t = S_k Y(t) - \delta K(t) \tag{13.4}$$

$$\dot{H}(t) / H(t) = \mathrm{d}H(t) / \mathrm{d}t = S_h Y(t) - \delta H(t) \tag{13.5}$$

式中，S_k 和 S_h 分别表示物质资本和人力资本的投资率，即资本形成占产出的比例；δ 为折旧率，本章假设单位消费能够完全转化为单位物质资本或人力资本。由于无法得到人力资本的折旧率，本章假设人力资本与物资资本有相同的折旧率。

定义 $k = K/(AL)$ 为平均有效劳动力物质资本存量，$h = H/(AL)$ 为平均有效劳动力人力资本存量，$y = Y/(AL)$ 为平均有效劳动力产出水平，则经济系统中（新古典增长框架下）k 和 h 的变化可由以下公式表示：

$$\dot{k}(t)/k(t) = \mathrm{d}k(t)/\mathrm{d}t = S_k y(t) - (n + g + \delta)k(t) \qquad (13.6)$$

$$\dot{h}(t)/h(t) = \mathrm{d}h(t)/\mathrm{d}t = S_h y(t) - (n + g + \delta)h(t) \qquad (13.7)$$

可以证明，在上述经济学动力系统中存在稳定的鞍点，因此，给定任意的初始人力资本和物资资本，一个经济体都会达到稳定状态，k 和 h 都会收敛到它们的稳定状态值，可以使用式（13.6）和式（13.7）推导出经济增长稳定状态下的 k 和 h 分别为

$$k^* = \left(\frac{s_k^{1-\beta} s_h^{\beta}}{n + g + \delta} \right)^{\frac{1}{1-\alpha-\beta}} \qquad (13.8)$$

$$h^* = \left(\frac{s_k^{\alpha} s_h^{1-\alpha}}{n + g + \delta} \right)^{\frac{1}{1-\alpha-\beta}} \qquad (13.9)$$

将式（13.8）和式（13.9）代入生产函数中并对其求对数，即可得到方程：

$$\ln y(t) = \ln A(0) + gt + \frac{\alpha}{1-\alpha-\beta} \ln S_k + \frac{\beta}{1-\alpha-\beta} \ln S_h$$
$$- \frac{\alpha+\beta}{1-\alpha-\beta} \ln(n+g+\delta) + \theta \ln I \qquad (13.10)$$

假设 $\ln A(0) = a + \varepsilon$，其中 a 为常数，则可得到用于实证的模型[1]：

$$\ln y(t) = a + \frac{\alpha}{1-\alpha-\beta} \ln S_k + \frac{\beta}{1-\alpha-\beta} \ln S_h$$
$$- \frac{\alpha+\beta}{1-\alpha-\beta} \ln(n+g+\delta) + \theta \ln I + \varepsilon（用于证明水平效应） \qquad (13.11)$$

在索罗模型中加入制度变量后得到的模型[式（13.11）]表明，物质资本投资率（S_k）和人力资本投资率（S_h）的提高对提高人均产出（y）具有促进作用，其系数应为正；$\ln(n+g+\delta)$ 的系数预计为负，因为较高的人口增长率或者资本折旧率都会摊薄人均资本存量，降低产出；制度变量（I）对人均产出具有水平效应，其系数应为正，能够促进人均产出提高。

13.2.2 中国经济转型的增长效应

由式（13.1）可得到人均形式的生产函数：

$$y(t) = A(t) \left[\frac{k(t)}{A(t)} \right]^{\alpha} \left[\frac{h(t)}{A(t)} \right]^{\beta} \qquad (13.12)$$

---

① 参考 Easton 和 Walker（1997）的做法，本书用于检验经济转型的水平效应的计量模型忽略了时间变量 t 的影响。

对式(13.11)等号两边先取对数再求导，可以得到增长率：

$$g_y = \frac{\dot{y}(t)}{y(t)} = \frac{\dot{A}(t)}{A(t)} + \alpha\left[\frac{\dot{k}(t)}{k(t)} - \frac{\dot{A}(t)}{A(t)}\right] + \beta\left[\frac{\dot{h}(t)}{h(t)} - \frac{\dot{A}(t)}{A(t)}\right]$$

$$= (1-\alpha-\beta)\cdot\frac{\dot{A}(t)}{A(t)} + \alpha\cdot\frac{\dot{k}(t)}{k(t)} + \beta\cdot\frac{\dot{h}(t)}{h(t)} \tag{13.13}$$

式中，α 和 β 分别为物质资本和人力资本的产出弹性，按照 Mankiw 等(1992)的做法，假定各地区有相同的常数。将式(13.6)、式(13.7)代入式(13.12)，得

$$g_y = (1-\alpha-\beta)\cdot\frac{\dot{A}(t)}{A(t)} + \alpha\cdot\left[\frac{S_k y_t}{k(t)} - (n+g+\delta)\right] + \beta\cdot\left[\frac{S_h y_t}{h(t)} - (n+g+\delta)\right] \tag{13.14}$$

式(13.14)表明劳动力人均物质资本存量 $k(t)$ 和人力资本存量 $h(t)$ 对人均产出增长率 g_y 有直接的影响。由于新古典生产函数满足稻田条件，即随着资本趋于无穷大，资本的边际产出从无穷大不断递减，最终趋于零。由式(13.14)可知，使 $S_k y(t) = (n+g+\delta)k(t)$ 的劳动力人均物质资本存量 $k(t)$ 和使 $S_h y(t) = (n+g+\delta)h(t)$ 的人力资本存量 $h(t)$ 存在临界点，即式(13.8)和式(13.9)表示的稳态 k^* 和 h^*，当资本贫乏时，资本的边际产出高，产出的储蓄部分足以弥补资本折旧和资本广化；但当资本很充裕时，由于资本的边际产出低，产出的储蓄部分不足以弥补资本折旧和资本广化，充裕的资本反而因受自身的约束而不能积极推动经济增长；在稳态下，资本的边际产出的投资部分刚好能够弥补资本折旧和资本广化。因此，劳动力人均物质资本存量 $k(t)$ 和人力资本存量 $h(t)$ 对人均产出增长率 g_y 的影响方式(符号的正负)取决于资本相对于稳态所处的位置。

如前所述，式(13.14)中的生产技术进步不完全由外生变量决定，而是部分地由制度安排决定。经济体制的市场化改革提供了更好的社会基础设施，也提升了竞争程度和社会生产效率，同时可以刺激物质资本投资及人力资本投资，这两类投资的社会溢出效应都可以不断地提升全要素生产率，尤其是人力资本投资可通过劳动力吸收高端技术和推动社会生产力提高，最终提高经济增长速度。

本章使用新构建的各地区市场化相对指数(RF)来衡量中国经济转型程度，假定全要素生产率 $A(t)$ 的提高速度是经济转型这一制度因素(I)的增长函数，即 $\dot{A}(t)/A(t) = g_A(I,\cdot)$，且有 $\partial(g_A(I,\cdot))/\partial I > 0$，其中，"$\cdot$"表示影响 $A(t)$ 提高速度的其他因素(如储蓄率、资本存量等)。

根据内生增长理论，较高的储蓄率对应较高的经济增长率；资本的外部性可使规模报酬递增，资本存量具有增长效应(Rebelo，1991)；由于资本折旧降低了资本的净收益率，折旧率同样会影响长期经济增长率的大小。这些特征与前面推导得到的式(13.14)一致，除了制度变量以外，储蓄率、物质和人力资本存量、资本折旧率都可能具有增长效应(Rebelo，1991)。

综上，式(13.14)可以写为

$$g_y = g(I, S_k, k, S_h, h, n+g+\delta) \tag{13.15}$$

根据前面的分析，可以预测偏导数 $g'(I) > 0$、$g'(S_k) > 0$、$g'(S_h) > 0$、和 $g'(n+g+\delta) < 0$。当人均资本存量 k 和 h 贫乏时，$g'(k) > 0$，$g'(h) > 0$；但当人均资本存量 k 和 h 较充裕

时，$g'(k)<0$，$g'(h)<0$。考虑到人均物质资本存量 k 和人力资本存量 h 对经济增长的影响[式(13.15)]是本章检验经济转型的增长效应的基础，将式(13.15)进行一阶泰勒展开后得到线性化的检验模型：

$$g_y = c + g'_1 \cdot I + g'_2 \cdot S_k + g'_3 \cdot k + g'_4 \cdot S_h + g'_5 \cdot h + g'_6 \cdot (n+g+\delta) + \varepsilon \qquad (13.16)$$

由于经济体制市场化的深入将提供更完善的社会基础设施制度安排、给出积极的经济信号且加剧了企业竞争，因此，关于经济转型变动的增长效应的检验，本章同样在基于人力资本扩展的新古典经济增长模型中补充假设全要素生产率 $A(t)$ 的提高速度是经济转型变动的增函数：

$$\dot{A}(t) / A(t) = g_A(\Delta I, \ \cdot \ )$$

且 $\partial [(g_A(\Delta I, \ \cdot \ )]/\partial \Delta I > 0$，其中 ΔI 表示经济转型的变动，"·"表示经济转型以外的其他因素。此外，经济转型的变动和资本的逐利性可引起社会存量资本重新配置，提升存量资本的配置效率，而经济转型的变动与现有资本存量结合后才会对经济增长产生作用，所以紧凑形式的理论模型为

$$g_y = g(I, S_k, k \cdot \Delta I, S_h, h \cdot \Delta I, n+g+\delta) \qquad (13.17)$$

根据前面的分析，可以预测偏导数 $g'(I)>0$、$g'(S_k)>0$、$g'(S_h)>0$ 和 $g'(n+g+\delta)<0$。本章用各地区市场化水平来衡量中国经济转型程度，提升经济体制市场化水平（$\Delta I>0$）、资本的逐利性和经济竞争程度可使得存量资本逐利效率增加，资源再配置后可以使产出增加和经济增长；相反，若降低经济体制市场化水平（$\Delta I<0$），则总体上社会基础设施会变差，存量资本逐利效率与空间双双缩减，从而导致部分资本闲置，甚至基于风险考虑而撤资，进而引起产能下降，对经济增长的贡献打折扣。因此，经济增长应与 ΔI 同向变动，交叉项 $k \cdot \Delta I$ 和 $h \cdot \Delta I$ 的偏导数的符号取决于 k 和 h，即当人均资本存量 k 和 h 贫乏时，$g'(k \cdot \Delta I)>0$，$g'(h \cdot \Delta I)>0$；但当人均资本存量 k 和 h 较充裕时，$g'(k \cdot \Delta I)<0$，$g'(h \cdot \Delta I)<0$。

把非线性模型即式(13.17)进行一阶泰勒展开，则得到线性化的检验模型：

$$g_y = c + g'_1 \cdot I + g'_2 \cdot S_k + g'_3 \cdot (k \cdot \Delta I) + g'_4 \cdot S_h + g'_5 \cdot (h \cdot \Delta I) + g'_6 \cdot (n+g+\delta) + \varepsilon \ (13.18)$$

13.2.3　中国经济转型与经济增长的因果关系研究

根据格兰杰下的定义，用于检验双变量因果关系的精简一阶滞后关系检验方程（Granger，1969）为

$$z_{it} = \alpha_i + \gamma z_{i,t-1} + \delta x_{i,t-1} + \varepsilon_{it} \qquad (13.19)$$

式中，i 代表地区，给定置信水平，若回归系数 δ 的 t 统计值显著，则变量 x 是 z 的格兰杰原因。因为式(13.19)为一般意义下的检验方程，故对换式(13.19)中经济变量 x 和 z 的位置后，可以检验变量 z 是不是 x 的格兰杰原因。

由于式(13.19)的右侧含有被解释变量的滞后项，因此使用基于面板数据的LSDV（least squares with dummy variable，LSDV）方法估计的系数有可能是有偏和不一致的。Arellano 等(1991)提出的一阶差分 GMM 估计值是无偏和渐近一致的。虽然其估计方法有所不同，但是符合格兰杰因果检验的定义，因此学者们采用该方法检验面板数据的因

果关系。本章拟用其来研究中国经济转型与经济增长的因果关系。

13.3　变量选取与样本数据说明

本章使用 1978～2007 年分省市的数据样本进行检验，由于研究经济增长问题时如果采用一年作为时间间隔会使短期扰动的影响显得过于突出，因此本章按惯例选择五年作为时间间隔，将 1978～2007 年分为 6 个时间段，用 1982 年、1987 年、1992 年、1997 年、2002 年、2007 年作为 6 个时点[①]，各变量使用各地区在各时间段内的平均值。部分地区的数据由于历史原因缺失，本章使用 28 个省(自治区、直辖市)的统计数据(不含海南、重庆、西藏和港澳台)。数据主要来自历年的《中国统计年鉴》《新中国 55 年统计资料汇编(1949 — 2004)》和各地区历年的统计年鉴及金融年鉴。变量设计如下。

(1) y 为当年平均有效劳动力的产出，用各地区 2000 年不变价的实际劳均 GDP 表示；L 为当年劳动力投入，用 1978～2007 年年末各地区从业人员数表示。

(2) S_k 为物质资本投资率，为当年固定资本形成总额占 GDP 的比重。S_h 为人力资本投资率，由于人力资本本身具有特殊性，对其进行定量测度时存在较大困难，通常使用可反映教育水平的指标代替，本章沿用 Mankiw 等(1992)的方法，使用从业人口中接受中等教育人数的比例作为人力资本投资率 S_h 的近似估计值，并取各时间段内的平均值。n 为各地区在各时间段内的从业人员数年平均增长率。以上指标的数据来自《新中国 55 年统计资料汇编(1949 —2004)》和历年的《中国统计年鉴》。

(3) 折旧率 δ 以固定资产折旧量与全社会物质资本存量的比值表示。对于固定资产折旧量的计算，《新中国 55 年统计资料汇编(1949 —2004)》和历年的《中国统计年鉴》提供了中国各地区历年的全社会固定资产投资总额，Hsueh 和 Li(1999)给出了 1978～1995 年中国各地区的固定资产折旧量，1995 年以后各地区的固定资产折旧量可通过历年的《中国统计年鉴》得到。对于各地区历年物质资本存量的计算，参考 Chow(1993)的测算方法，1978 年全国的资本存量为 14112 亿元，参考李子奈和鲁传一(2002)的处理方法，假定流动资金占 30%，得到 1978 年全国的固定资产存量为 9878.4 亿元。假设各地区在 1978 年有相同的资本产出率，将 1978 年全国的固定资产存量按各地区 GDP 占全国 GDP 的比重分配到各地区，作为各地区的初始固定资本存量，可计算得到各地区历年的固定资产存量。再使用固定资产投资价格指数换算为 2000 年不变价，由此可计算出折旧率 δ。

(4) 对于技术进步率 g，假设各地区相等，根据李子奈和鲁传一(2002)的计算结果，中国的资本体现型技术进步率与劳动体现型技术进步率之和约为 0.02，这与 Mankiw 等(1992)根据美国的经验数据得到的值基本一致，因此本章也取 $g=0.02$ 这一固定值。

(5) 关于平均有效劳动力人力资本存量 h 的计算，根据历年的《人口普查资料》[②]可以准确计算出普查年份各地区居民的平均受教育年限。此外，历年的《中国统计年鉴》记录了全国 1%人口抽样调查年份的各地区按性别和受教育程度分的人口数据，而 1997 年以后

[①] Islam(1995)认为使用五年的时间间隔可以使研究结果不受经济周期波动和时间序列相关的影响。
[②] 《中国 1982 年人口普查资料》《中国 1990 年人口普查资料》《中国 2000 年人口普查资料》。

的《中国统计年鉴》记录了使用人口变动情况抽样样本数据估计的各地区按性别和受教育程度分的人口指标。本章根据中国的实际情况，假设小学的教育年限为 6 年，初中为 9 年，高中为 12 年，大专及以上为 15 年，使用各地区按性别和受教育程度划分的人口指标近似估计没有进行人口普查年份的各地区居民平均受教育年限。由于无法获得 1992 年的数据，本章使用 1990 年人口普查数据和 1995 年全国 1%人口抽样调查数据计算得到的平均值作为 1992 年数据的近似估计值。

需要指出的是，《人口普查资料》和《中国统计年鉴》均是将 6 岁及 6 岁以上人口作为调查对象，而计算人力资本时通常需要获得成年劳动力的人均受教育年限，因此本章使用的人力资本存量由于资料来源的限制而存在一定的误差，只是对各地区人力资本存量进行粗略估计。

对于制度变量，本章使用第 2 章设计的各地区转型期制度变迁测度指标体系测度的各地区市场化水平来衡量中国经济转型程度。考虑到经济体制的市场化进程是一个整体概念，除使用可衡量各地区总体市场化水平的市场化相对指数(RF)之外，本章还使用了政府与市场的关系指数(GOV)、非国有经济发展指数(MAR)、对外开放指数(OPE)、金融发展指数(FIN)这 4 个指数进行分析，以探求经济增长主要是由哪些方面的转型引起的。

13.4　实　证　分　析

13.4.1　中国经济转型的水平效应

本章根据除海南、重庆和西藏外 28 个省(自治区、直辖市)在 1978～2007 年的统计数据，使用在索罗模型中加入制度变量后得到的模型，针对各地区经济体制市场化进程对人均产出的水平效应进行研究。因为本章拟通过建立面板数据模型推断样本空间的经济关系，因此模型设定为固定效应模型较为合理，表 13.1 为使用基于面板数据的 LSDV 方法得到的检验结果。

表 13.1　中国经济转型(经济体制市场化水平)的水平效应检验结果

制度变量		逐段 5 年期的人均 GDP (2000 年不变价)				
		GOV	MAR	OPE	FIN	RF
常数 C	系数	7.153***	5.726***	7.651***	4.912***	5.666***
	t 统计值	(11.558)	(16.751)	(45.614)	(50.614)	(4.538)
$\ln S_k$	系数	0.632	0.186	1.387***	0.824*	−0.346
	t 统计值	(1.182)	(0.349)	(3.233)	(1.748)	(−0.674)
$\ln S_h$	系数	3.226***	2.838***	3.285***	2.862***	2.850***
	t 统计值	(4.036)	(3.617)	(5.027)	(3.961)	(3.839)
$\ln(n+g+\delta)$	系数	3.416***	3.822***	3.217***	3.412***	3.557***
	t 统计值	(4.702)	(5.332)	(5.430)	(5.216)	(5.290)

续表

制度变量		逐段 5 年期的人均 GDP(2000 年不变价)				
		GOV	MAR	OPE	FIN	RF
ln$I$	系数	6.424**	6.633***	5.407***	1.189***	1.680***
	t 统计值	(2.002)	(4.249)	(11.879)	(8.179)	(7.032)
R^2		0.954	0.956	0.969	0.962	0.960
修正后的 R^2		0.946	0.948	0.964	0.956	0.954
F 统计值		348.957	367.588	530.730	432.336	409.215

注：常数是个体固定效应的平均值；***、**、*分别表示 t 统计值对应的概率分别为<1%、<5%、<10%。下同。

表 13.1 中，分别使用政府与市场的关系指数(GOV)、非国有经济发展指数(MAR)、对外开放指数(OPE)、金融发展指数(FIN) 4 个指数以及各地区市场化相对指数(RF)作为制度变量进行检验。可以看出，不论使用哪一个指数作为衡量经济转型程度的制度变量，结果均一致，制度变量的系数均显著($p<0.05$)，模型的总体解释能力很高[采用各地区市场化相对指数(RF)作为制度变量的模型的解释能力为 96.0%，其余模型的解释能力都在95.4%以上]，证实经济转型对经济增长具有显著的水平效应，经济体制市场化水平提高能够促进人均产出提高，印证了经济体制市场化水平越高，社会基础设施与环境越发达，生产效率、全要素生产率和投资效率越高的假设。

根据前面的分析，更高的资本投资率(S_k 和 S_h)意味着更大比例的产出将用于生产，进而可提高人均产出(y)，其系数应为正。实证结果证实，使用不同制度变量的模型其 S_k 和 S_h 的系数大部分显著，这意味着不断提高的物质资本投资和人力资本投资是转型期中国各地区经济增长的重要推动力。

13.4.2　中国经济转型的增长效应

表 13.2 为本章根据式(13.16)并使用基于面板数据的 LSDV 方法，对中国各地区经济转型(经济体制市场化水平)的增长效应进行检验后得到的结果。

表 13.2　中国经济转型(经济体制市场化水平)的增长效应检验结果

制度变量		逐段 5 年期的人均 GDP 增长率[$g(y)$]				
		GOV	MAR	OPE	FIN	RF
常数 C	系数	−0.250	0.017	2.379	1.726	−0.338
	t 统计值	(−0.083)	(0.006)	(0.771)	(0.582)	(−0.114)
I	系数	0.033***	0.018***	−0.011	0.009	0.013***
	t 统计值	(2.847)	(2.731)	(−0.946)	(1.476)	(3.429)
S_k	系数	1.444***	0.930***	1.268***	1.221***	1.119***
	t 统计值	(4.121)	(2.633)	(3.598)	(3.556)	(3.313)
ln$k$	系数	−1.104***	−0.899***	−1.058***	−1.070***	−1.068***
	t 统计值	(−4.844)	(−3.965)	(−4.422)	(−4.583)	(−4.768)

续表

制度变量		逐段 5 年期的人均 GDP 增长率[$g(y)$]				
		GOV	MAR	OPE	FIN	RF
S_h	系数	-0.030***	-0.033***	-0.032***	-0.033***	-0.033***
	t 统计值	(-2.834)	(-3.176)	(-2.982)	(-3.145)	(-3.171)
$\ln h$	系数	0.423*	0.454*	0.453*	0.501**	0.496**
	t 统计值	(1.713)	(1.836)	(1.809)	(1.998)	(2.021)
$\ln(n+g+\delta)$	系数	-0.592***	-0.526**	-0.588***	-0.584***	-0.547***
	t 统计值	(-2.860)	(-2.526)	(-2.800)	(-2.792)	(-2.654)
R^2		0.915	0.914	0.912	0.913	0.916
修正后的 R^2		0.900	0.899	0.897	0.898	0.901
F 统计值		160.626	160.220	156.075	156.884	162.934

由表 13.2 可知，采用各地区市场化相对指数(RF)作为制度变量的模型，其 RF 的系数显著为正($p<0.01$)，在其他因素都相同的条件下，该结果表明经济转型具有显著的增长效应，市场化相对指数每提高 1 分，经济增长速度上升 1.30 个百分点。由于 RF 所衡量的是一个地区的市场化水平，本书进一步从经济转型涉及的 4 个主要方面来分析经济转型促进经济增长的机制：采用非国有经济发展指数(MAR)、政府与市场的关系指数(GOV)2 个指数作为制度变量的模型，其制度变量的系数显著为正($p<0.01$)，而采用对外开放指数(OPE)、金融发展指数(FIN)作为制度变量所估计的系数并不显著。这一结果表明，经济体制的市场化进程加速经济增长的机制主要由非国有经济的发展和政府与市场的关系这两个方面决定。比较资本投资率 S_k 与 S_h 的系数和符号，可知采用不同制度变量估计得到的结果完全一致，系数均显著地异于零。人均物质资本投资率(S_k)对中国各地区的人均产出增长率存在显著的正向影响，印证了自经济体制改革以来中国经济高速发展的原因之一是物质资本投资率不断提高。但是，人均人力资本投资率(S_h)与各地区的人均产出增长率呈显著的负相关关系，人力资本投资的增加并未促使经济增长速度提高，反而使其下降。使用 GOV、OPE 和 FIN 3 个指数作为制度变量的模型中，人均劳动力资本存量 $\ln h$ 的系数显著为正，此外使用市场化相对指数 RF 估计得到的 $\ln h$ 的系数也同样显著，说明人力资本投资对经济增长的增长效应是稳健的。注意，人均物质资本存量($\ln k$)的系数显著为负，正如前面对式(13.14)的分析，资本存量足够大时，对促进经济增长所起的作用有限，充裕的资本反而会因受自身的约束而不能积极推动经济增长，因此系数将为负。这一结果说明中国经济已经发展到工业化国家的经济水平，单纯地依靠增加投资获得高经济增长率已不再有效。$\ln(n+g+\delta)$ 的符号如前面预期，显著为负。

以上检验结果证实中国经济转型具有增长效应，那么经济转型增量——经济体制市场化水平的变动是否会影响经济增长速度。表 13.3 为根据式(13.18)，并使用基于面板数据的 LSDV 方法，针对中国除海南、重庆和西藏外 28 个省(自治区、直辖市)的数据，对经济转型增量的增长效应进行检验后得到的结果。

表 13.3　中国经济转型增量(经济体制市场化水平变动)的增长效应检验结果

制度变量		逐段 5 年期的人均 GDP 增长率				
		GOV	MAR	OPE	FIN	RF
常数 C	系数	-3.224^{*}	-0.837	-0.091	-0.476	-1.734^{**}
	t 统计值	(-1.774)	(-1.090)	(-0.127)	(-0.797)	(-1.983)
I	系数	0.034^{*}	0.024^{***}	0.013	0.002	0.010^{**}
	t 统计值	(1.942)	(2.882)	(0.713)	(0.211)	(2.346)
S_k	系数	1.471^{***}	0.847^{***}	0.944^{***}	1.000^{***}	1.168^{***}
	t 统计值	(5.407)	(3.626)	(3.877)	(4.561)	(5.994)
$\ln k\Delta I$	系数	-0.064^{***}	-0.026^{**}	-0.012	-0.016^{***}	-0.019^{***}
	t 统计值	(-3.324)	(-2.542)	(-1.006)	(-3.132)	(-5.141)
S_h	系数	-0.034^{**}	-0.042^{***}	-0.039^{***}	-0.038^{***}	-0.037^{***}
	t 统计值	(-2.405)	(-3.254)	(-2.676)	(-3.147)	(-3.491)
$\ln h\Delta I$	系数	0.060^{***}	0.014	0.007	0.007	0.010^{***}
	t 统计值	(3.040)	(1.375)	(0.622)	(1.389)	(2.764)
$\ln(n+g+\delta)$	系数	-0.791^{***}	-0.600^{**}	-0.826^{***}	-0.993^{***}	-0.798^{***}
	t 统计值	(-3.053)	(-2.477)	(-3.130)	(-4.353)	(-3.962)
R^2		0.851	0.871	0.846	0.885	0.909
修正后的 R^2		0.825	0.849	0.820	0.865	0.893
F 统计值		85.398	101.692	82.630	115.385	149.144

　　根据表 13.3 的检验结果，使用各地区市场化相对指数(RF)作为制度变量的模型，其RF 的估计系数显著为正，表明经济体制市场化水平具有增长效应。进一步分析后可知，使用非国有经济发展指数(MAR)、政府与市场关系指数(GOV)2 个指数作为制度变量的模型，其系数均显著为正，而使用对外开放指数(OPE)、金融发展指数(FIN)作为制度变量的模型，其系数均不显著，这一结果与表 13.2 结果对转型机制的分析相一致：经济体制的市场化进程加速经济增长的机制主要由非国有经济的发展和政府与市场的关系这两个方面决定。此外，考察经济体制市场化水平变动(ΔRF)的影响，根据表 13.2 的检验结果，$\ln k$ 的系数为负，而 $\ln h$ 的系数为正，与其对应，表 13.3 中 $\ln k\Delta$RF 的系数为负，$\ln h\Delta$RF 的系数为正，表明经济增长与经济体制市场化水平的变动 ΔRF 同向变动，证实经济体制市场化水平的变动具有增长效应。进一步分析后可以发现，在 4 个指数中，只有政府与市场关系指数(GOV)作为制度变量时，$\ln k\Delta$GOV 和 $\ln h\Delta$GOV 的系数显著与使用 RF 作为制度变量时的情况保持一致，由此可以推断经济体制市场化水平的变动加速经济增长的机制主要由政府与市场的关系决定。再者，采用不同制度变量得到的资本投资率 S_k 和 S_h 的系数和符号，其情况完全一致，系数均显著不为零。物质资本投资率(S_k)对人均产出增长率存在显著的正向影响，人力资本投资率(S_h)与人均产出增长率呈显著的负相关关系，这一结果与表 13.2 保持一致。

对于表 13.2 和表 13.3 中对外开放指数(OPE)、金融发展指数(FIN)的系数并不显著的情况，本书认为，首先，与非国有经济的发展和政府与市场的关系不同，对外开放对微观经济活动的干预程度和金融发展与各地区生产效率的关系并不明确，中国的经济体制改革在很大程度上依赖于对外开放，对外开放对中国微观经济活动依然具有非常重要的影响。虽然从理论上看，对外开放对微观经济活动的影响在开放水平不高的落后地区较低，但对中国很多发达地区来说，由于其国际贸易往来频繁，对外开放水平较高，其经济增长在很大程度上需要依靠对外开放来拉动。因此，在经济发达地区，较高对外开放水平下的经济增长并不一定低效。其次，中国的金融业虽然在改革开放以来获得了巨大的发展，金融活动在经济活动中的作用也越来越重要，但受计划经济残留的制度障碍影响，地方政府和大量效率低下的国有集体企业的运转仍然需要国有银行及相关的金融机构提供金融支持，而缺乏效率的金融活动削弱了金融发展对经济增长的促进作用。

13.4.3　中国经济转型与区域经济增长的因果关系研究

前面的研究证实经济转型及其增量具有显著的增长效应。本节应用 GMM 模型对经济体制市场化水平及其变动与经济增长之间的因果关系进行检验，检验结果见表 13.4。

参考诺格德等对经济制度与民主改革因果关系的分析，本书认为与经济自由水平相似，高经济体制市场化水平(RF)的地区可以提供更好的社会基础设施，以及提升全要素生产率，因此 RF 提高是经济增长加速的原因；而高经济发展水平的地区对经济体制市场化水平有新的要求，这会促使经济体制市场化水平提高。因此，本书预测经济增长率的提高对地区经济体制市场化水平的提高有促进作用，市场化水平与经济增长存在双向格兰杰因果关系。

表 13.4　中国经济转型程度(经济体制市场化水平)及其变动的增长效应检验结果

变量	市场化水平		变量	市场化水平的变动	
	RF	gy		ΔRF	gy
工具变量集	C, $gy(-1)$, RF(-2)	C, $gy(-2)$, RF(-1)	工具变量集	C, $gy(-1)$, ΔRF(-1), ΔRF(-2)	C, $gy(-2)$, ΔRF(-1)
RF(-1)	0.956*** (62.235)	0.004*** (3.451)	ΔRF(-1)	-0.042*** (-3.574)	-0.011** (-5.458)
$gy(-1)$	-0.026*** (-4.124)	-0.823*** (-18.254)	$gy(-1)$	-0.226*** (-3.341)	-0.795*** (-18.322)
J 统计值	5.121	6.325	J 统计值	7.355	8.454
结论	经济增长与经济体制市场化水平存在双向格兰杰因果关系		结论	经济增长与经济体制市场化水平的变动存在双向格兰杰因果关系	

注：根据 J 统计值和工具变量的秩可对 GMM 估计进行基于过度识别约束的 Sargan 检验，检验结果均在 5% 的置信水平(第 2 个模型在 10% 的置信水平)下拒绝零假设，过度识别约束无效，模型中因变量的高阶滞后值不是因变量一阶滞后值差分项的合理的工具变量。

　　类似地，经济体制市场化水平的变动可以直接促使提升存量资本的生产配置效率、吸引投资和推动经济增长，但经济增长率与经济体制市场化水平的变动是否存在直接的因果关系尚无法推测。

　　实证结果证实经济体制市场化水平及其变动和经济增长之间存在双向格兰杰因果关系，而有关经济增长率促进经济体制市场化水平及其变动的原因还有待做进一步的分析。

13.5　本章小结

　　本章对 1978~2007 年中国各地区的经济体制在时间维度上的相对进步和与其他地区的相对差异进行了定量测度，并以此作为衡量中国各地区经济转型程度的制度变量。同时，在新古典经济理论框架下，本章以 Mankiw-Romer-Weil 模型为基础，通过加入制度变量建立了新模型，研究了以经济体制市场化水平及其变动衡量的中国经济转型对经济增长的水平效应、增长效应以及转型与增长之间的因果关系。实证检验结果如下。

　　(1) 加入经济体制市场化水平这一制度变量后的修正模型具有很高的解释能力，经济转型对经济增长具有水平效应。

　　(2) 经济体制市场化水平及其变动对解释中国经济转型期各地区经济增长速度之间的差异具有显著作用，经济转型及其变动对经济增长具有增长效应。

　　(3) 经济体制市场化水平及其变动和经济增长之间存在双向格兰杰因果关系。

　　中国经济转型期的经济体制市场化进程具有水平效应和增长效应的结论，对总结改革开放 40 多年的经验和评价中国经济转型这一制度变迁的经济绩效具有重要的意义。传统经济学理论假定经济活动的制度环境安排是既定的，在完美的市场经济环境下，增长模型并不包含制度要素。本章通过研究中国经济转型的实际经验，重新思考了作为制度创新的经济改革对经济绩效的影响，研究结果是对新古典增长理论的补充。转型期各地区的经济体制市场化水平对经济增长具有水平效应，与国外学者得出的经济自由具有水平效应的结论相一致。市场化水平的差异导致各地区在人力资本投资和物质资本投资、科技创新或技术引进等方面产生差异，影响了内生技术进步速度，造成呈现出制度因素的增长效应。就中国经济转型的实践经验而言，由于经济转型的深入，体制改革市场化水平不断提高，制度环境改善，吸引了更多的投资，使得总投资率上升，促进了经济增长。虽然由于人均资本量达到较高水平而造成资本边际收益递减，致使经济增长速度有所减缓，但总体上看，经济体制市场化水平提高所引起的增长效应仍然使经济保持较高的增长速度。

　　本章除使用各地区市场化相对指数(RF)研究了经济转型与经济增长的关系外，还对四个最主要方面的制度变迁与经济增长的关系进行了研究，即：①政府与市场的关系；② 非国有经济发展；③对外开放；④金融发展。研究结果表明，中国经济转型——经济体制市场化进程加速经济增长主要由非国有经济的发展和政府与市场的关系转型引起。经济转型具有增长效应的结论，对于各地区制定适宜的发展政策具有指导意义。在其他因素相同的条件下，市场化水平的提高特别是非国有经济的发展可以显著地促进经济增长率提高，因此中西部欠发达地区在制定发展策略时必须重视鼓励以市场经济体制为导向的经济活动，同时兼顾其他方面的制度创新，以促进经济持续稳定地增长。

需要指出的是，尽管在对样本数据进行研究时没有发现对外开放、金融发展这两方面的经济体制转型具有增长效应，但是如何扩大对外开放和进行金融体制改革是中国经济体制改革下一步应关注的重点和难点，无论是东部发达地区还是中西部欠发达地区，提高对外开放的活力和金融活动的效率对于经济的持续健康发展都具有重要意义。

本章的实证研究证明物质资本投资率对中国各地区的劳均产出和劳均产出增长率均存在正向的影响。诚然，实施经济体制改革以来中国经济高速发展的原因之一是物质资本投资率不断提高，但是片面强调提高物质资本投资率必然会导致消费减少，进而影响当期消费者的效用。如果将本章使用的物质资本投资率外生决定的增长模型扩展为考虑消费者跨期最优化的增长模型，则物质资本投资率的水平将被模型内生决定而不能任意选择，因此也就无法简单地通过提高物质资本投资率获得长期的经济增长。

第 14 章　统筹城乡与缩小城乡收入差距

自实施西部大开发战略以来，东部地区与西部地区在发展水平方面的差距明显缩小。然而，随着西部地区的经济快速增长，区域内部经济发展不平衡的问题日益凸显，西部地区一些省(自治区、直辖市)的城乡收入差距逐年增大。为实现城乡共同富裕与社会和谐发展，国家采取了一系列政策措施来缩小城乡收入差距，各地区的城乡收入差距普遍呈现出先增大后缩小的趋势。由表 14.1 可以看出，西部地区城乡收入比的增幅和绝对值均明显高于东部地区。

表 14.1　2000～2013 年东、中、西部部分省(自治区、直辖市)城乡收入比[①]

年份	东部地区				中部地区			西部地区				
	北京	上海	广东	浙江	湖南	山西	安徽	甘肃	陕西	贵州	四川	重庆
2000	2.25	2.09	2.67	2.18	2.83	2.48	2.74	3.44	3.55	3.73	3.10	3.32
2001	2.30	2.19	2.76	2.28	2.95	2.76	2.81	3.57	3.68	3.86	3.20	3.41
2002	2.31	2.13	2.85	2.37	2.90	2.90	2.85	3.87	3.97	3.99	3.14	3.45
2003	2.48	2.23	3.05	2.45	3.03	3.05	3.19	3.98	4.06	4.20	3.16	3.65
2004	2.53	2.36	3.12	2.45	3.04	3.05	3.01	3.98	4.01	4.25	3.06	3.67
2005	2.40	2.26	3.15	2.45	3.05	3.08	3.21	4.08	4.03	4.34	2.99	3.65
2006	2.41	2.26	3.15	2.49	3.10	3.15	3.29	4.18	4.10	4.59	3.11	4.03
2007	2.33	2.33	3.15	2.49	3.15	3.15	3.23	4.30	4.07	4.50	3.13	3.59
2008	2.32	2.33	3.08	2.45	3.06	3.20	3.09	4.03	4.10	4.20	3.07	3.48
2009	2.29	2.31	3.12	2.46	3.07	3.30	3.13	4.00	4.11	4.28	3.10	3.52
2010	2.19	2.28	3.03	2.42	2.95	3.30	2.99	3.85	3.82	4.07	3.04	3.32
2011	2.23	2.26	2.87	2.37	2.87	3.24	2.99	3.83	3.63	3.98	2.92	3.12
2012	2.21	2.26	2.87	2.37	2.87	3.21	2.94	3.81	3.60	3.93	2.90	3.11
2013	2.20	2.24	2.84	2.35	2.80	3.14	2.85	3.71	3.52	3.80	2.83	3.03

[①] 城乡收入比=城镇居民家庭平均每人全年可支配收入/农村居民家庭平均每人全年纯收入，城镇居民家庭平均每人全年可支配收入与农村居民家庭平均每人全年纯收入的数据来源于国泰安 CSMAR 数据库。

　　2007 年，重庆市与成都市被国务院批准设立为全国统筹城乡综合配套改革试验区，希望据此探索出一条适合中西部地区的发展道路，对全国深化改革与实现社会和谐发展发挥示范与带动作用。在被设立为统筹城乡试验区之后，重庆市政府于 2007 年 9 月通过了统筹城乡综合配套改革试验总体方案，该方案制定了两大目标：①到 2012 年和 2020 年，将重庆的城镇化率从 2007 年的 48.3%分别提高到 55%和 70%；②到 2012 年和 2020 年，将城乡收入比从 2007 年的 3.59 分别降低到 3.15 和 2.5。统计数据显示，2012 年重庆市的城镇化率为 57%，城乡收入比为 3.11。

　　关于统筹城乡对城乡收入差距的影响，国内已有一些相关研究成果。例如，谢文君 (2011) 和高春利 (2014) 等采用构建统筹城乡测度指标体系的方法，运用向量自回归 (vector auto regression，VAR) 模型和向量误差修正模型 (vector error correction model，VECM) 实证分析了统筹城乡与城乡收入差距之间的互动关系。限于所采用的计量方法，此前的研究仅识别出统筹城乡和城乡收入差距这两者在统计意义上的依赖关系，没有进行有关因果关系的讨论，无法排除导致城乡收入差距变动的其他因素的影响。此处必须指出，谢文君 (2011) 和高春利 (2014) 等在研究中讨论格兰杰因果关系时是基于预测角度，没有进行非变量间真实因果关系的讨论。

14.1　宏观政策与城乡收入差距研究概述

　　现有文献认为有很多因素会导致城乡收入差距缩小，对于中国在转型期实现城乡收入差距减小，一些学者认为可能是由经济转型过程中城市化进程导致的 (陆铭和陈钊，2004；曹裕等，2010)，但也有学者认为可能是因为中国经济现在已发展至库兹涅茨倒 U 形假说中 U 形曲线的右端。

　　借助重庆市和成都市被设立为全国统筹城乡综合配套改革试验区，一些学者尝试采用诸如双倍差分法等近年来较为流行的政策评价方法，量化评估统筹城乡这一政策对缩小城乡收入差距的成效。目前，已发表的为数不多的关于统筹城乡政策评估的文献均基于省级数据，例如，余静文 (2013) 利用合成控制法从资源错配角度分析了城乡统筹改革对城乡收入比的影响，认为统筹城乡政策可通过促进资源自由流动，提高农村居民收入水平，缩小城乡居民之间的收入差距；夏波 (2013) 使用双倍差分法，在省级面板数据的基础上量化评估了城乡收入受到的城乡统筹政策的影响，并基于计量模型估计结果得出了统筹城乡政策对城乡收入差距的抑制作用不明显的结论，这一结论与其他学者如余静文 (2013) 等的研究结论相悖，这一问题的解答存在争议。基于上述文献的研究结果，针对现有研究的不足，本章将对"统筹城乡政策是否能够显著缩小及在多大程度上缩小城乡收入差距"这一问题进行计量经济学建模研究。

　　在数据方面，与现有研究相比，本章将采用区 (县) 级数据建立面板数据模型。采用区 (县) 级数据建模主要基于以下原因：城市资源丰富，能够提供更合适的工作、良好的基础设施以及更多的学习机会，容易形成集聚经济，进而带来专业化分工。专业化意味着生产效率提升，产出增加，工资也有增加的可能性。而集聚经济和专业化过程会促使更多的资源(如资本和劳动力等)向大城市集中,城市极化在所难免。但现有文献多采用省级行政区数据,只能在省级行政区维度下从总量的角度讨论城乡收入差距,据此得到的结果实际上是不同区域间经济发展水平不同所带来的差异。因此,为了考察省级行政区的内部差异性,本章采用区(县)级数据。

在计量方法方面,为了量化评估统筹城乡政策给城乡收入差距带来的净影响,本章采用国内外政策研究中较为前沿的双倍差分法,选择重庆市各区(县)作为处理组,以相对于重庆经济发展水平更高的浙江省各区(县)为控制组,在模型中引入金融发展、交通基础设施建设、产业结构、城镇化率等相关控制变量,运用两个地区在 2004～2013 年的县级面板数据集对重庆实施统筹城乡政策的效果进行科学的量化评估,研究统筹城乡政策给缩小城乡收入差距带来的影响。

处理组与控制组的合理选择是运用双倍差分法得出合理结果的一个重要因素,最初本章在进行样本选择时,设想将以重庆市与成都市为核心的成渝经济区和东部沿海三大增长极经济区中最有代表性的长三角经济区进行对比分析。但是首先,本章在数据收集过程中发现各年度《上海统计年鉴》及其他相关数据来源均无法获得上海市各区县的统计数据,同时,《江苏统计年鉴》虽然提供有各区县的各年度数据,但是由于缺乏对应的 GDP 指数,甚至也没有可替代使用的各区县消费价格指数(consumer price index,CPI),无法对各变量进行价格调整以计算实际增长率,因此仅能选择浙江省各区县作为控制组。其次,可以作为处理组的样本是全国统筹城乡综合配套改革试验区的重庆市和成都市(不是四川省的各区县,只是成都市),本章注意到重庆市与成都市的区县行政等级不对等,不能简单将其混在一起进行分析。并且从图 14.1 中可以看出,成都市的城乡收入差距与重庆市有着显著差异,统筹城乡政策实施以前,成都市的城乡收入比一直维持在较低的水平,且数值上与浙江省相近,城乡收入两极分化的矛盾并不突出。实施城乡统筹政策的目的应是侧重于通过城乡统筹以促进整体经济的快速发展,重庆市存在亟待解决的城乡收入不平衡的问题,因此本章选择重庆市为处理组来研究统筹城乡对城乡收入差距的影响。基于上述两点原因,本书最终决定仅使用重庆市与浙江省的区县数据进行对比分析。

为验证处理组和控制组的可比性,鉴于数据的可获得性,本书所使用区县级数据的样本期为 2004～2013 年,可用于验证的在 2007 年统筹城乡政策实施以前区县级可比数据的年限太短(仅有三期),因此本章以省级数据来观察处理组与控制组是否具有可比性,即考察处理组和控制组样本是否满足平行趋势假设。对于这种情况,一种可行的判断方法是通过作时间趋势图观察处理组和控制组的被解释变量的时间趋势是否平行,如果二者大致平行,则可增强对平行趋势假定的支持。因此本章通过观测 2000～2006 年重庆市和浙江省整体的城乡收入比的变化趋势对两个省市的可比性进行了说明,从图 14.1 中可以看出,2007 年以前(即统筹城乡政策实施以前),浙江省和重庆市的城乡收入比变化趋势基本一致,相比浙江省,2006 年重庆市城乡收入差距甚至出现明显增幅,因此以浙江省作为控制组检验重庆市实施统筹城乡政策对缩小城乡收入差距是否有效是合理的。

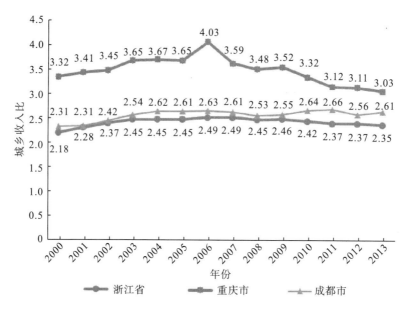

图 14.1   2000~2013 年浙江省、重庆市与成都市城乡收入比变化趋势

14.2   双倍差分法与统筹城乡政策缩小城乡收入差距的理论机制

14.2.1   双倍差分法

双倍差分法最早见于 Ashenfelter 和 Card(1985)的研究，近年来在国内外文献中多用于对政策实施效果的量化评估，如 Card 和 Krueger(2000)、Petrick 和 Zier(2011)、黄玲文和姚洋(2007)、刘生龙等(2009)、程令国和张晔(2012)等均采用双倍差分法对最低工资政策、公共农业政策、国有企业改制、西部大开发战略以及倾向城市的经济政策等的成效进行了量化评估。

双倍差分法将研究对象按是否实施了政策实验分为处理组和控制组，可在研究中设定处理组在 t 时刻实施了政策实验，而控制组在该时刻没有实施类似的政策实验，然后对比处理组和控制组在该项政策实施前后的经济行为的变化情况。和控制组样本相比，如果处理组样本在政策实施后的变化明显较大，则表明该项政策的实施效果显著。

在考察处理组样本的政策实施效果时，具体做法是通过设置两个虚拟变量 du 和 dt 来度量这一效果。其中，虚拟变量 du 用于区分处理组样本与控制组样本，处理组样本的 du 取值为 1，控制组样本的 du 取值为 0；虚拟变量 dt 用于区分政策实施前与政策实施后，政策实施前各样本的 dt 取值为 0，政策实施后各样本的 dt 取值为 1。

计量模型具体设定如下：

$$g_{it} = \beta_0 + \beta_1 du_{it} + \beta_2 dt_{it} + \beta_3 du_{it} \times dt_{it} + \varepsilon_{it} \tag{14.1}$$

式中，i 和 t 分别表示个体和时间；g 和 ε 分别表示经济变量的增长率(或变化率)和随机扰动项，为简化计算，公式中省略了控制变量。

对于控制组，$\mathrm{d}u_{it}=0$，由式(14.1)可知控制组经济体在政策实施前后的经济行为变化为

$$\mathrm{dif\_con}=\left(\beta_0+\beta_2+\varepsilon_{it}\right)-\left(\beta_0+\varepsilon_{it}\right)=\beta_2 \qquad (14.2)$$

对于处理组，$\mathrm{d}u_{it}=1$，由式(14.1)可知处理组经济体在政策实施前后的经济行为变化为

$$\mathrm{dif\_tre}=\left(\beta_0+\beta_1+\beta_2+\beta_3+\delta_{it}\right)-\left(\beta_0+\beta_1+\delta_{it}\right)=\beta_2+\beta_3 \qquad (14.3)$$

对以上两式取差分，得到政策的实施对处理组经济体经济行为变化的净影响为

$$\mathrm{DID}=\mathrm{dif\_tre}-\mathrm{dif\_con}=\beta_2+\beta_3-\beta_2=\beta_3 \qquad (14.4)$$

由此可见，虚拟变量 du 和 dt 的交叉项的系数 β_3 是双倍差分法的估计结果，反映了政策的实施对处理组经济体的经济行为产生的影响；系数 β_1 反映了处理组和控制组之间不随时间而变动的差异；系数 β_2 则反映了如果没有政策变动，两个样本组的经济行为如何随时间变动。

14.2.2　统筹城乡政策缩小城乡收入差距的理论机制

经过对文献进行详细检索，本书发现目前尚无较为完整、系统的关于统筹城乡政策和缩小城乡收入差距的理论机制的研究，部分对相关因素的影响机制的讨论见于少量文献。例如，刘生龙等(2009)在针对西部大开发战略实施效果评价的研究中给出了相关控制变量的较为详尽的阐释，论述了 FDI、交通基础设施建设、资本和产业结构等变量对西部地区经济增长的影响。此外，关于城乡收入差距的影响因素，陆铭和陈钊(2004)认为城市化、交通基础设施建设、产业结构以及对外开放程度对城乡收入差距有着较大影响，而在对外开放过程中，西方的先进金融理念及产品进入中国后在一定程度上推动了地区金融的发展。

综合现有研究观点，本书认为统筹城乡政策的实施对重庆地区经济的影响主要包括以下几个方面(图 14.2)。

1. 投资深化

统筹城乡政策具有的政策优势，极大增强了投资者的信心，重庆地区的投资较统筹城乡政策实施之前大幅增加。

投资在理论上主要通过扩大投资规模促进经济增长，然后通过经济增长的"涓滴效应"来实现缩小城乡收入差距的目标。早期一些内生增长模型(如 AK 模型等)证实投资与人均GDP 增长率之间存在正相关关系，投资的增长可以带来经济的持续高速增长。国内实证研究方面，王任飞和王进杰(2007)利用协整理论讨论了中国的基础设施投资和产出之间的

双向格兰杰因果关系，其实证结果支持基础设施投资增加是经济增长的长期原因的结论。傅蕴英等(2017)采用双倍差分法对统筹城乡政策的实施效果进行了量化评估，认为重庆地区的统筹城乡政策缩小城乡收入差距主要是通过资本积累、基础设施建设、产业结构调整和城市化进程实现的。然而，影响城乡收入差距的因素还有很多，如政府支出、对外贸易和金融发展等。

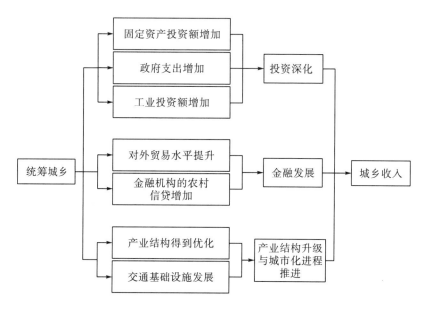

图 14.2   统筹城乡影响城乡收入的机制分析

2. 金融发展

随着统筹城乡政策的实施，重庆地区的出口状况得到显著改善，贸易软环境的建设已取得些许成效。而软环境对地区的长远发展有着深刻的影响，贸易带来的不仅是资金的往来和经济的繁荣，还有技术、管理上的交流学习和产业结构的升级。尤其是对于金融行业，贸易带来了国际上先进的金融产品理念和经营模式，如汇丰银行、东亚银行等为重庆带来了世界先进的产品与服务；同时，英国、美国等西方发达国家的金融行业发展水平远远领先于中国，与它们在金融和证券行业的交流必将大幅提高中国金融机构的运作效率，推进整个金融业繁荣发展。

与投资相似，金融发展缩小城乡收入差距在理论上也主要通过先促进经济增长，然后由经济增长的"涓滴效应"来实现。

3. 产业结构升级与城市化进程推进

产业结构升级是发展中国家经济增长的重要推动力之一，统筹城乡政策的实施可促使政府加大对重庆地区整个工业行业的投资力度，使工业产值在 GDP 中占有更大比重，让重庆地区的产业结构得到优化。产业结构的合理化与升级有助于提升资源的利用效率，增加产业间的交流,使各产业在互相学习的过程中共同进步,而这必然会促进经济良性发展,进而提高经济整体发展水平。同时,工业化使得大量农村劳动力等生产要素向城市转移,因此产业结构的转变可促进重庆地区推进城市化进程。杨志海等(2013)利用中国 1523 个县(市)在 2005～2010 年的大样本面板数据,实证检验了县域城镇化与城乡收入差距之间的关系,发现县域城镇化的推进有助于显著缩小城乡收入差距。

14.3　统筹城乡对城乡收入差距影响的实证研究

14.3.1　实证模型的构建

　　结合 14.2 节中有关统筹城乡政策对缩小城乡收入差距的影响机制分析,同时考虑到城乡收入差距往往受多种因素的影响(如资本要素投入、政府支出和城镇化率等),为了能更科学地评价统筹城乡政策的实施对城乡收入差距的影响,有必要在模型中加入重要的相关控制变量。因此,本节对式(14.1)进行扩充,最终采用如下模型针对统筹城乡政策对城乡收入差距的影响进行实证研究:

$$\text{city} = \text{cons} + \text{city}_{t-1} + \beta X + \beta_1 du + \beta_2 dt + \beta_3 du \times dt \tag{14.5}$$

式中,city 为被解释变量,表示城乡收入比;X 表示控制变量向量,它包含如下几个控制变量。

　　(1)资本存量:本书采用重庆市和浙江省各区(县)资本存量的自然对数值(lncapitalk)来衡量资本要素投入对城乡收入差距的影响。

　　(2)政府支出占 GDP 比重(gov_gdp):用于衡量政府支出对城乡收入差距的影响。

　　(3)信贷量占 GDP 比重(loan_gdp):用于衡量金融发展对城乡收入差距的影响。根据现有文献的研究结论,金融发展必然导致该地区信贷量增长,因此,本书选取信贷量占 GDP 比重这一变量,该指标是本书重点关注的指标。

　　(4)出口总额占 GDP 比重(exp_gdp):用于衡量对外贸易水平,以及研究其对城乡收入差距的影响。

　　(5)城镇化率(urban):现有研究普遍认为,城镇化水平越高的地区其城乡收入差距越小,为了衡量城镇化对城乡收入差距的影响,本书使用城镇人口占总人口的比重作为衡量城镇化率的指标。

　　(6)产业结构(in_str):使用工业产值与总产值的比值衡量。产业结构是本书重点关注的指标,产业结构逐步侧重于工业或者服务业是否会对重庆地区的城乡收入差距产生影响,对于本书最后提出怎样的政策建议具有重要的参考意义。

　　(7)交通客运量(tran):本书使用年客运量来衡量交通运输行业的发展水平。

　　如 14.2 节所述,本书模型中使用时间虚拟变量 dt(2007 年及以后的年份为 1,否则为 0)区分统筹城乡政策实施前后的样本,使用地区虚拟变量 du[对于处理组样本,即重庆的区(县),取值为 1;对于控制组样本,即浙江的区(县),取值为 0]区分处理组样本和控制组样本。β_3 为交叉项 du×dt 的系数即双倍差分法所评价的干预效应。

14.3.2　数据来源

本章主要变量的数据来自各年度的《重庆统计年鉴》和《浙江统计年鉴》，选用2004～2013年重庆市40个县级行政区(含主城区)的面板数据作为处理组，使用浙江省90个县级行政区(含主城区)的面板数据作为控制组。

(1)行政区划调整问题。2011年重庆市调整了部分行政区划，即撤销万盛区和綦江县，设立綦江区；撤销双桥区和大足县，设立大足区。因此，《重庆统计年鉴》中并没有双桥和万盛相应指标在2011年以后的数据。为了让本书所构造的数据集是平衡面板数据集，本书对撤掉的区(县)的数据进行了估算。具体来说，本书按照2010年万盛区和綦江县在各项指标中所占的比例，估算了合并后的綦江区中万盛区和綦江县的各项指标在2011年以后的数据。同理，从合并后的大足区中估算出双桥区和大足县各项指标的数据。

(2)县级行政区的资本存量估算问题。各类文献和相关统计资料(如《重庆统计年鉴》《浙江统计年鉴》及《中国统计年鉴》等)都没有提供分区(县)的资本存量数据，因此本书必须对这一关键变量进行估算。本书依照现有文献的研究思路对重庆及浙江各区(县)的资本存量进行了估算，资本存量的估算采用永续盘存法。一般使用永续盘存法时需要先选定一个基期，并估计基期的资本存量，之后资本存量通过简化后的永续盘存法进行估计。

$$K_{it} = K_{i,t-1}\left(1 - \delta_t\right) + I_{it} \qquad (14.6)$$

式中，K代表资本存量；i代表第i个区(县)；t代表第t年；I代表第t年第i个区(县)的全社会固定资产投资额；δ代表经济折旧率。

通过分析各年度的《重庆统计年鉴》及《浙江统计年鉴》可以发现，重庆市和浙江省各区(县)的固定资产投资额总体上都保持均衡增长，因此本书参考汪锋等(2007)的做法，假设各县级行政区在起始年份有基本相同的资本产出率，然后通过2004年各区(县)固定资产投资额占全市总投资额的比例确定各区(县)初始资本存量占全市(省)初始资本存量的比例，并据此估算各县级行政区的初始资本存量。对于重庆市和浙江省在基期的初始资本存量数据，本章直接引用单豪杰(2008)对浙江省资本存量的计算结果和康继军等(2015)对重庆市资本存量的计算结果，并依据固定资产投资额占全市总投资额比例的平均值估算各区(县)在基期的资本存量。

对于式(14.6)中的折旧率δ，本章依据各年度的《重庆统计年鉴》和《浙江统计年鉴》给出的每年折旧额，并用各区(县)固定资产投资额占全省总固定资产投资额的比例作为各区(县)折旧额占全省折旧额的比例，估算出各区(县)每年的折旧额，据此得到各区(县)各年度的折旧率。

估算出两组样本中各区(县)在基期的资本存量、各年度的折旧率后，根据式(14.6)进行后续资本存量的计算，并用各年度《重庆统计年鉴》及《浙江统计年鉴》中的固定资产投资价格指数将计算出的各年度资本存量调整至基期的价格水平，得到重庆市和浙江省各区(县)在2004～2013年的资本存量(K)数据。

14.3.3 研究结果及其经济学解释

考虑到参数的内生性,本书采用系统 GMM 方法对式(14.5)进行参数估计。为保证 GMM 估计的一致性,本书进行了模型的 Sargan 检验和差分误差项的序列相关检验,检验结果见表 14.2。

检验结果显示,该模型的 Sargan 检验 chi2(32)=33,伴随概率 p 为 1.000,表明不能拒绝工具变量有效的原假设,通过了 Sargan 检验;Arellano-bond 的 AR(1)检验的伴随概率 p 为 0.062,Arellano-bond 的 AR(2)检验的伴随概率 p 为 0.544,表明模型中不存在残差项的二阶自相关,差分残差项服从 AR(1),通过了自相关检验。

表 14.2 基于系统 GMM 方法对式(14.5)的回归结果

变量	系数	标准误差	Z 值	伴随概率 p
$L1$	0.6097	0.0534	11.42	0.000
$du×dt$	−0.0722	0.0349	−2.07	0.039
du	−0.6603	0.1782	−3.70	0.000
dt	0.2394	0.0436	5.45	0.000
lncapitalk	−0.1181	0.0253	−4.66	0.000
gov_gdp	0.2431	0.0815	2.98	0.003
loan_gdp	0.0815	0.3084	0.26	0.794
exp_gdp	0.2812	0.0935	3.01	0.003
urban	−0.0933	0.0016	−5.68	0.000
in_str	−0.1378	0.0511	−2.69	0.007
tran	−0.0001	$8.99×10^{-6}$	−1.71	0.085
_cons(截距项)	−2.164	1.052	−2.06	0.04

此动态面板模型的估计结果很好地刻画了实施统筹城乡政策对城乡收入差距的影响规律。滞后项的回归结果反映的是经济变量的惯性,而存在惯性是宏观经济学变量的特点,一阶自回归项 $L1$ 的系数显著为正,结论支持经济增长的一般规律。

表 14.2 中,最重要的是可体现统筹城乡政策实施效果的 $du×dt$ 的系数。由前面的分析可知,它实际上是双倍差分估计结果,用于衡量统筹城乡政策的实施对城乡收入差距影响的净效应。该系数为负且通过了 5%显著性水平下的检验,说明 2007 年前后,实施统筹城乡政策的地区其城乡收入差距缩小的程度大于没有实施统筹城乡政策的地区。具体而言,统筹城乡政策实施前后,重庆市的城乡收入差距比浙江省缩小了约 7 个百分点,这一结果说明实施统筹城乡政策有助于显著缩小城乡收入差距。

为了检验统筹城乡政策对相关控制变量造成了怎样的影响,本章将各个控制变量按年度计算其增长率并进行两次差分计算,得到了差分结果及双倍差分结果,如表 14.3 所示。

表 14.3　控制变量的双倍差分结果

变量	重庆 2004~2006 年	重庆 2007~2013 年	重庆前后变化	浙江 2004~2006 年	浙江 2007~2013 年	浙江前后变化	双倍差分结果
lncapitalk	−0.007	0.020	0.027	0.015	0.021	0.006	0.021
gov_gdp	−0.027	0.063	0.090	−0.008	0.071	0.008	0.010
loan_gdp	0.041	0.064	0.023	0.106	0.046	−0.059	0.083
exp_gdp	0.0957	0.0608	−0.0340	0.0580	−0.0040	−0.0630	0.0280
urban	0.043	0.142	0.099	−0.078	−0.033	0.044	0.054
in_str	0.078	0.177	0.100	−0.052	0.013	0.065	0.035
tran	0.153	0.181	0.028	0.069	0.078	0.008	0.019

表 14.3 中最后一列的双倍差分结果反映了统筹城乡政策对重庆市相关控制变量的影响，与浙江省相比，统筹城乡政策的实施对重庆地区的相关控制变量均产生了正向的影响，其对贷款余额占 GDP 比重、城镇化率和工业产值占总产值比重的影响最为明显，对资本存量、出口总额占 GDP 比重和交通客运量的影响次之。为了更好地理解以上控制变量对城乡收入差距的影响，下面对表 14.2 中相关控制变量的系数回归结果进行简要解释。

(1)资本存量(lncapitalk)的系数为负并在方程中通过 1%显著性水平下的检验，说明资本存量的增加有利于缩小城乡收入差距。

(2)政府支出占 GDP 比重(gov_gdp)的系数估计值显著为正，反映了目前政府对经济的干预方式不利于缩小城乡收入差距，此结论可从政府支出的金额和投向两方面得以体现。在金额方面，政府支出占 GDP 比重的增加不利于缩小城乡收入差距，说明政府应当减少对市场的干预，经济应进行市场化转型；在投向方面，图 14.3 展示了 2004~2013 年重庆市政府支出投向各个行业的平均比例，由图可知政府支出更多地投向了城乡社区事务、社会保障、教育等产业，而这些产业多集中于主城区，仅有较少部分用于支持农业、林业和水利行业的发展，且对城市的投入力度明显大于农村。

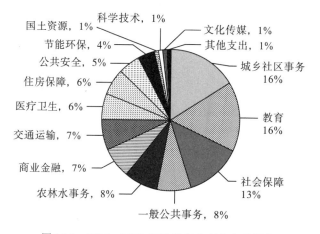

图 14.3　2004~2013 年重庆市政府支出的投向

(3) 出口总额占 GDP 比重 (exp_gdp) 的回归系数显著为正, 说明出口总额占 GDP 比重的增加不利于缩小城乡收入差距。这一结果和相关研究的结论一致, 出口贸易目前多集中于较发达地区, 主要拉动的是城市地区的经济增长, 对农村地区的影响则相对不显著。例如, 毛其淋 (2011) 使用中国在 1995~2008 年的省级面板数据, 运用系统 GMM 方法进行了实证分析, 分析结果证实经济开放程度越高, 城乡收入差距越大。虽然统筹城乡政策的实施促进了出口贸易的增加, 从表面上看不利于缩小城乡收入差距, 但是城市经济的发展不应因需要缩小城乡收入差距而受到限制。总体而言, 实施统筹城乡政策是有益的。

(4) 城镇化率 (urban) 的系数估计值显著为负, 说明城镇化有利于缩小城乡收入差距。该结果也验证了许多学者的观点。例如, 陆铭和陈钊 (2004) 发现城市化对降低统计意义上的城乡收入差距具有显著作用; 李江涛等 (2013) 选用空间动态面板模型对 1997~2007 年中国省级面板数据进行了实证分析, 分析结果支持市场化和城镇化对于缩小城乡收入差距有积极作用的结论。

(5) 用于衡量产业结构的工业产值和总产值的比值 (in_str) 其系数估计结果显示, 产业结构偏重工业有利于缩小城乡收入差距。工业一直是重庆的支柱产业, 许多国内外知名的汽车、摩托车和钢铁企业均选择在重庆落户, 因此产业结构的工业化转型十分值得关注。如图 14.4 所示, 统筹城乡政策实施以后, 重庆地区的产业结构更加偏重工业, 2004~2011 年第一产业和第三产业的比重略有下降, 第二产业的比重由 45% 增加至 56%。这一转变促进了重庆地区的城镇化进程, 统筹城乡以工业化带动城镇化, 而工业化必将推动城乡一体化, 促使城乡二元结构被打破, 进而使得城乡收入差距缩小。

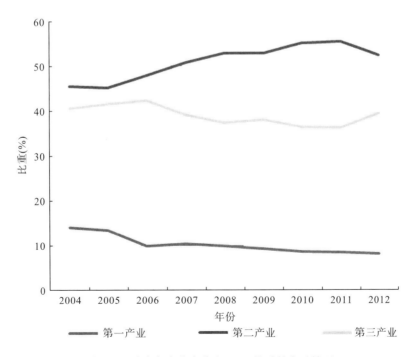

图 14.4　重庆各产业产值占 GDP 比重的变动情况

(6)交通客运量(tran)的系数估计值显著为负，表明交通运输业的发展对重庆地区缩小城乡收入差距也有促进作用，这和一些学者的研究结论相符。例如，康继军等(2014)在其研究中论证了交通基础设施建设有利于缩小城乡收入差距；郝颖等(2014)从微观视角研究了企业投资活动对地区经济增长质量的影响，发现企业新增固定资产投资与当期经济增长率呈正相关，而不能推动经济增长的持续性企业技术投资对经济增长的推动具有滞后效应，但增强了增长的持续性。

用以衡量金融发展程度的贷款余额占GDP比重(loan_gdp)指标其系数估计值不显著。此结果不支持本书对变量设定部分的假设，即可通过金融发展促进经济增长，进而通过经济增长的"涓滴效应"减小城乡收入差距。式(14.5)的实证结果表明，用贷款余额占GDP比重衡量的金融发展水平并未显著地影响城乡收入差距。这一结果符合目前国内外关于金融发展与经济增长关系的研究现状，关于该问题，学者们尚未达成共识。由此可见，金融发展有其特殊性、排他性和门槛性，其对城乡收入差距的影响不可一概而论。

14.4　本　章　小　结

本章利用双倍差分法，对统筹城乡政策的实施效果进行了量化评估，研究结果如下。

(1)统筹城乡政策的实施显著缩小了城乡收入差距。统筹城乡政策的实施，使得重庆地区城乡收入比相对于浙江省减小了约7个百分点，也就是说，实施城乡统筹政策的地区其城乡收入差距缩小的速度快于未实施城乡统筹政策的地区。

(2)重庆地区统筹城乡政策缩小城乡收入差距主要通过资本积累、基础设施建设、产业结构调整和推进城市化进程实现。然而影响城乡收入差距的因素还有很多，如政府支出、对外贸易和金融发展等。

通过以上研究本章发现这些方面未能有效地缩小重庆地区的城乡收入差距，这些方面的改进应是统筹城乡政策在实施时的下一步目标。基于此，本章提出如下政策建议。

首先，政府应加强对农村农林牧渔业与水利行业等的建设。投资的边际效用具有递减性，政府在进行城市建设时，应权衡资金投向农村地区建设农业、林业和水利行业时产生的效益是否高于投向城市的某些产业，适当增加对农村建设的支出，而不是被动地等待城市产业投资过剩产生的扩散效应与涓滴效应来带动农村地区的发展，同时应提高资金的使用效率，加快促进城乡收入差距缩小。

其次，政府应继续维持对外贸易高速发展。虽然发展对外贸易扩大了重庆地区的城乡收入差距，但是进出口贸易日益活跃，其明显改善了地区投资软环境，而软环境可用于衡量一个地区的经济增长潜力，在长期的经济发展过程中有着举足轻重的地位。本书认为对外贸易与城乡收入差距不是简单的线性关系，或许存在倒 U 形关系，软环境的进一步改善和对外贸易所带来的开放必将全面带动地区的经济发展，推动农村进步，最终缩小城乡收入差距。

再次，政府应结合农村居民投融资需求来推进农村金融机构改革。地方政府在促进金融发展时，应多给予农村地区关注与支持，尽可能地建立适合农村地区的金融服务主体，拓宽农村地区企业和居民的投融资渠道，建立完善的管理制度，使普惠金融、小微金融和社区金融能够扶持地方实体产业发展，进而推动广大农村地区的经济发展，让农民真正地得到好处。

最后，政府应继续加强对工业的投资。工业是重庆的核心产业，工业化进程往往伴随着城镇化，本书研究后发现，城镇化对缩小城乡收入差距起着积极的推动作用；同时，工业的发展对当地金融业与其他行业的发展也有积极的带动作用，进而可带动周边地区经济的发展，逐步打破原有的城乡二元结构，缩小城乡收入差距。

总之，统筹城乡政策推动了重庆试验区的全面发展，应坚定不移地把它落到实处。在政策执行过程中，要加强关注基础性工作的细节，加强调查，深入基层了解真实情况，掌握准确的数据，以便为研究决策提供科学的参考依据；坚持将定性分析与定量分析相结合的思路，用理论支持相关调研，用调研结果反馈"三农"发展，使基础工作的科学性明显增强，效率显著提高；认真总结分析政策实施过程中存在的问题，制定相应的整改措施。只要政策落到实处，城乡收入差距就能不断缩小，城乡共同富裕也必将实现。

第15章　经济转型视角下的城镇化与区域经济增长研究

随着人民币汇率的上升及劳动力成本的上涨，以及人口红利逐渐减少，以出口为导向的中国经济正面临严峻的挑战，以投资为主导的经济增长已经出现不可持续的问题，产能过剩和投资效率低下等问题日益凸显。面对"保增长"的要求，可拉动经济增长的"三驾马车"中出口和投资已经显得乏善可陈，这使得政府和公众的注意力转移到第三驾马车"消费"上，鉴于国际需求疲软，拉动内需显得迫切而重要。

随着新型城镇化战略的提出，中国的城镇化进程将有助于释放巨大的消费潜力，而城镇化是解决农业和农民问题的重要途径和方法，是区域经济协调发展的有力支撑。研究中国的城镇化离不开特定的经济体制变革背景和经济发展现状，其中涉及的问题有经济体制的市场化转型是否对城镇化起到了积极的推动作用？城镇化作为拉动内需的重要途径，是否已经成为经济增长的新引擎？经济增长与城镇化是否存在相互作用机制，且该机制能否使二者良性发展、相互促进？这些问题都是国家在推动新型城镇化和统筹城乡发展过程中需要厘清的问题，也是本书将要深入探讨和解答的问题。特别需要说明的是，本章所讨论的市场化进程与经济转型不做严格的区分，二者的内涵相同。

本书认为，改革开放40多年来，中国的经济社会发展取得如此巨大的成就，经济体制的市场化改革是不可或缺的重要因素，鉴于学术界对市场化指数已有较为系统深入的研究，可以从实证分析的角度系统地研究市场化进程对城镇化的贡献程度。本章重点分析市场化进程对城镇化的作用机制，并在分析理论机制的基础上建立一个联立方程模型，将城镇化与经济增长纳入一个经济系统并定量讨论二者的互动作用关系。

15.1　20世纪90年代以来中国城镇化的变化

城镇化，又称作"城市化"或者"都市化"，来源于英文单词"urbanization"，二者有着相近的含义。《国家新型城镇化规划(2014—2020年)》提出要全面放开建制镇和小城市落户限制，有序放开城区人口为50～100万的城市落户限制，合理放开城区人口为100～300万的大城市落户限制，严格控制城区人口在500万以上的特大城市人口规模。可见，中国城镇化的重心是推动中小城市和镇的发展，所以"城镇化"和"城市化"虽仅有一字之差，但政府部门在制定政策时使用"城镇化"一词更加符合当前中国的国情。

关于城镇化的影响因素，国内学者做了大量的研究。例如，程必定(1988)指出人口城镇化的主要动力来自工业化的发展及由此引起的区域产业结构的变化。王国刚(2010)指出城镇化作为一场深刻的社会变革，需要多种经济成分共同发展、拥有对外开放的新思路以及实施有效的金融改革等。戴永安(2010)基于随机前沿生产函数测算了 2001～2007 年中国 266 个城市的城市化效率，并在此基础上实证分析了人口、政府、基础设施等八大因素对城市化效率的影响。苏素和贺娅萍(2011)将经济增长对城镇化的影响效应分为规模效应和结构效应两个方面，其研究结果表明，经济增长能够推动城镇化进程，但是这个过程会受到产业结构和城乡收入差距的影响。江易华(2012)利用中国 1826 个县域的统计数据，通过因子分析法检验了可能会影响城镇化水平的 14 项指标。张丽琴和陈烈(2013)以河北省为例，采用主成分回归分析方法实证研究了新型城镇化的影响因素，这些因素主要包括经济发展、产业结构和制度等。张学良(2012)通过构建交通基础设施对区域经济增长的空间溢出模型，并利用 1993～2009 年中国省级面板数据和空间计量经济学研究方法，实证分析得出中国交通基础设施对中国区域经济增长具有重要的作用，且外地交通基础设施对本地经济增长以正向的空间溢出效应为主。李慧玲和徐妍(2016)通过构建 PVAR 模型，并结合 GMM 估计、脉冲响应分析和方差分解，研究得出交通基础设施建设对缩小城乡收入差距具有重要推动作用的结论。侯晓娜和穆怀中(2022)运用灰色关联分析方法测算了 2000～2017 年中国人力资本存量与城镇化的耦合度和关联度，其研究结果表明，加大对教育、科研等经费的投入，提高用于迁移流动人口的人力资本投资，以及注重城市的基础设施建设及人文发展是未来提升城镇化水平和质量的重要途径。熊兴等(2022)通过研究"成渝双城经济圈"新型城镇化与产业结构优化的互动关系特征发现，"成渝双城经济圈"新型城镇化水平指数与产业结构优化指数整体上呈平稳上升态势，且产业结构对新型城镇化的影响作用逐渐增强。傅为一等(2022)使用中国 270 个地级及以上城市在 2010～2019 年的城市数据和空间数据，研究了科技创新与产业集聚对新型城镇化效率的影响，其研究结果表明，科技创新对新型城镇化效率具有显著的正向影响，产业集聚对新型城镇化效率具有显著的负向影响，随着产业集聚度的提高，科技创新对新型城镇化效率的影响会显著增强。

关于经济增长与城镇化的关系，国外学者从不同视角进行了探讨。Henderson(2003)利用跨国面板数据证实城市化与经济增长之间存在较强的相关性，但是并未从因果关系的角度探讨二者之间的因果关联。Bertinelli(2004)建立了一个简单的城市经济模型，认为当城镇化发展到一定程度以后，城镇化可通过促进人力资本发展推动经济增长，假设生产率取决于人力资本，通过建立相关的理论模型指出城镇化将成为经济持续增长的引擎。Bruckner(2012)利用 1960～2001 年 41 个非洲国家的面板数据研究得出，城镇化对经济增长有显著的推动作用。Lewis(2014)通过对印度尼西亚在 1960～2009 年的时间序列数据进行研究发现，城市化与经济增长之间存在正相关关系。在国内，贺灿飞和梁进社(2004)研究后认为市场化进程和城市化水平是影响中国区域经济差异的重要因素。Chang 和 Brada(2006)指出中国的城镇化发展速度滞后于经济增长速度，加速城镇化发展可以创造更多的就业机会并且能够带动经济增长。郑亚平和聂锐(2007)运用中国 120 个城市的截面数据构建了城市化质量水平测度模型，认为城市经济的持续增长和协调发展依赖于城市化的内在质量提升。吴福象和刘志彪(2008)对长三角地区 16 个城市的实证研究结果表明，在长三角城市化群落中，城市化与经济增长之间存在显著的正相关关系。王家庭和贾晨蕊(2009)利用空间滞后模型证实中国城市化进程对区域经济增长的影响存在空间差异性。曹裕等(2010)通过对 1987～2006 年的省级面板数据进行协整检验，证实中国的城市化水平、城乡收入差距和经济增长之间存在长期稳定的均衡关系。朱孔来等(2011)通过对面板数据的单位根检验和协整分析，证实中国的城镇化和经济发展水平之间存在长期稳定的均衡关系。马晓河(2012)指出城镇化可以在很大程度上创造消费需求，同时在供给层面会促进产业结构调整与升级，城镇化将成为中国经济增长的新源泉。李强等(2012)指出中国城镇化的推进模式基于中国特有的政治经济体制发展而来，有其创新性。刘彦随和杨忍(2012)指出县域城镇化的主要影响因素包括经济发展水平、工业化水平、区域投资强度、与中心城市的距离、粮食生产水平、人口聚集度等。马孝先(2014)根据结构方程模型的检验结果，得出了生产要素的投入及经济的发展可促进城镇化，而城镇的人口素质和城镇的空间聚集效应等在城镇化进程中逐步发挥了关键作用这一结论。秦佳和李建民(2013)采用空间误差模型进行检验时发现，土地城镇化水平，第二、第三产业就业水平，第二、第三产业增值水平，以及经济发展水平不同是造成中国人口城镇化水平出现空间差异的主要原因。郑洁和刘盼盼(2022)运用空间计量模型实证分析了新型城镇化水平与地方政府债务规模及二者的交叉项对区域经济增长的影响，其研究结果表明，地方政府债务规模及新型城镇化水平均对经济增长存在显著的正向影响。陈俊梁等(2022)基于长三角城市群，研究了城镇化对经济增长的影响路径，其研究结果表明，长三角城市群的城镇化主要通过物质资本、人力资本、土地资本、技术水平和消费水平这 5 个中介因素对经济增长产生正向的影响效应。尹鹏等(2020)通过测算 2000 年、2008 年和 2016 年中国 18 大城市群城镇化效率特征，研究了城市群城镇化效率与经济增长的耦合协调关系，发现城市群城镇化效率与经济增长处于低水平的拮抗耦合阶段。

从现有文献有关中国经济体制改革即经济体制的市场化进程对城镇化影响的研究来看，在研究的内容方面，现有研究大多停留在理论政策层面，缺乏实证研究经验的支持；从研究的广度看，少量文献提及政府、对外开放及非国有经济的发展等因素，缺乏关于市场化内涵的各个维度对城镇化影响机制的系统性阐述。

本书认为，改革开放 40 多年来，中国经济社会的发展之所以取得如此巨大的成就，经济体制的市场化改革起着不可或缺的重要作用，鉴于学术界对市场化指数已有较为系统深入的研究，可以从实证分析的角度系统地研究市场化进程对城镇化的贡献程度。

在经济增长这一变量的选择上，现有研究大多选择人均 GDP 作为研究对象，由于城镇化大多采用常住人口统计口径，而人均 GDP 是从 2004 年才开始使用常住人口计算，2004 年之前一直采用户籍人口计算，而采用户籍人口计算时会忽视流动人口因素，进而导致产生统计误差。对于经济较为发达的地区，因为没有计入大量的外来人口，人均 GDP 会被高估，而对于经济欠发达的地区，由于未剔除外流人口，人均 GDP 会被低估(王梦奎，2004)。因此，为了保证数据的准确性和可比性，本章选用 GDP 作为经济总量的代理指标以考察经济增长与城镇化的关系，而 GDP 指标的内涵是一个国家或地区在一定时期内的产品和劳务价值，体现了一个国家或地区常住人口的总产出，这与城镇化的常住人口统计口径相吻合。

在经济增长与城镇化的关系方面，现有研究大都使用基于相关性分析的回归分析方法、基于单位根和协整理论的时间序列模型分析方法等，通过对跨国或分地区的截面数据、面板数据或者一个国家或地区的时间序列数据进行计量经济学建模估计，讨论二者之间是否存在相关性或者长期均衡关系。

基于上述分析，本章首先重点分析市场化进程对城镇化的作用机制，然后在分析理论机制的基础上建立一个联立方程模型，将城镇化与经济增长纳入一个经济系统并定量讨论二者的互动作用关系。

15.2　城镇化与区域经济增长的互动影响机制

15.2.1　市场化对城镇化的影响机制

关于各地区的市场化进程，国内较具代表性的研究是樊纲等(2003)进行的系统性研究。樊纲等(2003)界定市场化的内涵主要包括政府与市场的关系、非国有经济发展、产品市场的发育程度、要素市场的发育程度、市场中介组织和法律制度环境五个方面。这一划分标准有其合理性，本书认为市场化进程对城镇化的影响主要包括以下几个方面。

首先，非国有经济的发展程度是衡量经济体制市场化进程的一个重要指标，一个经济体健康持续地发展需要多种形式的经济协调发展，完善的市场经济体制能够在促进要素流动、优化资源配置方面发挥重要作用，而国有经济大多集中在城市，虽然在解决农村剩余劳动力方面起到了一定的作用，但城镇化的发展离不开大量民营乡镇企业的发展，这些民营乡镇企业解决了大量农村劳动力的安置问题，使城镇化变得现实可行。王小鲁(2002)指出在改革开放的 20 多年间，中国有超过一亿的农村劳动力从农业部门转移到乡镇企业，乡镇企业在改善资源配置、推动城市化进程和经济增长方面起到了重要的作用。

其次，对外开放程度也是影响城镇化的重要因素。引入外资可丰富当地的要素市场，吸引更多的农村劳动力，这些农村劳动力长期居住在城市，可参与城市的建设，是城市化进程中不可或缺的一部分。

再次，在政府与市场的关系方面，政府是市场规则的制定者，是体制机制的顶层设计者，在城镇化进程的推进过程中起到了统筹全局的作用。《国家新型城镇化规划(2014—2020 年)》指出需要正确处理政府和市场的关系，坚持使市场在资源配置中起决定性作用，更好地发挥政府的作用，政府要切实履行制定规划政策、提供公共服务和营造制度环境的重要职责，使城镇化成为市场主导、政府引导、科学发展的过程。总体上看，政府与市场的关系将会深刻影响到中国城镇化道路的走向。

最后，金融发展也是市场化的重要范畴之一，它更好地推动了资金的市场化流动，盘活了实体经济。本书认为金融业的发展通过间接效应推动了城镇化进程，而新型城镇化面临巨大的资金缺口，金融业的市场化进程无疑能更好地为城镇化提供融资支持。

15.2.2　经济增长与城镇化的互动机制

程必定(1988)指出经济增长主要通过产业结构多元化、区域经济中心的发展、财富积累等影响城镇化，同时人口城镇化也会对经济增长产生重要影响，如会强化区域经济发展中心的地位、优化区域经济中心的地域空间分布和群体组合效应等。关于城镇化对经济增长的影响机制，吴福象和刘志彪(2008)在研究长三角地区城市化群落对经济增长的驱动机制时发现，这种机制主要表现为两种形式：①通过要素的自由流动聚集和增强城市群的创新动力来促进经济增长；②政府通过加强固定资产投资和基础设施建设，降低企业的运输成本，强化企业间的联系，最终促进经济增长。

关于经济增长影响城镇化进程的机制，本书认为，在经济发展初期，经济增长对人力资本的依赖性很高，城市带来的产业集聚效应会引领人口快速向城镇聚集，城镇化水平会不断提升；但在经历短暂的平稳期后，随着时间的推移，经济增长会更多地由科技进步带动，对人力资本的依赖性会逐渐减弱，人口向城镇迁移的趋势会减缓，与此同时，随着城乡基本公共服务均等化工作的开展，农村和小城市的吸引力如环境质量和生活空间方面的优势等)会逐步增大，这可能会导致产生"逆城镇化"现象，即大城市的人口向小城市或者农村迁移，这类似于 Kuznets(1955)在研究收入差距与经济增长时提出的倒 U 形关系。因此，本章提出如下假设：在经济发展的初级阶段，经济增长能够促进城镇化，但随着经济发展水平的提高，经济增长对城镇化的促进作用会逐渐减弱，甚至会转变为抑制作用，从长期来看，经济增长对城镇化的影响将呈倒 U 形。在本章的实证研究当中，本书将通过建立联立方程模型验证这一假设在中国经济转型实践中是否成立。

关于城镇化的其他影响因素，本章重点考察了产业结构、基础设施建设及城乡收入差距这三个因素的影响。在影响经济增长的其他因素方面，资本和劳动力仍然是本章优先考虑的因素。另外，本章还将考虑市场化与城镇化对经济增长的影响。关于市场化在促进经济增长方面的贡献，徐现祥和李郇(2012)、康继军等(2007b)、樊纲等(2012)等都证实中国经济体制的市场化改革对经济增长起到了重要作用。

综上所述，城镇化与经济增长之间的互动机制可以由图 15.1 说明。为了刻画城镇化与经济增长这一较为复杂的经济体系，将经济增长的二次项引入城镇化方程中以验证前面提到的倒 U 形假设是否成立。联立方程组模型如下：

$$\text{URB}_{it} = \alpha_0 + \alpha_1 \ln Y_{it} + \alpha_2 (\ln Y_{it})^2 + \alpha_3 \text{WMI}_{it} + \alpha_4 \text{IS}_{it} + \alpha_5 \text{GAP}_{it} + \alpha_6 \text{TRAN}_{it} + \mu_{it} \quad (15.1)$$

$$\ln Y_{it} = \beta_0 + \beta_1 \text{URB}_{it} + \beta_2 \text{WMI}_{it} + \beta_3 \ln K_{it} + \beta_4 \ln L_{it} + \varepsilon_{it} \quad (15.2)$$

式中，i 代表地区；t 代表时间(年份)；URB 代表城镇化水平；WMI 代表市场化进程；IS 代表产业结构；GAP 表示城乡收入差距；TRAN 表示交通基础设施；Y 表示经济发展水平(GDP)；K 表示资本存量；L 表示劳动力。按照相关变量的传统处理方法，模型中 Y、K、L 取自然对数，其余比值型变量使用原值。

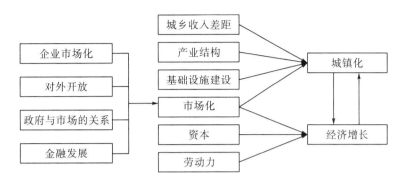

图 15.1　城镇化与经济增长互动作用机制

15.3　变量选取与样本数据说明

1. 城镇化水平(URB)

本章采用城镇人口占地区总人口的比重表示城镇化水平。改革开放以来,市(镇)的设置标准及城镇人口的统计口径发生了几次变化,这直接影响着中国城镇化水平的测度结果。目前城镇人口被定义为居住在城镇范围内的常住人口,包括大量进城务工的农民工[①]。根据 2012 年的数据,按常住人口计算得到的城镇化率达到了 52.6%,而按户籍人口计算得到的城镇化率仅为 35.3%,二者相差 17.3 个百分点。从福利经济学的角度来看,这些进城务工的农民工并没有享受到城镇居民应有的社会保障、医疗和教育等基本公共服务,因此,按常住人口计算得到的城镇化率并不能反映城镇化的质量。

就本章的研究视角而言,非城镇户籍人口是经济发展过程中不可或缺的一部分,他们积极参与了城市经济建设,对经济发展的贡献不可忽视。因此,本书认为按常住人口计算得到的城镇化率更加符合城镇化与经济增长互动关系研究的研究需要。由于第五次人口普查与第三次和第四次人口普查在城镇人口的统计口径上存在较大差距,而不同统计口径下统计得到的城镇人口缺乏可比性,且第五次人口普查所采用的城镇化率统计口径考虑了人口密度因素,与国际标准接轨,统计口径相对科学(张善余,2002),因此,为了保证数据的准确性和可比性,本章仅就 2000 年以来基于第五次人口普查得到的城镇化率的变化情况进行研究。

2. 城乡居民收入差距(GAP)

现有研究多使用城乡收入比、基尼系数、泰尔指数等指标测度城乡居民的收入差距,为便于和现有研究结果进行比较以及考虑到数据的可获得性,本章仍采用目前普遍使用的城镇居民人均可支配收入与农村居民人均可支配收入的比值来测度城乡居民收入差距。

---

① 根据国家统计局的数据,这一数字在 2013 年已经超过了 2.6 亿。

3. 交通基础设施建设(TRAN)

本章采用公路建设情况作为代理变量,具体为用每一万人拥有的公路里程数表示。

4. 市场化进程(WMI)

关于中国各地区市场化相对进程的研究,最有影响力的是樊纲等(2003)构造的市场化指数(以下简称樊纲指数),樊纲指数的优势在于指标体系比较全面,较好地刻画了中国各地区的市场化相对进程。但是也存在一些不足之处,最大的问题在于部分调查指标未能逐年更新,并且指数样本期较短(1997~2009年),2010年以后的数据无法获得,因此不能完全满足研究需要。本章以樊纲指数为基础,借鉴汪锋等(2006,2007)构造的市场化指数,该指数涵盖4个一级分指标和9个二级分指标①,涉及非国有经济发展、对外开放、政府和市场的关系、金融发展四个方面。虽然该指数在指标完备性方面较樊纲指数有所欠缺,但是其基础数据的来源较为可靠,没有大量使用调查数据,研究者可以自行逐年更新,样本期能够涵盖从1978年改革开放以来的中国经济转型进程,比较符合本书的研究需要,因此,本章使用汪锋(2007)构建的市场化指数衡量市场化进程,使用樊纲指数作为稳健性检验中的替代变量。另外,本章还对原有的数据作了修订和完善,对于重庆直辖以前缺失的数据,按照《重庆历史统计资料 1949—1996》中公布的数据进行补充,然后对补充完善后的各分指标重新进行标准化评分和主成分分析,最终得到1978~2012年的市场化进程总指数。根据研究需要,本章使用2000~2012年的数据。

5. 资本存量(K)

关于中国资本存量,现有文献大都基于Goldsmith(戈德史密斯)于1951年开创的永续盘存法进行计算,资本存量的计算基期一般较早,这样可以保证后续年份受到基期资本存量影响较小。由于重庆从1997年开始直辖,现有文献对重庆资本存量主要有两种计算方法:①与四川省合并计算;②通过估算重庆相关的投资数据计算。本章认为第一种方法已经不能满足当前区域经济发展研究的研究需要;而第二种方法则准确性不够。基于此,本章通过对数据的深度挖掘,基于单豪杰(2008)构建的方法对重庆和四川的资本存量分开进行计算,并对各地区的数据进行补充。具体做法如下:首先,对于1952~1996年重庆的固定资本形成总额,用《中国国内生产总值核算历史资料 1952—1995》中公布的"老四川"(含重庆)数据减去《新中国六十年统计资料汇编》中公布的"新四川"(不含重庆)数据得到,对于1996年以后的固定资本形成总额数据,可以从相关年份的《重庆统计年鉴》中得到。其次,对于1952~1996年重庆的投资价格指数,采用与"老四川"相同的固定资本形成总额指数,对于1997年以后的投资价格指数,采用相应年份的《重庆统计年鉴》中的固定资产投资价格指数,在此基础上,计算出以1952年为基期的投资平减指数。为保持与其他变量在基期上的一致性,选用2000年作为基期对资本存量进行计算,限于篇幅,本节只列出1999年以来重庆和四川的资本存量(表15.1)。

---

① 这9个二级分指标分别是非国有经济在工业总产值中的比重、非国有经济在全社会固定资产投资中的比重、非国有经济在消费品零售总额中的比重、非国有经济就业人数占城镇从业人员数的比重、进出口贸易额占经济总量的比重、外国直接投资占经济总量的比重、地方政府财政支出减去教育开支后占经济总量的比重、金融机构存款余额占经济总量的比重、金融机构贷款余额占经济总量的比重。

表 15.1　1999～2012 年重庆市和四川省资本存量　　　　　（单位：亿元）

地区	1999 年	2000 年	2001 年	2002 年	2003 年	2004 年	2005 年
重庆	2534.46	2890.11	3327.65	3880.65	4647.14	5552.50	6602.57
四川	5651.09	6381.42	7234.97	8225.49	9410.04	10702.32	12278.17

地区	2006 年	2007 年	2008 年	2009 年	2010 年	2011 年	2012 年
重庆	7751.09	9049.19	10779.93	12397.37	14342.91	16697.26	19097.10
四川	14284.05	16734.68	19593.14	22859.67	26660.00	30932.32	35598.77

6. 劳动力

由于统计年鉴公布的就业人数一般为年末就业人数，考虑到当年就业人数的波动性，采用各地区年初就业人数与年末就业人数的平均值作为当年劳动力的衡量指标，这样处理的目的是尽量减小误差，得到与当年实际就业人数更加接近的数值。

7. GDP

为消除物价因素的影响，本章以 2000 年为基期，采用 GDP 平减指数对 2000 年以后各地区的名义 GDP 进行平减，得到以 2000 年为基期的各地区 GDP 实际数据。

基础数据来源于相关年份的《中国统计年鉴》《新中国六十年统计资料汇编》及各地区统计年鉴和万得信息网等，对于个别缺失的数据，采用插值法补齐。鉴于西藏缺失较多数据，本章将中国内陆除西藏和港澳台以外的 30 个省（自治区、直辖市）作为研究对象，数据的时间为 2002～2018 年。

15.4　实证结果分析

15.4.1　联立方程的识别和联立性检验

首先，根据联立方程的阶条件和秩条件可以判断，式(15.1)和式(15.2)都可以识别；其次，关于联立性的检验，目前采用得较多的是 Hausman 设定的误差检验方法，其本质是检验一个内生解释变量是否与误差项相关，若它们之间存在显著的相关关系，则方程存在联立性。具体做法是：用式(15.1)的被解释变量 URB 对所有前定变量进行简单回归，得到方差 ε_{it}，然后用式(15.2)的被解释变量 $\ln Y$ 对 WMI、URB、$\ln K$、$\ln L$ 和 ε_{it} 作简单回归，得到的结果如下：

$$\ln Y = -8.609 + 0.180\text{URB} + 0.221\ln K + 0.440\ln L - 0.020\text{WMI} + 1.015\varepsilon_{it} \quad (15.3)$$
$$(-29.22)\quad(3.98,19.65)(30.20)\quad(-15.29)\quad(22.05)$$

由式(15.3)可知，残差项 ε_{it} 的系数显著不为零，表明 $\ln Y$ 与残差项 ε_{it} 相关，方程存在联立性。

15.4.2　联立方程的估计方法选择与实证结果分析

　　本书选用 3SLS 方法对联立方程组进行参数估计。3SLS 是一种系统估计方法，考虑了联立方程组中各方程间的联系，并且能有效克服扰动项之间的相关性。在估计方程时需要设置相应的工具变量，设置原则是将所有先决变量(包括外生变量和内生滞后变量)都作为工具变量。

　　表 15.2 给出了联立方程的估计结果，从实证分析结果来看，经济增长的一次项对城镇化的影响系数为正，而二次项对城镇化的影响系数为负，对城镇化的影响呈现出一种倒 U 形趋势，这印证了前面对经济增长与城镇化呈倒 U 形关系的假设。事实上该结论已经在美国等一些发达国家得到验证，20 世纪 60 年代美国爆发了"城市危机"，大城市暴露出一系列问题，如能源危机、环境问题和人口过度聚集等，许多城市居民为了摆脱大城市所带来的一系列困扰，迁往小型城镇或者乡村生活，这种"逆城市化"满足了中产阶级的居住要求。

表 15.2　联立方程估计结果及稳健性检验结果

指标	实证结果(3SLS)		稳健性检验(GMM)		稳健性检验(樊纲指数)	
	URB	$\ln Y$	URB	$\ln Y$	URB	$\ln Y$
C	11.579*** (0.670)	-8.412*** (2.081)	1.231*** (0.050)	-4.850*** (0.189)	103.411** (42.217)	-18.036*** (1.586)
URB		0.571*** (0.179)		0.197*** (0.015)		1.150*** (0.049)
$\ln Y$	0.650*** (0.169)		3.291*** (0.012)		1.376*** (0.037)	
$(\ln Y)^2$	-0.027** (0.011)		-0.195*** (0.001)		-0.069*** (0.003)	
WMI	0.131*** (0.039)	0.108** (0.054)	0.472*** (0.003)	0.237*** (0.005)		
FMI					0.014*** (0.002)	0.011* (0.006)
GAP	-0.119*** (0.014)		-0.115** (0.002)		-0.006 (0.019)	
TRAN	-0.001*** (0.000)		-0.001*** (0.000)		0.001 (0.001)	
$\ln K$		0.281*** (0.025)		0.345*** (0.005)		0.104*** (0.022)
$\ln L$		0.560*** (0.028)		0.576*** (0.008)		0.550*** (0.039)
N	510	510	510	510	510	510
Adj-R^2	0.9801	0.9824			0.9870	0.9500

注: *、**、***分别表示在 10%、5%、1%的水平下显著，括号里的数值为相应水平下的 t 值。

市场化对城镇化的推动作用显著，实证结果显示，市场化指数每提高 1 个百分点，能使城镇化率大约提高 0.131 个百分点；公路交通基础设施建设对城镇化的影响系数为 -0.001，对城镇化的开展存在抑制作用。值得关注的是，城乡收入差距对城镇化的影响系数为-0.119，意味着城乡收入差距的扩大会阻碍城镇化的开展。本书认为，历经 40 多年的改革开放后，随着中国经济高速增长，在追求效率的同时丧失了部分公平，财富过度集中，城乡收入差距逐步扩大，这不仅会导致城镇化动力不足，还会引起一系列潜在的社会问题。国外学者早在研究中就指出，片面追求效率优先的快速经济增长具有不稳定性（Olson，1963），本章的实证结果进一步证实了该结论。因此，在进一步推进改革开放时必须认真对待制度设计，妥善处理好经济增长和稳定发展的关系。

在有关经济增长的方程当中，资本和劳动力对经济增长的产出弹性分别是 0.281 和 0.560，仍然是影响经济增长的重要因素，尤其是资本的投入对经济增长的作用至关重要。市场化对经济增长的影响系数为 0.108，对经济增长起到了积极的推动作用，这与经济增长相关理论以及现有的实证研究[如樊纲等（2011）等]结论类似，说明中国过去的经济体制改革卓有成效。城镇化对经济增长的影响系数为 0.571，对经济增长的作用开始显现出来，这与国家大力推动城镇化进程并将城镇化作为经济增长新引擎的政策目标相一致。

15.4.3　稳健性检验

为保证结果的可靠性，本节从以下两个方面对实证结果进行稳健性检验(具体检验结果见表 15.2，樊纲指数用 FMI 表示)。

首先，本章对估计方法进行检验，这里将 GMM 估计方法作为稳健性检验方法，理由是它可以克服随机误差项的异方差和序列相关，是一种有效的估计方法。从 GMM 估计结果来看，除了回归系数有所差别外，结果与用 3SLS 方法得到的类似。

其次，鉴于樊纲指数的一些优势和不足，本章没有将其作为重要的解释变量引入联立方程中，但是这不妨碍使用樊纲指数作为稳健性检验中的替代变量。为了保持与市场化指数的一致性，本章将樊纲指数改为用百分制表示，从稳健性检验结果来看，除个别系数的显著性及系数大小发生改变外，城镇化对经济增长的促进作用以及经济增长对城镇化呈现的倒 U 形影响趋势这一基本结论未发生改变。

15.5　本 章 小 结

本章从市场化进程的多个维度对市场化推进城镇化的作用机制进行了阐述，系统探讨了中国经济转型背景下城镇化与经济增长的互动作用关系，并通过建立联立方程模型，将市场化、城镇化与经济增长纳入一个经济系统进行研究，通过对实证结果的分析可以得到如下结论。

(1)经济体制的市场化转型这一深刻的制度变革在推动城镇化进程与经济增长方面起到了积极的促进作用。

(2) 城镇化对经济增长的推动作用逐渐显现；经济增长对城镇化的影响呈现出一种倒 U 型趋势，表明保持适度的经济增长对于城镇化的开展尤为重要。

虽然本章的实证研究没有涉及城镇化质量及经济增长质量的论述，但是从相关的结论来看，研究结果仍然蕴含丰富的政策性含义。

首先，城镇化不仅是人口的城镇化，更多的应是农民职业的转变以及由此引起的生产方式和生活方式的转变，政府应统筹城乡发展，努力实现城乡基本公共服务均等化，加大社会保障力度和"三农"建设投入，提高农民的劳务收入和财产性收入，努力缩小城乡收入差距，推动城镇化进程。

其次，应基于经济增长与城镇化之间的倒 U 形关系以及发达国家出现过的"逆城市化"现象对城镇化模式进行思考，而如何避免中国在城镇化过程中出现一系列负面问题是国家新型城镇化政策需要重点解决的问题。

最后，从城镇化与经济增长的互动关系可以看出，保持一个合理的经济增长势头有利于推动城镇化健康长效发展，政府在制定政策时应将更多的注意力放在经济增长质量和结构转型上；同时，要保持一个合理的城镇化发展速度，抓住中国特色新型城镇化"以人为本"的核心理念，把更多的注意力放在提升城镇化发展质量上，推动经济平稳高质发展，最终在城镇化与经济增长之间形成一种良性的双向反馈机制。

参 考 文 献

安虎森. 2009. 新经济地理学原理. 2 版. 北京: 经济科学出版社.

巴罗.哈维尔.萨拉伊马丁. 2000.经济增长. 何晖, 刘明兴译.北京: 中国社会科学出版社.

白冬艳. 2006. 用因子分析法评价我国农业机械化发展水平. 农机化研究, 28(9): 1-5.

白俊红. 2013. 我国科研机构知识生产效率研究. 科学学研究, 31(8): 1198-1206, 1177.

白俊红, 李瑞茜. 2013. 政府 R&D 资助企业技术创新研究述评. 中国科技论坛(9): 32-37.

蔡昉, 都阳. 2000. 中国地区经济增长的趋同与差异: 对西部开发战略的启示. 经济研究, 35(10): 30-37, 80.

蔡虹, 吴凯, 裴云龙. 2013. 知识产权保护对经济增长收敛的影响. 科技进步与对策, 30(14): 25-28.

蔡虹, 吴凯, 蒋仁爱. 2014. 中国最优知识产权保护强度的实证研究. 科学学研究, 32(9): 1339-1346.

蔡秀玲. 2004. 试析政府在营造企业集群区域创新环境中的职能定位. 当代经济研究(6): 42-45.

曹琦, 樊明太.2016. 我国省际能源效率评级研究: 基于多元有序 Probit 模型的实证分析. 上海经济研究, 28(2): 72-81.

曹裕, 陈晓红, 马跃如. 2010. 城市化、城乡收入差距与经济增长: 基于我国省级面板数据的实证研究. 统计研究, 27(3): 29-36.

常清, 安毅, 付文阁. 2010. 全球资源价格的变化趋势与我国资源战略研究. 经济纵横(6): 13-16.

钞小静, 沈坤荣. 2014. 城乡收入差距、劳动力质量与中国经济增长. 经济研究, 49(6): 30-43.

陈红, 徐于强.2007. 中国经济对外开放的度量分析. 黑龙江对外经贸(7): 7-8, 104.

陈建军. 2007. 长江三角洲地区产业结构与空间结构的演变. 浙江大学学报(人文社会科学版), 37(2): 88-98.

陈军, 徐士元. 2008. 技术进步对中国能源效率的影响: 1979—2006. 科学管理研究, 26(1): 9-13.

陈俊梁, 史欢欢, 林影, 等. 2022. 城镇化对经济增长影响的路径分析: 基于长三角城市群的研究. 经济问题(4): 49-57.

陈莉. 2006. 我国农业机械化与经济增长的计量解析. 农业机械学报, 37(11): 74-79.

陈夕红, 李长青, 张国荣, 等. 2011. 城市化进程中的收入差距对能源效率的影响分析. 经济问题探索(7): 144-149.

陈夕红, 张宗益, 汪锋, 等. 2011. 能源效率测度评析. 软科学, 25(10): 56-58, 68.

陈银娥, 陈薇. 2018. 农业机械化、产业升级与农业碳排放关系研究: 基于动态面板数据模型的经验分析. 农业技术经济(5): 122-133.

陈媛媛, 王海宁, 2010. FDI 对省际工业能源效率的影响. 当代财经(7): 99-106.

陈璋.2010. 对外开放对我国制造业能源消费影响的研究.长沙: 湖南大学.

陈钊, 陆铭. 2009. 在集聚中走向平衡: 中国城乡与区域经济协调发展的实证研究. 北京: 北京大学出版社.

陈钊, 陆铭, 金煜. 2004. 中国人力资本和教育发展的区域差异: 对于面板数据的估算. 世界经济, 27(12): 25-31, 77.

陈晓涛 2006. 产业转移的演进分析. 统计与决策, (7): 87-88.

程必定. 1988. 论区域经济增长. 管理世界, 4(4): 135-147, 217.

程令国, 张晔. 2012. "新农合": 经济绩效还是健康绩效? 经济研究, 47(1): 120-133.

崔红艳. 2016. 吉林省农业机械总动力发展研究: 基于主成分分析. 农机化研究, 38(6): 93-97

戴永安. 2010. 中国城市化效率及其影响因素: 基于随机前沿生产函数的分析. 数量经济技术经济研究, 27(12): 103-117, 132.

党晶晶, 王艳, 孙斌. 2018. 区域创新环境评价指标体系构建与实证. 统计与决策, 34(18): 66-69.

党文娟, 张宗益, 康继军. 2008. 创新环境对促进我国区域创新能力的影响. 中国软科学(3): 52-57.

丁锋, 姚新超. 2018. 外商投资、技术溢出与能源效率. 工业技术经济, 37(6): 154-160.

丁刚. 2007. 国际产业转移对中国能源消耗的影响. 宏观经济研究(8): 33-37.

丁建勋, 2007. 我国能源强度的最优规模实证研究. 现代财经(天津财经大学学报), 27(2): 50-54.

丁生喜, 王晓鹏. 2016. 青海省区域创新环境对科技创新绩效影响的实证分析. 科技管理研究, 36(5): 71-75.

董锋, 谭清美, 周德群, 等. 2010. 技术进步对能源效率的影响: 基于考虑环境因素的全要素生产率指数和面板计量分析. 科学学与科学技术管理, 31(6): 53-58.

董雪兵, 朱慧, 康继军, 等. 2012. 转型期知识产权保护制度的增长效应研究. 经济研究, 47(8): 4-17.

董钰, 孙赫. 2012. 知识产权保护对产业创新影响的定量分析: 以高技术产业为例. 世界经济研究(4): 11-15, 87.

杜传忠, 王梦晨. 2021. 技能偏向型技术进步对中国制造业价值链攀升的影响研究: 基于知识产权保护的视角. 经济科学(1): 31-43.

杜凤莲, 孙婧芳. 2009. 经济增长、收入分配与减贫效应: 基于1991—2004年面板数据的分析. 经济科学(3): 15-26.

多淑杰. 2010. 产业区域转移影响因素的实证分析. 山东社会科学(8): 93-97.

樊纲, 王小鲁, 马光荣. 2011. 中国市场化进程对经济增长的贡献. 经济研究, 46(9): 4-16.

樊纲, 王小鲁, 张立文, 等. 2003. 中国各地区市场化相对进程报告. 经济研究, (3): 9-18.

樊茂清, 郑海涛, 孙琳琳, 等. 2012. 能源价格、技术变化和信息化投资对部门能源强度的影响. 世界经济, 35(5): 22-45.

方中秀, 汪海粟. 2021. 知识产权制度对中国制药产业技术进步的影响: 来自外商直接投资视角的实证研究. 南京财经大学学报(2): 99-108.

菲尔普斯, 埃德蒙, 2013. 大众繁荣: 草根创新如何创造就业、挑战和变化. 北京: 中国人民大学出版社.

冯邦彦, 段晋苑, 2009. 广东省区际产业转移影响因素的实证研究. 广东工业大学学报(社会科学版)(1): 39-44.

冯海华, 张为付, 2010. 基于空间经济学视角下FDI区位投资的实证研究. 西南民族大学学报(人文社科版), 31(1): 83-89.

冯蕾. 2009. 2005—2007年我国省际能源效率研究: 基于DEA方法非意愿变量CRS模型的测度. 统计研究, 26(11): 31-35.

付智, 黄新建. 2012. 创新环境对促进江西区域创新能力的影响. 江西农业大学学报(社会科学版), 11(2): 61-65, 103.

傅为一, 段宜嘉, 熊曦. 2022. 科技创新、产业集聚与新型城镇化效率. 经济地理, 42(1): 90-97.

傅蕴英, 卢江, 康继军. 2017. 统筹城乡政策缩小城乡收入差距的实证检验. 重庆大学学报(社会科学版), 23(4): 15-25.

盖文启. 2002. 论区域经济发展与区域创新环境. 学术研究(1): 60-63.

高春利. 2014. 重庆市城乡居民收入差距与城乡统筹关系研究. 重庆: 重庆工商大学.

高大伟, 周德群, 王群伟. 2010. 国际贸易、R&D技术溢出及其对中国全要素能源效率的影响. 管理评论, 22(8): 122-128

高铁梅. 2006. 计量经济分析方法与建模: EViews应用及实例. 北京: 清华大学出版社.

高颖, 李善同. 2006. 基于CGE模型对中国基础设施建设的减贫效应分析. 数量经济技术经济研究, 23(6): 14-24.

高越, 王学真. 2012. 国际生产分割对中国劳动力需求的影响: 基于工业部门数据的经验研究. 国际经贸探索, 28(12): 39-49.

龚家勇, 张亚薇, 2013. 知识产权保护与创新的关系: 一个文献综述. 中南财经政法大学研究生学报(5): 106-111.

龚六堂, 谢丹阳. 2004. 我国省份之间的要素流动和边际生产率的差异分析. 经济研究, 39(1): 45-53.

关成华, 袁祥飞, 于晓龙. 2018. 创新驱动、知识产权保护与区域经济发展: 基于2007—2015年省级数据的门限面板回归. 宏观经济研究(10): 86-92.

郭保雷, 王彦佳. 2002. 中国居民生活用能现状及展望. 可再生能源, 20(5): 4-7.

郭春野, 庄子银. 2012. 知识产权保护与"南方"国家的自主创新激励. 经济研究, 47(9): 32-45.

郭树清. 2007. 中国经济的内部平衡与外部平衡问题. 经济研究, 42(12): 4-10, 58.

郭腾. 2004. 近 50 年来我国区域经济空间极化的变化趋势研究. 经济地理, 24(6): 743-747.

韩慧霞, 金泽虎. 2020. 贸易政策不确定性影响高技术产业技术进步的机制与检验: 基于知识产权保护的门限分析. 统计与信息论坛, 35(7): 77-88.

韩玉雄, 李怀祖. 2005. 关于中国知识产权保护水平的定量分析. 科学学研究, 23(3): 377-382.

郝颖, 辛清泉, 刘星. 2014. 地区差异、企业投资与经济增长质量. 经济研究, 49(3): 101-114, 189.

郝宇, 廖华, 魏一鸣. 2014. 中国能源消费和电力消费的环境库兹涅茨曲线: 基于面板数据空间计量模型的分析. 中国软科学(1): 134-147.

何小钢, 张耀辉. 2012. 技术进步、节能减排与发展方式转型: 基于中国工业 36 个行业的实证考察. 数量经济技术经济研究, 29(3): 19-33.

何小钢, 张宁. 2015. 中国经济增长转型动力之谜: 技术、效率还是要素成本. 世界经济, 38(1): 25-52.

何兴强, 王利霞. 2008. 中国 FDI 区位分布的空间效应研究. 经济研究, 43(11): 137-150.

何勇, 谈黎虹, 葛晓锋, 等. 2003. 基于 GIS 的农机化发展水平区域划分系统的研究. 农业工程学报, 19(3): 85-89.

何政道, 何瑞银. 2010. 农业机械总动力及其影响因素的时间序列分析: 以江苏省为例. 中国农机化, 31(1): 20-24.

贺灿飞, 梁进社. 2004. 中国区域经济差异的时空变化: 市场化、全球化与城市化. 管理世界, 20(8): 8-17, 155.

贺清云, 蒋菁, 何海兵, 2010. 中国中部地区承接产业转移的行业选择. 经济地理 (6): 960-964, 997.

侯晓娜, 穆怀中. 2022. 人力资本测度与城镇化耦合关系的统计检验. 统计与决策, 38(8): 77-81.

胡凯, 吴清, 胡毓敏. 2012. 知识产权保护的技术创新效应: 基于技术交易市场视角和省级面板数据的实证分析. 财经研究, 38(8): 15-25.

胡汪洋, 刘东林, 刘涛, 等. 2018. 农业机械化对安徽省农民增收贡献率实证分析. 南方农业学报, 49(2): 403-410.

胡晓瑾, 解学梅. 2010. 基于协同理念的区域技术创新能力评价指标体系研究. 科技进步与对策, 27(2): 101-104.

黄静波, 向铁梅. 2010. 贸易开放度与行业生产率关系研究: 基于中国制造业面板数据的分析. 广东社会科学(2): 5-12.

黄玲文, 姚洋. 2007. 国有企业改制对就业的影响: 来自 11 个城市的证据. 经济研究, 42(3): 57-69.

黄怡胜, 舒元. 2007. 经济自由及其变动的增长效应: 来自跨国经济增长面板数据的再检视. 经济学(季刊), 7(2): 469-486.

黄颖利, 张雨, 石健. 2022. 中国区域生态资本效率测算及创新环境的影响. 统计与决策, 38(1): 68-72.

江易华. 2012. 县域人口城镇化的影响因素分析. 统计与决策, 28(11): 109-111.

姜磊, 季民河. 2011. 基于空间异质性的中国能源消费强度研究: 资源禀赋、产业结构、技术进步和市场调节机制的视角. 产业经济研究 (4): 61-70.

金凤君, 王姣娥. 2004. 20 世纪中国铁路网扩展及其空间通达性. 地理学报, 59(2): 293-302.

金相郁, 朴英姬. 2006. 中国外商直接投资的区位决定因素分析: 城市数据. 南开经济研究 (2): 35-45.

靳云汇, 金赛男. 2007. 高级计量经济学. 北京: 北京大学出版社.

靳云汇, 金赛男, 2011. 高级计量经济学-下册. 北京: 北京大学出版社.

克里斯·安德森. 2012. 创客: 新工业革命. 北京: 中信出版社.

康继军, 张宗益, 傅蕴英. 2007a. 开放经济下的经济增长模型: 中国的经验. 数量经济技术经济研究, 24(1): 3-12, 21.

康继军, 张宗益, 傅蕴英. 2007b. 中国经济转型与增长. 管理世界, 23(1): 7-17, 171.

康继军, 王卫, 傅蕴英. 2009. 中国各地区市场化进程区位分布的空间效应研究. 统计研究, 26(5): 33-40.

康继军, 傅蕴英, 张宗益. 2012. 中国经济转型与货币需求. 经济学(季刊), 11(1): 461-488.

康继军, 郭蒙, 傅蕴英. 2014. 要想富, 先修路: 交通基础设施建设、交通运输业发展与贫困减少的实证研究. 经济问题探索(9):

41-46.

康继军, 吴鹏, 傅蕴英. 2015. 经济转型视角下城镇化与经济增长互动关系研究. 重庆大学学报(社会科学版), 21(1): 1-9.

雷辉. 2006. 我国固定资产投资与经济增长的实证分析. 国际商务 对外经济贸易大学学报(2): 50-53.

李勃昕, 韩先锋, 宋文飞. 2013. 环境规制是否影响了中国工业 R&D 创新效率. 科学学研究, 31(7): 1032-1040.

李方一, 刘卫东. 2014. "十二五"能源强度指标对我国区域经济发展的影响. 中国软科学(2): 100-110.

李国璋, 霍宗杰. 2009. 中国全要素能源效率、收敛性及其影响因素: 基于 1995—2006 年省际面板数据的实证分析. 经济评论
　　(6): 101-109.

李海明. 2010. 广东省农业机械化对广东农业生产的影响. 吉林农业大学学报, 32(5): 575-578.

李辉, 钟绵生. 2010. 农业机械化对农民农业收入增长的计量研究. 经济研究导刊(16): 51-52.

李慧玲, 徐妍. 2016. 交通基础设施、产业结构与减贫效应研究: 基于面板 VAR 模型. 技术经济与管理研究(8): 25-30.

李建伟, 梁爱琴, 田辉. 2012. 2011—2015 年河南省农业机械总动力的预测. 农机化研究, 34(6): 47-50.

李江涛, 张杨勋, 罗连化. 2013. 市场化、城镇化与城乡收入差距: 基于空间动态面板模型的实证分析. 经济数学, 30(1): 89-95.

李金铠. 2008. 中国农业能源消费与国民收入的实证分析. 经济纵横(9): 70-72.

李金良. 2008. 农业机械化与农业发展: 基于河南省面板数据的实证研究. 农业经济(7): 40-41.

李静晶, 庄子银. 2017. 知识产权保护对我国区域经济增长的影响. 科学学研究, 35(4): 557-564.

李锴, 齐绍洲, 2013. FDI 影响中国工业能源效率的传导渠道分析: 基于水平、前向和后向关联. 中国地质大学学报(社会科学
　　版)(4): 27-33.

李黎明. 2016. 专利司法保护与产业经济发展的倒 U 型关系: 测度与事实. 科学学研究, 34(6): 841-849.

李廉水, 周勇. 2006. 技术进步能提高能源效率吗?: 基于中国工业部门的实证检验. 管理世界, 22(10): 82-89.

李琳, 陈文韬. 2009. 我国区域创新环境差异的实证分析. 中国科技论坛(7): 94-99.

李平, 宫旭红, 齐丹丹. 2013. 中国最优知识产权保护区间研究: 基于自主研发及国际技术引进的视角. 南开经济研究(3):
　　123-138.

李强, 陈宇琳, 刘精明. 2012. 中国城镇化"推进模式"研究. 中国社会科学(7): 82-100, 204-205.

李蕊, 巩师恩. 2013. 开放条件下知识产权保护与我国技术创新: 基于 1997—2010 年省级面板数据的实证研究. 研究与发展管
　　理, 25(3): 1-9.

李未无. 2008. 对外开放与能源利用效率: 基于 35 个工业行业的实证研究. 国际贸易问题(6): 7-15.

李文. 2008. 运用匹配法对农村道路建设减贫效果的评估. 农业经济问题, 29(8): 34-39.

李习保. 2007. 区域创新环境对创新活动效率影响的实证研究. 数量经济技术经济研究, 24(8): 13-24.

李小阳, 孙松林, 蒋苹. 2003. 农业机械化与农业劳动力转移. 农机化研究, 25(1): 23-26.

李兴国. 2006. 我国农业机械化发展水平评价指标体系构建与实证分析. 农机推广与安全(6): 4-6.

李裕瑞, 王婧, 刘彦随, 等. 2014. 中国"四化"协调发展的区域格局及其影响因素. 地理学报, 69(2): 199-212.

李在军, 胡美娟, 尹上岗, 等. 2019. 中国区域知识资本时空差异及影响因素分析. 地理科学, 39(1): 80-88.

李政, 麻林巍, 潘克西, 等. 2006. 产业发展与能源的协调问题研究: 国际经验及对我国的启示. 中国能源, 28(10): 5-11.

李正生. 2007. 中国知识产权保护的经济学思考. 经济体制改革(5): 44-48.

李治, 李国平. 2012. 我国城市经济增长与能源强度差异研究. 产业经济研究(2): 60-67.

李子奈, 鲁传一. 2002. 管理创新在经济增长中贡献的定量分析. 清华大学学报(哲学社会科学版), 17(2): 25-31.

李子奈, 齐良书. 2010. 关于计量经济学模型方法的思考. 中国社会科学(2): 69-83, 221-222.

林伯强, 刘泓汛. 2015. 对外贸易是否有利于提高能源环境效率: 以中国工业行业为例. 经济研究, 50(9): 127-141.

林光平, 龙志和, 吴梅. 2005. 我国地区经济收敛的空间计量实证分析: 1978—2002 年. 经济学(季刊), 5(S1): 67-82.

林毅夫, 刘明兴. 2003. 中国的经济增长收敛与收入分配. 世界经济, 26(8): 3-14, 80.

林毅夫, 刘培林. 2003. 中国的经济发展战略与地区收入差距. 经济研究, 38(3): 19-25, 89.

林毅夫, 张鹏飞. 2005. 后发优势、技术引进和落后国家的经济增长. 经济学(季刊), 5(4): 53-74.

刘超. 2002. 农业机械化的系统分析. 江西农业大学学报(自然科学), 24(5): 707-710.

刘朝明, 韦海鸣. 2001. 对外开放的度量方法与模型分析. 财经科学(2): 34-36.

刘立涛, 李琳. 2008. 区域创新环境的地区差异研究. 科技进步与对策, 25(4): 25-29.

刘强. 2001. 中国经济增长的收敛性分析. 经济研究, 36(6): 70-77.

刘瑞明, 赵仁杰. 2015. 国家高新区推动了地区经济发展吗: 基于双重差分方法的验证. 管理世界, 31(8): 30-38.

刘生龙, 王亚华, 胡鞍钢. 2009. 西部大开发成效与中国区域经济收敛. 经济研究, 44(9): 94-105.

刘双芹, 冯洁. 2015. 我国农业机械总动力对农产品出口的动态效应: 基于 VAR 模型的分析. 水利经济, 33(5): 19-23, 78.

刘同山. 2016. 农业机械化、非农就业与农民的承包地退出意愿. 中国人口·资源与环境, 26(6): 62-68.

刘夏明, 魏英琪, 李国平. 2004. 收敛还是发散?: 中国区域经济发展争论的文献综述. 经济研究, 39(7): 70-81.

刘小鲁. 2011. 知识产权保护、自主研发比重与后发国家的技术进步. 管理世界, 27(10): 10-19, 187.

刘彦随, 杨忍. 2012. 中国县域城镇化的空间特征与形成机理. 地理学报, 67(8): 1011-1020.

刘勇, 周宏. 2008. 知识产权保护和经济增长: 基于省际面板数据的研究. 财经问题研究(6): 17-21.

陆铭, 陈钊. 2004. 城市化、城市倾向的经济政策与城乡收入差距. 经济研究, 39(6): 50-58.

陆铭, 陈钊. 2006. 中国区域经济发展中的市场整合与工业集聚. 上海: 上海三联书店.

罗富民. 2018. 农业地理集聚对农业机械化技术进步的影响: 基于丘陵山区的实证分析. 中国农业资源与区划, 39(3): 193-200.

骆健民. 2006. 农业机械化发展水平的评估与发展模式的研究. 杭州: 浙江大学.

马晓河. 2012. 城镇化是新时期中国经济增长的发动机. 国家行政学院学报(4): 63-68.

马孝先. 2014. 中国城镇化的关键影响因素及其效应分析. 中国人口·资源与环境, 24(12): 117-124.

毛其淋. 2011. 经济开放、城市化水平与城乡收入差距: 基于中国省际面板数据的经验研究. 浙江社会科学(1): 11-22, 155.

聂辉华, 方明月, 李涛. 2009. 增值税转型对企业行为和绩效的影响: 以东北地区为例. 管理世界, 25(5): 17-24, 35.

诺斯, 道格拉斯·C, 托马斯, 罗伯特·P, 1999. 西方世界的兴起. 厉以平, 蔡磊, 译. 北京: 华夏出版社.

潘文卿, 2010. 中国区域经济差异与收敛. 中国社会科学(1): 72-84, 222-223.

潘文卿, 李子奈. 2007. 中国沿海与内陆间经济影响的反馈与溢出效应. 经济研究, 42(5): 68-77.

潘文卿, 李子奈. 2008. 三大增长极对中国内陆地区经济的外溢性影响研究. 经济研究, 43(6): 85-94.

潘雄锋, 刘凤朝. 2010. 中国区域工业企业技术创新效率变动及其收敛性研究. 管理评论, 22(2): 59-64.

潘雄锋, 彭晓雪, 李斌. 2017. 市场扭曲、技术进步与能源效率: 基于省际异质性的政策选择. 世界经济, 40(1): 91-115.

彭曦, 陈仲常. 2016. 西部大开发政策效应评价. 中国人口·资源与环境, 26(3): 136-144.

漆雁斌, 毛婷婷, 殷凌霄. 2010. 能源紧张情况下的低碳农业发展问题分析. 农业技术经济(3): 106-115.

齐绍洲, 罗威. 2007. 中国地区经济增长与能源消费强度差异分析. 经济研究, 42(7): 74-81.

齐绍洲, 李锴. 2010. 区域部门经济增长与能源强度差异收敛分析. 经济研究, 45(2): 109-122.

齐绍洲, 云波, 李锴. 2009. 中国经济增长与能源消费强度差异的收敛性及机理分析. 经济研究, 44(4): 56-64.

綦建红, 陈小亮, 2011. 进出口与能源利用效率: 基于中国工业部门面板数据的实证研究. 南方经济 (1): 14-25.

钱颖一. 2003. 政府与法治. 经济管理文摘(15): 4.

秦朵. 1997. 改革以来的货币需求关系. 经济研究, 32(10): 16-25.

秦佳, 李建民. 2013. 中国人口城镇化的空间差异与影响因素. 人口研究, 37(2): 25-40.

邱成利. 2002. 创新环境及其对新产业成长的作用机制. 数量经济技术经济研究, 19(4): 5-7.

邱德馨, 陈帅, 贺卓异. 2017. 知识产权保护对我国经济增长的影响: 基于我国各省份面板数据的分析. 中国市场(23): 18-20.

屈军, 刘军岭. 2018. 自主创新、技术模仿与知识产权保护: 基于中国省际面板数据的实证研究. 金融与经济(10): 68-75.

屈小娥. 2009. 中国省际全要素能源效率变动分解: 基于 Malmquist 指数的实证研究. 数量经济技术经济研究, 26(8): 29-43.

曲晨瑶, 李廉水, 程中华. 2016. 中国制造业能源效率及其影响因素. 科技管理研究, 36(15): 128-135.

单豪杰. 2008. 中国资本存量 K 的再估算: 1952—2006 年. 数量经济技术经济研究, 25(10): 17-31.

邵帅, 杨莉莉, 黄涛. 2013. 能源回弹效应的理论模型与中国经验. 经济研究, 48(2): 96-109.

沈利生, 2003. 中国外贸依存度的测算. 数量经济技术经济研究(4): 5-12.

沈能. 2010. 能源投入、污染排放与我国能源经济效率的区域空间分布研究. 财贸经济, 31(1): 107-113.

盛斌. 2002. 中国对外贸易政策的政治经济分析. 上海: 上海三联书店.

师博, 张良悦. 2008. 我国区域能源效率收敛性分析. 当代财经(2): 17-21.

史丹. 2002. 我国经济增长过程中能源利用效率的改进. 经济研究, 37(9): 49-56, 94.

史丹. 2011. 中国能源利用效率问题研究. 北京: 经济管理出版社.

史宇鹏, 周黎安. 2007. 地区放权与经济效率: 以计划单列为例. 经济研究, 42(1): 17-28.

舒元, 王曦. 2002. 构造我国经济转型的量化指标体系: 关于原则和方法的思考. 管理世界, 18(4): 16-22, 71.

宋山梅, 于海龙. 2008. 农业机械化与农业经济增长的实证分析. 农业经济(11): 10-11.

宋晓梅, 刘富铀, 弓宝平. 2005. 合作创新还是自主创新? 科学管理研究, 23(5): 17-19.

苏良军, 王芸. 2007. 中国经济增长空间相关性研究: 基于"长三角"与"珠三角"的实证. 数量经济技术经济研究, 24(12): 26-38.

苏素, 贺娅萍. 2011. 经济高速发展中的城镇化影响因素. 财经科学 (11): 93-100.

孙福田. 2004. 农业机械化对农业发展的贡献及农业机械化装备水平的研究. 哈尔滨: 东北农业大学.

孙力军. 2008. 金融发展、FDI 与经济增长. 数量经济技术经济研究, 25(1): 3-14.

孙琳琳, 焦婕. 2016. 基于内生折旧率的中国行业层面资本存量估计. 北京航空航天大学学报(社会科学版), 29(3): 97-107.

孙玉涛, 杨中楷. 2005. 知识产权保护与经济增长的互动分析. 科技管理研究, 25(12): 172-174.

孙浦阳, 武力超, 陈思阳. 2011. 外商直接投资与能源消费强度非线性关系探究: 基于开放条件下环境"库兹涅茨曲线"框架的分析. 财经研究, 37(08): 79-90.

唐保庆, 邱斌, 孙少勤. 2018. 中国服务业增长的区域失衡研究: 知识产权保护实际强度与最适强度偏离度的视角. 经济研究, 53(8): 147-162

唐滨源. 1979. 对"二次能源"概念的一些看法. 中国能源, 1(3): 60.

唐华仓. 2007. 农业生产中的能源投入结构优化分析. 中州学刊 (4): 52-54.

唐要家, 袁巧. 2012. 工业出口贸易结构变动对节能减排的影响. 经济与管理评论 (5): 65-71.

滕玉华, 刘长进. 2010. 外商直接投资的 R&D 溢出与中国区域能源效率. 中国人口·资源与环境, 20(8): 142-147.

田珺. 2016. 经济发展对知识产权保护水平的影响研究: 基于省级面板数据. 哈尔滨: 哈尔滨工业大学.

田新民, 王少国, 杨永恒. 2009. 城乡收入差距变动及其对经济效率的影响. 经济研究, 44(7): 107-118.

汪锋. 2007. 中国的制度变迁与经济发展不平衡: 1978-2005. 重庆: 重庆大学.

汪锋, 张宗益, 康继军. 2005. 中国各地区的市场化进程对经济增长的影响. 财经科学 (6): 159-166.

汪锋, 张宗益, 康继军. 2006. 企业市场化、对外开放与中国经济增长条件收敛. 世界经济, 29(6): 48-60.

汪锋, 刘旗, 张宗益. 2007. 经济体制改革与中国城乡经济发展不平衡. 中国软科学 (5): 69-79.

汪克亮, 杨力, 杨宝臣, 等. 2013. 能源经济效率、能源环境绩效与区域经济增长. 管理科学, 26(3): 86-99.

王德成. 2005. 我国农业机械化发展经济效应的研究. 北京: 中国农业大学.

王德禄. 2002. 创新中国研究系列-区域的崛起(区域创新理论经与案例研究. 济南: 山东教育出版社.

王德禄, 宋建元. 2001. 关于区域发展模式和创新环境的理论探讨. 未来与发展, 25(5): 17-18.

王国刚. 2010. 城镇化: 中国经济发展方式转变的重心所在. 经济研究, 45(12): 70-81.

王华. 2011. 更严厉的知识产权保护制度有利于技术创新吗? 经济研究, 46(S2): 124-135.

王缉慈. 1999. 知识创新和区域创新环境. 经济地理, 19(1): 11-15.

王缉慈, 王可, 1999. 区域创新环境和企业根植性: 兼论我国高新技术企业开发区的发展. 地理研究(4): 357-362.

王家庭, 贾晨蕊. 2009. 我国城市化与区域经济增长差异的空间计量研究. 经济科学(3): 94-102.

王梦奎. 2004. 关于统筹城乡发展和统筹区域发展. 管理世界, 20(4): 1-8, 29.

王明丽. 2010. 对农业机械化水平评价及其指标的浅见. 农机质量与监督(3): 23-24.

王群伟, 周德群, 沈璇, 等. 2010. 我国全要素能源效率的测度与分析. 管理评论, 22(3): 37-43.

王任飞, 王进杰. 2007. 基础设施与中国经济增长: 基于 VAR 方法的研究. 世界经济, 30(3): 13-21.

王瑞杰, 孙鹤. 2004. 云南省农业机械化对农业产值影响的比较分析. 农机化研究, 26(3): 57-60.

王少平, 欧阳志刚. 2007. 我国城乡收入差距的度量及其对经济增长的效应. 经济研究, 42(10): 44-55.

王术, 刘一明. 2015. 农业机械化与区域农业可持续发展关系实证分析. 农机化研究, 37(4): 1-6, 31.

王艳丽, 李强, 2012. 对外开放度与中国工业能源要素利用效率——基于工业行业面板数据. 北京理工大学学报(社会科学版)
    (2): 27-33.

王业强, 魏后凯. 2007. 产业特征、空间竞争与制造业地理集中: 来自中国的经验证据. 管理世界, 23(4): 68-77.

王余丁, 王蓓, 席增雷. 2022. 高新技术产业集聚对区域创新能力的影响研究. 河北经贸大学学报, 43(2): 90-99.

王志章, 孙晗霖. 2015. 农业机械化对农民增收效应的实证研究. 中国农机化学报, 36(2): 310-313, 322.

王小鲁. 2002. 如何解决我国当前农村居民收入问题. 中国经济快讯(29): 25-26.

魏楚, 沈满洪. 2007. 能源效率及其影响因素: 基于 DEA 的实证分析. 管理世界, 23(8): 66-76.

魏楚, 沈满洪. 2008. 结构调整能否改善能源效率: 基于中国省级数据的研究. 世界经济, 31(11): 77-85.

魏后凯. 2002. 外商直接投资对中国区域经济增长的影响. 经济研究, 37(4): 19-26, 92-93.

魏后凯, 孙承平. 2004. 我国西部大开发战略实施效果评价. 开发研究(3): 21-25.

魏一鸣, 廖华. 2010. 能源效率的七类测度指标及其测度方法. 中国软科学(1): 128-137.

温忠麟, 侯杰泰, 张雷. 2005. 调节效应与中介效应的比较和应用. 心理学报, 37(2): 268-274.

吴福象, 刘志彪. 2008. 城市化群落驱动经济增长的机制研究: 来自长三角 16 个城市的经验证据. 经济研究, 43(11): 126-136.

吴江, 谭涛, 杨珂, 杨君. 2019. 中国全要素能源效率评价研究: 基于不可分的三阶段 DEA 模型. 数理统计与管理(3):
    418-432.

吴凯, 蔡虹, 蒋仁爱. 2010. 中国知识产权保护与经济增长的实证研究. 科学学研究, 28(12): 1832-1836.

吴琦, 武春友. 2010. 我国能源效率关键影响因素的实证研究. 科研管理, 31(5): 164-171.

吴晓怡, 邵军. 2016. 进口开放对中国制造业能源效率的影响: 基于关税减让的实证分析. 财贸经济, 37(6): 82-96.

吴延兵. 2008. 自主研发、技术引进与生产率: 基于中国地区工业的实证研究. 经济研究 43(8): 51-64.

吴延兵. 2009. 中国工业 R&D 投入的影响因素. 产业经济研究(6): 13-21.

吴玉鸣. 2007. 县域经济增长集聚与差异: 空间计量经济实证分析. 世界经济文汇(2): 37-57.

伍戈. 2009. 中国的货币需求与资产替代: 1994—2008. 经济研究, 44(3): 53-67.

夏波. 2013. 城乡统筹、城乡差距与经济增长的效应研究. 重庆: 重庆工商大学.

夏万军. 2009. 中国区域经济收敛机制研究. 商业经济与管理(9): 52-57.

谢文君. 2011. 江西省城乡统筹发展与收入差距关系的实证研究. 金融与经济(12): 57-60.

谢莹, 童昕, 蔡一帆. 2015. 制造业创新与转型: 深圳创客空间调查. 科技进步与对策, 32(2): 59-65.

熊妍婷. 2009. 对外开放与工业行业能源技术效率: 基于随机前沿模型的分析. 厦门: 厦门大学.

熊妍婷, 黄宁. 2010. 对外开放与工业行业能源技术效: 基于随机前沿模型的分析. 当代财经(9): 89-97.

熊妍婷, 黄宁, 王华明. 2010. 基于随机前沿模型的对外开放与能源技术效率提升. 商业研究(9): 152-156.

熊兴, 余兴厚, 汪亚美. 2022. 成渝地区双城经济圈新型城镇化与产业结构升级互动关系研究. 经济体制改革, (2): 42-49.

徐士元. 2009. 技术进步对能源效率影响的实证分析. 科研管理, 30(6): 16-24.

徐现祥. 2005. 渐进改革经济中的最优增长. 数量经济技术经济研究, 22(8): 3-15.

徐现祥, 王贤彬. 2010. 晋升激励与经济增长: 来自中国省级官员的证据. 世界经济, 33(2): 15-36.

徐现祥, 李郇. 2012. 中国省际贸易模式: 基于铁路货运的研究. 世界经济, 35(9): 41-60.

徐艳兰, 刘亚琼. 2018. 农业机械化与区域经济发展协调度的空间异质性. 农机化研究, 40(4): 31-36.

徐盈之, 管建伟. 2011. 中国区域能源效率趋同性研究: 基于空间经济学视角. 财经研究, 37(1): 112-123.

许春明. 2008. 知识产权制度与经济增长的机制研究. 上海: 同济大学.

许春明, 单晓光. 2008. 中国知识产权保护强度指标体系的构建及验证. 科学学研究, 26(4): 715-723.

薛捷. 2015. 区域创新环境对科技型小微企业创新的影响: 基于双元学习的中介作用. 科学学研究, 33(5): 782-791.

薛婧, 张梅青, 王静宇. 2018. 中国式财政分权与区域创新能力: 基于R&D边际创新产出及要素市场扭曲的解释框架. 经济问题探索(11): 152-162.

薛静静, 沈镭, 刘立涛, 等. 2013. 中国区域能源利用效率与经济水平协调发展研究. 资源科学, 35(4): 713-721.

严太华, 刘焕鹏. 2014. 金融发展、自主研发与知识积累. 中国科技论坛(9): 106-110.

杨军强. 2008. 中国农机总动力预测分析. 湖南农机, 35(11): 19-20.

杨莉莉, 邵帅. 2015. 能源回弹效应的理论演进与经验证据: 一个文献述评. 财经研究, 41(8): 19-38.

杨敏丽, 白人朴. 2005. 中国农业机械化发展的不平衡性研究. 农业机械学报, 36(9): 60-63.

杨敏丽, 李世武, 恽竹恬. 2010. 区域农业机械化发展问题研究. 中国农机化, 31(1): 8-13.

杨全发, 韩樱. 2006. 知识产权保护与跨国公司对外直接投资策略. 经济研究, 41(4): 28-34, 89.

杨正林, 方齐云. 2008. 能源生产率差异与收敛: 基于省际面板数据的实证分析. 数量经济技术经济研究, 25(9): 17-30.

杨志海, 刘雪芬, 王雅鹏. 2013. 县域城镇化能缩小城乡收入差距吗?: 基于1523个县(市)面板数据的实证检验. 华中农业大学学报(社会科学版)(4): 42-48.

姚洋. 1998. 非国有经济成分对我国工业企业技术效率的影响. 经济研究, 33(12): 29-35.

易先忠, 张亚斌, 刘智勇. 2007. 自主创新、国外模仿与后发国知识产权保护. 世界经济(3): 31-40.

尹鹏, 刘曙光, 段佩利. 2020. 城市群城镇化效率与经济增长耦合协调关系的实证分析. 统计与决策, 36(8): 102-105.

尹志锋, 叶静怡, 黄阳华, 等. 2013. 知识产权保护与企业创新: 传导机制及其检验. 世界经济, 36(12): 111-129.

余静文. 2013. 重庆统筹城乡改革缩小了城乡收入差距吗?: 基于合成控制法的经验研究. 西部论坛, 23(1): 1-10.

余长林. 2009. 知识产权保护与发展中国家的经济增长: 基于技术供给的视角. 厦门: 厦门大学.

余长林, 王瑞芳. 2009a. 发展中国家的知识产权保护与技术创新: 只是线性关系吗? 当代经济科学, 31(3): 92-100, 127.

余长林, 王瑞芳. 2009b. 知识产权保护与国际技术转移的关系研究进展. 财经问题研究(3): 50-55.

岳鹄, 张宗益. 2008. R&D 投入、创新环境与区域创新能力关系研究: 1997—2006. 当代经济科学, 30(6): 110-116.

袁航, 朱承亮. 2018. 西部大开发推动产业结构转型升级了吗? 基于 PSM-DID 方法的检验. 中国软科学(6): 67-81.

曾建丽, 刘兵, 张跃胜. 2022. 中国区域科技人才集聚与创新环境协同度评价研究: 基于速度状态与速度趋势动态视角. 大连理工大学学报(社会科学版), 43(1): 50-59.

曾胜, 黄登仕. 2009. 中国能源消费、经济增长与能源效率: 基于 1980—2007 年的实证分析. 数量经济技术经济研究, 26(8): 17-28.

张兵兵, 朱晶. 2015. 出口对全要素能源效率的影响研究: 基于中国 37 个工业行业视角的经验分析. 国际贸易问题 (4): 56-65

张德钢, 陆远权. 2017. 市场分割对能源效率的影响研究. 中国人口·资源与环境, 27(1): 65-72.

张国辉. 2016. 城镇化: 中国经济发展方式转变的重心所在. 现代经济信息 (23): 23.

张宏乔. 2017. 农业机械化因素对粮食产量影响的实证分析: 以河南省为例. 科技和产业, 17(11): 127-132, 147.

张建伟, 杨志明. 2013. 能源效率对中国经济增长的实证研究. 山东社会科学 (10): 170-174, 169.

张军, 吴桂英, 张吉鹏. 2004. 中国省际物质资本存量估算: 1952—2000. 经济研究, 39(10): 35-44.

张丽琴, 陈烈. 2013. 新型城镇化影响因素的实证研究: 以河北省为例. 中央财经大学学报 (12): 84-91.

张善余. 2002. 统计口径变动对人口普查中城镇人口数量的影响. 社会科学 (10): 63-67.

张少华, 陈浪南, 2009. 经济全球化对我国能源利用效率影响的实证研究——基于中国行业面板数据. 经济科学 (1): 102-111.

张神勇, 肖敏. 2010. 中国出口依存度分析. 商业时代 (6): 35-36, 51.

张曙光, 赵农. 2000. 市场化及其测度: 兼评《中国经济体制市场化进程研究》. 经济研究 (10), 73-77.

张曙霄, 王馨, 蒋庚华. 2009. 中国外贸内部区域结构失衡与地区收入差距扩大的关系. 财贸经济, 30(5): 85-90.

张为杰, 宫芳. 2009. 农业机械化影响因素实证分析: 兼论农村金融对农业机械化的支持. 沈阳大学学报, 21(3): 16-19.

张贤, 周勇. 2007. 外商直接投资对我国能源强度的空间效应分析. 数量经济技术经济研究, 24(1): 101-108.

张学良. 2012. 中国交通基础设施促进了区域经济增长吗: 兼论交通基础设施的空间溢出效应. 中国社会科学 (3): 60-77, 206.

赵大丽, 高伟, 李艳丽. 2011. 知识转移方式对区域创新能力的影响研究: 基于 2001—2008 年省际数据的分析. 科技进步与对策, 28(16): 32-37.

赵瑞芬, 王俊岭, 岳建芳. 2012. 创新环境对区域创新能力的贡献测度研究: 以河北省为例. 经济与管理, 26(2): 72-75.

赵喜仓, 张大鹏. 2018. 加强知识产权保护会促进经济增长吗? 经济问题 (3): 19-23.

赵旭梅. 2013. 知识产权保护宽度、企业研发投资与社会福利. 科研管理, 34(7): 87-92.

甄美荣, 杨晶照. 2012. 区域创新环境对区域内企业群落发展的影响机制研究. 科技进步与对策, 29(7): 42-46.

郑洁, 刘盼盼. 2022. 地方政府债务规模、新型城镇化与区域经济增长. 统计与决策, 38(7): 142-145.

郑文钟, 何勇. 2004. 基于 GIS 的浙江省农业机械化发展水平的地区比较. 浙江大学学报(农业与生命科学版), 30(6): 668-672.

郑亚平, 聂锐. 2007. 从城市化质量认识省域经济发展差距. 重庆大学学报(社会科学版), 13(5): 1-5.

周建. 2008. 我国区域经济增长与能源利用效率改进的动态演化机制研究: 基于省域面板数据协整模型的实证分析. 数量经济技术经济研究, 25(9): 3-16.

周黎安, 陈烨. 2005. 中国农村税费改革的政策效果: 基于双重差分模型的估计. 经济研究, 40(8): 44-53.

周民良. 1999. 我国内地产业结构变动与产业发展. 经济学家 (6): 76-82.

周五七. 2016. 能源价格、效率增进及技术进步对工业行业能源强度的异质性影响. 数量经济技术经济研究, 33(2): 130-143.

周兴, 张鹏. 2014. 市场化进程对技术进步与创新的影响: 基于中国省级面板数据的实证分析. 上海经济研究, 26(2): 71-81.

周亚虹, 朱保华, 刘俐含. 2009. 中国经济收敛速度的估计. 经济研究, 44(6): 40-51.

周渝岚, 王新利, 赵琨. 2014. 农业机械化发展对农业经济发展方式转变影响的实证研究. 上海经济研究, 26(6): 34-41.

朱东平. 2004. 外商直接投资、知识产权保护与发展中国家的社会福利: 兼论发展中国家的引资战略. 经济研究, 39(1): 93-101.

朱孔来, 李静静, 乐菲菲. 2011. 中国城镇化进程与经济增长关系的实证研究. 统计研究, 28(9): 80-87.

朱平芳, 徐伟民. 2003. 中国 R&D 支出的平减指数研究. 数量经济技术经济研究(6): 55-62.

朱平芳, 李磊. 2006. 两种技术引进方式的直接效应研究: 上海市大中型工业企业的微观实证. 经济研究, 41(3): 90-102.

庄旭东, 王仁曾. 2022. 市场化进程、数字化转型与区域创新能力: 理论分析与经验证据. 科技进步与对策, 39(7): 44-52.

庄亚明, 穆荣平, 尤海燕. 2010. FDI、官产学合作对区域创新能力的影响. 科技与经济, 23(3): 11-14.

庄子银. 1970. 创新、模仿、知识产权和全球经济增长. 武汉: 武汉大学出版社.

庄子银, 2009. 知识产权、市场结构、模仿和创新. 经济研究 (11): 95-104.

庄子银, 邹薇. 2003. 公共支出能否促进经济增长: 中国的经验分析. 管理世界, 19(7): 4-12, 154.

邹艳芬, 陆宇海. 2005. 基于空间自回归模型的中国能源利用效率区域特征分析. 统计研究, 22(10): 67-71.

Ahn S C, Schmidt P. 1995. Efficient estimation of models for dynamic panel data. Journal of Econometrics, 68(1): 5-27.

Ali Akkemik K, GöksalK, Li J. 2012. Energy consumption and income in Chinese Provinces: heterogeneous panel causality analysis. Applied Energy, 99: 445-454.

AllcottH, Greenstone M. 2012. Isthere anenergyefficiencygap? Journal of Economic Perspectives, 26(1): 3-28.

Allred B B, Park W G. 2007. Patent rights and innovative activity: evidence from national and firm-level data. Journal of International Business Studies, 38(6): 878-900.

Almeida P, Kogut B. 1999. Localization of knowledge and the mobility of engineers in regional networks. Management Science, 45(7): 905-917.

Alonso W. 1968. Urban and regional imbalances in economic development. Economic Development and Cultural Change, 17(1): 1-14.

Ang B W, 2011.Capital stock estimation of Chinese industries based on endogenous depreciation rate. Beijing University of Aeronautics and Astronautics, 100083.

Anselin L.1988. Spatial Econometrics: Methods and Models. Dordrecht: Springer Netherlands.

Anselin L.2003. Spatialexternalities, spatialmultipliers, and spatial econometrics. International Regional Science Review, 26(2): 153-166.

Anselin L, Rey S. 1991. Properties of tests for spatial dependence in linear regression models. Geographical Analysis, 23(2): 112-131.

Arellano M, Bond S. 1992. Some tests of specification for panel data: Monte Carlo evidence and an application to employment equations. The Review of Economic Studies, 58(2): 277-297.

Arellano M, Bover O.1995. Another look at the instrumental variable estimation of error-components models. Journal of Econometrics, 68(1): 29-51.

Arrow K J. 1962. The economicimplications of learning bydoing. The Review of Economic Studies, 29(3): 155.

Aschauer D A. 1989. Is public expenditure productive? Journal of Monetary Economics, 23(2): 177-200.

Ashenfelter O, Card D.1985. Using the longitudinal structure of earnings to estimate the effect of training programs. The Review of Economics and Statistics, 67(4): 648.

Amiti, M. 2005. Location of vertically linked industries: Agglomeration versus comparative advantage. European Economic Review, 49(4), 809-832.

Anselin L. 1988. Spatial econometrics: Methods and models. Kluwer Academic.

Barro R J. 1992. Convergence. Journal of Political Economy, 100(2): 223-251.

Barro R J. 2001. Human capital and growth. American Economic Review, 91(2): 12-17.

Barro R J, Sala-i-Martin X.1990. World real interest rates. In NBER Macroeconomics Annual. Cambridge MA: Natinonal Bureau of Evonomical Research.

Barro R J, Sala-i-Martin X. 1997. Economic growth. Cambridge, MA: MIT press, 44-81.

Barro R, Mankiw N, Sala-i-Martin X.2021. Capital mobility in neoclassical models of growth. Cambridge MA: Natinonal Bureau of Evonomical Research.

Berkhout P H G, Muskens J C, Velthuijsen J W. 2000. Defining the rebound effect. Energy Policy, 28(6-7): 425-432.

Bertinelli L, 2004. Urbanization and economic growth: a dynamic perspective. Journal of Urban Economics, 55(2): 234-252.

Bertinelli L, Black D. 2004. Urbanization and growth. Journal of Urban Economics, 56(1): 80-96.

Bertinelli L, Zou B T. 2008. Does urbanization foster human capital accumulation? The Journal of Developing Areas, 41(2): 171-184.

Beyer J. 2001.Economic institutions and democratic reform: acomparative analysis of post-communist countries.Economic Systems, 25(4): 401-403.

Bin G. 2008. Technology acquisition channels and industry performance: an industry-level analysis of Chinese large-and medium-size manufacturing enterprises. Research Policy, 37(2): 194-209.

Blundell R, Bond S. 1998. Initial conditions and moment restrictions in dynamic panel data models. Journal of Econometrics, 87(1): 115-143.

Brückner M. 2012. Economic growth, size of the agricultural sector, and urbanization in Africa. Journal of Urban Economics, 71(1): 26-36.

Brueckner J K.2003. Strategic interaction among governments: an overview of empirical studies. International Regional Science Review, 26(2): 175-188.

Barro R J, Sala-i-Martin X. 1992. Convergence. Journal of Political Economy, 100(2): 223-251.

Bertinelli L, Black D. 2004. Urbanization and growth. Journal of Urban Economics, 56(1): 80-96.

Card D, Krueger A B. 2000. Minimum wages and employment: a case study of the fast-food industry in new jersey and Pennsylvania: Reply. American Economic Review, 90(5): 1397-1420.

Chang G H, Brada J C. 2006. The paradox of China's growing under-urbanization. Economic Systems, 30(1): 24-40.

Chen Y M, Puttitanun T. 2005. Intellectual property rights and innovation in developing countries. Journal of Development Economics, 78(2): 474-493.

Chin J C, Grossman G M. 1988. Intellectual property rights and North-South trade. National Bureau of Economic Research Cambridge, Mass. USA, (11): 27-46.

Chow G C. 1993. Capital formation and economic growth in China.The Quarterly Journal of Economics, 108(3): 809-842.

Colin T, Soyeur A.1996. Some singular limits for evolutionary Ginzburg-Landau equations. Asymptotic Analysis, 13(4): 361-372.

Crain W M, Lee K J. 1999. Economic growth regressions for the American states: a sensitivity analysis. Economic Inquiry, 37(2): 242-257.

Dawson J W. 1998. Institutions, investment, and growth: new cross-country and panel data evidence. Economic Inquiry, 36(4): 603-619.

Diwan I, Rodrik D. 1991. Patents, appropriate technology, and north-south trade. Journal of International Economics, 30(1-2): 27-47.

Easton S T, Walker M A. 1997. Income, growth, and economic freedom. The American Economic Review, 87(2): 328-332.

Eden L, Levitas E, Martinez R J. 1997. The production, transfer and spillover of technology: comparing large and small multinationals as technology producers. Small Business Economics, 9(1): 53-66.

Elhorst J P. 2003. Specification and estimation of spatial panel data models. International Regional Science Review, 26(3): 244-268.

Elhorst J P, 2010.Spatialeconometrics: Fromcross-sectionaldata to spatialpanels Springer.

Evans P. 1997. Government consumption and growth. Economic Inquiry, 35(2): 209-217.

Ezcurra R. 2007. Distribution dynamics of energy intensities: A cross-country analysis. Energy Policy, 35(10): 5254-5259.

Falvey R, Foster N, Greenaway D. 2004. Imports, exports, knowledge spillovers and growth. Economics Letters, 85(2): 209-213.

Fan Y, Liao H, Wei Y M. 2007. Can market oriented economic reforms contribute to energy efficiency improvement? Evidence from China. Energy Policy, 35(4): 2287-2295.

Fingleton B. 1999. Economic geography with spatial econometrics: A' ThirdWay' to analyse economic development and' Equilibrium' , with application to the EU regions. Annals of Reyional Science, 33(4): 375-394.

Fischer S. 1993. The role of macroeconomic factors in growth. Journal of Monetary Economics, 32(3): 485-512.

Fisher-Vanden K, Jefferson G H, Liu H M, et al. 2004. What is driving China's decline in energy intensity? Resource and Energy Economics, 26(1): 77-97.

Furukawa Y. 2007. The protection of intellectual property rights and endogenous growth: Is stronger always better? Journal of Economic Dynamics and Control, 31(11): 3644-3670.

Furukawa Y. 2010. Intellectual property protection and innovation: An inverted-U relationship. Economics Letters, 109(2): 99-101.

Farr W, Lord R A, Wolfenbarger J L. 1998. Economic freedom, political freedom, and economic well-being: A causality analysis. Cato Journal, 18(2): 247-262.

Gancia G, Bonfiglioli A. 2008. North - South trade and directed technical change. Journal of International Economics, 76(2): 276-295.[LinkOut]

Geary R C. 1954. The contiguity ratio and statistical mapping. The Incorporated Statistician, 5(3): 115-141.

Ginarte J C, Park W G. 1997. Determinants of patent rights: A cross-national study. Research Policy, 26(3): 283-301.

Gould D M, Gruben W C. 1996. The role of intellectual property rights in economic growth. Journal of Development Economics, 48(2): 323-350.

Gross C. 2012. Explaining the (non-) causality between energy and economic growth in the U.S.: A multivariate sectoral analysis. Energy Economics, 34(2): 489-499.

Grossman G M, Krueger A B. 1995. Economic growth and the environment. The Quarterly Journal of Economics, 110(2): 353-377.

Gwartney J D, Lawson R A, Holcombe R G. 1999. Economic freedom and the environment for economic growth. Journal of Institutional and Theoretical Economics (JITE)/Zeitschrift für die gesamte Staatswissenschaft, 643-663.

Hanley N, McGregor P G, Swales J K, et al. 2009. Do increases in energy efficiency improve environmental quality and sustainability? Ecological Economics, 68(3): 692-709.

Hannesson R. 2002. Energy use and GDP growth, 1950 - 97. OPEC Review, 26(3): 215-233.

Hausman J A, Newey W K, Taylor W E. 1987. Efficient estimation and identification of simultaneous equation models with covariance restrictions. Econometrica, 55(4): 849.

Heller H R. 1966. Optimal international reserves. The Economic Journal, 76(302): 296.

Helpman E. 1993. Innovation, imitation, and intellectual property rights. Econometrica, 61(6): 1247.

Henderson J V. 2003. Urbanizationand economic development. Annals of Economics and Finance, 4: 475-341.

Henderson J.2017. Urbanization and economic development. Annals of Economics and Finance, 4: 275-341.

Horii R, Iwaisako T. 2007. Economic growth with imperfect protection of intellectual property rights. Journal of Economics, 90(1): 45-85.

Hsueh D, Li Q, 1999. China's Provincial Capital stock estimates, 1978-1998. Working Paper, Department of Economics, University of Western Ontario.

Islam N. 1995. Growth empirics: Apanel data approach. The Quarterly Journal of Economics, 110(4): 1127-1170.

Jaffe A B. 1989. Real effects of academic research. The American Economic Review, 79(5): 957-970.

Jones C I, Manuelli R E, 1990. A positive theory of growth and distribution. Quarterly Journal of Economics, 105(2): 561-582.

Jordan S, Lande M. 2013. Should makers be the engineers of the future? 2013 IEEE Frontiers in Education Conference(FIE). October 23-26, 2013, Oklahoma City, OK, USA.IEEE, : 815-817.

Kesidou E, Romijn H. 2008. Do local knowledge spillovers matter for development?an empirical study of Uruguay's software cluster. World Development, 36(10): 2004-2028.

Khazzoom J D, 1980a. On the impact of energy conservation on energy use: A retrospective look at the Khazzoom-Brookes postulate. The Energy Journal, 1(4): 7-22.

Khazzoom J D. 1980b. Economic implications of mandated efficiency in standards for household appliances. The Energy Journal, 1(4): 21-40.

Kokko A O. 1994. Technology, market characteristic, and spillovers. Journal of Developmen Economics, 43(2): 279-293.

Krammer S M S. 2009. Drivers of national innovation in transition: Evidence from a panel of eastern European countries. Research Policy, 38(5): 845-860.

Krugman P. 1991. Increasing returns and economic geography. Journal of Political Economy, 99(3): 483-499.

Kuznets S.2019. Economic growth and income inequality//The Gapbetween Richand Poor. London: Routledge: 25-37.

Lee C C. 2005. Energy consumption and GDP in developing countries: A cointegrated panel analysis. Energy Economics, 27(3): 415-427.

LeSage J P, Pace R K.2009. Introduction tospatialeconometrics. Boca Raton: CRC Press.

Lester R K, McCabe M J. 1993. The effect of industrial structure on learning by doing in nuclear power plant operation. The RAND Journal of Economics, 24(3): 418.

Lewis B D. 2014. Urbanization and economic growth in Indonesia: Good news, bad news and (possible) local government mitigation. Regional Studies, 48(1): 192-207.

Liu Y B, Xie Y C. 2013. Asymmetric adjustment of the dynamic relationship between energy intensity and urbanization in China. Energy Economics, 36: 43-54.

Lucas R E.1988. On the mechanics of economic development. Journal of Monetary Economics, 22(1): 3-42.

Lundvall B, Borrás S.2000. Theglobalisinglearningeconomy: Implications forinnovationpolicy.Aalborg University.

Lundvall B Å, Borrás S. 1998. The globalising learning economy: Implications for innovation policy. Office for Official Publications of the European Communities.

Ma X. 2010. Analysis of energy consumption and energy intensity differences among Chinese industries from 1991 to 2006 using index decomposition analysis. Journal of Energy Studies, 15(2): 123-138.

Mandavilli A. 2006. Appropriate technology: Make anything, anywhere. Nature, 442(7105): 862-864.

Mankiw N G, Romer D, Weil D N.1992. A contribution to the empirics of economic growth. The Quarterly Journal of Economics,

107(2): 407-437.

Manski C F.1993. Identification of endogenous social effects: The reflection problem. The Review of Economic Studies, 60(3): 531-542.

Markandya A, Pedroso-Galinato S, Streimikiene D. 2006. Energy intensity in transition economies: Is there convergence towards the EU average? Energy Economics, 28(1): 121-145.

Meyer B D. 1994. Natural and quasi-experiments in economics. Journal of Business &Economic Statistics, 13(2): 151-161.

Mielnik O, Goldemberg J. 2000. Converging to a common pattern of energy use in developing and industrialized countries. Energy Policy, 28(8): 503-508.

Miketa A, Mulder P. 2005. Energy productivity across developed and developing countries in 10 manufacturing sectors: Patterns of growth and convergence. Energy Economics, 27(3): 429-453.

Miller S M, Russek F S. 1997. Fiscal structures and economic growth: International evidence. Economic Inquiry, 35(3): 603-613.

Mitchell D J.2005. The impact of government spending on economic growth.The Heritage Foundation, 1813: 1-18.

Moon Y S, Sonn Y H. 1996. Productive energy consumption and economic growth: An endogenous growth model and its empirical application. Resource and Energy Economics, 18(2): 189-200.

Moran P A P. 1948. The interpretation of statistical maps. Journal of the Royal Statistical Society Series B: Statistical Methodological, 10(2): 243-251.

Mulder P, De Groot H L F. 2007. Sectoral energy- and labour-productivity convergence//Sustainable Resource Use and Economic Dynamics. Dordrecht: Springer Netherlands.

Nordhaus W D, 1969. An economic theory of technological change.The American Economic Review, 59(2): 18-28.

O'Donoghue T, Zweimüller J. 2004. Patents in a model of endogenous growth. Journal of Economic Growth, 9(1): 81-123.

Odedokun M O. 1996. Alternative econometric approaches for analysing the role of the financial sector in economic growth: Time-series evidence from LDCs. Journal of Development Economics, 50(1): 119-146.

Oh W, Lee K. 2004. Causal relationship between energy consumption and GDP revisited: The case of Korea 1970–1999. Energy Economics, 26(1): 51-59.

Olson M Jr. 1963. Rapid growth as a destabilizing force. The Journal of Economic History, 23(4): 529-552.

Parello C P. 2008. A north–south model of intellectual property rights protection and skill accumulation. Journal of Development Economics, 85(1-2): 253-281.

Park W G, 1999. Intellectual property rights and economic growth. Contemporary Economic Policy, 15(3): 51-61.

Park W G. 2008. International patent protection: 1960—2005. Research Policy, 37(4): 761-766.

Pereira L C B, Maravall J M, Przeworski A. 1993. Economic reforms in new democracies. Cambridge: Cambridge University Press.

Petrick M, Zier P. 2011. Regional employment impacts ofcommonagriculturalpolicy measures in eastern Germany: A difference-in-differences approach. Agricultural Economics, 42(2): 183-193.

Rapp R T. 1990. Benefits and costs of intellectual property protection in developing countries.Journal of World Trade, 24(5): 75-102.

Rawski T G. 2001. What is happening to China's GDP statistics? China Economic Review, 12(4): 347-354.

Rebelo S.1991. Long-Run policy analysis and long-Run growth.Journal of Political Economy, 99(3): 500-521.

Rey S J, Montouri B D. 1999. US regional income convergence: A spatial econometric perspective. Regional Studies, 33(2): 143-156.

Romer P M. 1986. Increasing returns and long-Run growth. Journal ofPoliticalEconomy, 94(5): 1002-1037.

Romer P M. 1990. Endogenous technological change. Journal of Political Economy, 98(5, Part 2): S71-S102.

Rylková Ž, Chobotová M. 2014. Protection of intellectual property as a means of evaluating innovation performance. Procedia Economics and Finance, 14: 544-552.

Sala-i-Martin X X.1996. The classical approach to convergence analysis. The Economic Journal, 106(437): 1019-1036.

Saunders H D. 2008. Fuel conserving (and using) production functions. Energy Economics, 30(5): 2184-2235.

Schneider P H. 2005. International trade, economic growth and intellectual property rights: A panel data study of developed and developing countries. Journal of Development Economics, 78(2): 529-547.

Solow R M. 1956. A contribution to the theory of economic growth. The Quarterly Journal of Economics, 70(1): 65-94.

Solow R M. 1957. Technical change and the aggregate production function. The Review of Economics and Statistics, 39(3): 312.

Sturm J E, De Haan J. 2001. How robust is the relationship between economic freedom and economic growth? Applied Economics, 33(7): 839-844.

Sweet C M, Eterovic Maggio D S. 2015. Do stronger intellectual property rights increase innovation?World Development, 66: 665-677.

Thompson M A, Rushing F W.1996. An empirical analysis of the impact of patent protection on economic growth. Journal of Economic Development, 21(2): 61-79.

Tobler W R. 1970. A computer movie simulating urban growth in the Detroit Region. Economic Geography, 46: 234-240.

Tödtling F. 1992. Technological change at the regional level: The role of location, firm structure, and strategy. Environment and Planning A: Economy and Space, 24(11): 1565-1584.

Traistaru-Siedschlag I, Martincus C V. 2006. Economic integration and manufacturing concentration patterns: Evidence from MERCOSUR.Open Economies Review, 17(3): 297-319.

Tsani S Z. 2010. Energy consumption and economic growth: A causality analysis for Greece. Energy Economics, 32(3): 582-590.

Turner K, Hanley N. 2011. Energy efficiency, rebound effects and the environmental Kuznets Curve. Energy Economics, 33(5): 709-720.

Tödling, F. 1992. Technological change at the regional level: The role of location, firm structure, and strategy. Environment and Planning A, 24(11): 1565-1584.

Voigt S, De Cian E, Schymura M, et al. 2014. Energy intensity developments in 40 major economies: Structural change or technology improvement? Energy Economics, 41: 47-62.

Wang Y, Yao Y D. 2003. Sources of China's economic growth 1952-1999: Incorporating human capital accumulation. China Economic Review, 14(1): 32-52.

Wei T Y.2007. Impact of energy efficiency gains on output and energy use with Cobb-Douglas production function. Energy Policy, 35(4): 2023-2030.

Wheeler D, Mody A. 1992. International investment location decisions The case of U. S. firms. Journal of International Economics, 33(1-2): 57-76.

Whitaker J K, Nordhaus W D.1970. Invention, growth and welfare: A theoretical treatment of technological change. Economica, 37(148): 443.

Windmeijer F. 2005. A finite sample correction for the variance of linear efficient two-step GMM estimators. Journal of Econometrics, 126(1): 25-51.

Yang D T. 1999. Urban-biased policies and rising income inequality in China. American Economic Review, 89(2): 306-310.

Yu H Y. 2012. The influential factors of China's regional energy intensity and its spatial linkages: 1988-2007. Energy Policy, 45:

583-593.

Zaneta M, Monika Z, 2014. Intellectual property rights and innovation indeveloping countries. Journal of Economic Integration, 29(3): 345-367.

Zeng L, Xu M, Liang S, et al.2014. Revisiting drivers of energy intensity in China during 1997-2007: A structural decomposition analysis. Energy Policy, 67: 640-647.